KB141952

이 책이 당신만의 결정적 '한마디'를
만들어내는 데 도움이 되길 바랍니다.

_____ 님께

_____ 드림

한마디면 충분하다

2017년 5월 10일 1쇄 | 2024년 10월 18일 26쇄 발행

지은이 장문정
펴낸이 이원주 **경영고문** 박시형

기획개발실 강소라, 김유경, 강동욱, 박인애, 류지혜, 이채은, 조아라, 최연서, 고정용, 박현조
마케팅실 양근모, 권금숙, 양봉호, 이도경 **온라인홍보팀** 신하은, 현나래, 최혜빈
디자인실 진미나, 윤민지, 정은예 **디지털콘텐츠팀** 최은정 **해외기획팀** 우정민, 배혜림
경영지원실 홍성택, 강신우, 김현우, 이윤재 **제작팀** 이진영
펴낸곳 (주)쌤앤파커스 **출판신고** 2006년 9월 25일 제406-2006-000210호
주소 서울시 마포구 월드컵북로 396 누리꿈스퀘어 비즈니스타워 18층
전화 02-6712-9800 **팩스** 02-6712-9810 **이메일** info@smpk.kr

ⓒ 장문정(저작권자와 맺은 특약에 따라 검인을 생략합니다)
ISBN 978-89-6570-653-9(03320)

• 이 책은 저작권법에 따라 보호받는 저작물이므로 무단전재와 무단복제를 금지하며, 이 책 내용의 전부 또는 일부를 이용하려면 반드시 저작권자와 (주)쌤앤파커스의 서면동의를 받아야 합니다.
• 잘못된 책은 구입하신 서점에서 바꿔드립니다.
• 책값은 뒤표지에 있습니다.

쌤앤파커스(Sam&Parkers)는 독자 여러분의 책에 관한 아이디어와 원고 투고를 설레는 마음으로 기다리고 있습니다. 책으로 엮기를 원하는 아이디어가 있으신 분은 이메일 book@smpk.kr로 간단한 개요와 취지, 연락처 등을 보내주세요. 머뭇거리지 말고 문을 두드리세요. 길이 열립니다.

한마디면
충분하다

컨셉부터 네이밍,
기발한 카피에서
꽂히는 멘트까지

장문정 지음

쌤앤파커스

하늘 아래 새로운 것,
당신의 한마디로 만들 수 있다

남산타워에 올라 서울 야경을 내려다보니 기업들 간판이 즐비하다. 웬만한 기업들은 거의 다 내 고객사였거나 고객사다. 지금까지 많은 대기업, 중견기업, 중소기업을 상대해왔다. 내가 하는 일은 드러나는 직업이 아니다. 기업에게서 의뢰받는 상품과 서비스들은 최신 트렌드와 기술을 담은 것들이라 공개할 수 없는 비밀스런 대외비들이고, 내가 그들에게 짜주는 전략도 외부에 유출되면 안 되는 것들이 대부분이다. 그래서 이 책을 쓸 때에도 독자들에게 도움이 될 알맹이를 어떻게 보여줘야 할까, 늘 고민하며 작업했다. 미리 밝혀두건대 이 책에서 회사명과 상품을 밝히지 않은 것들은 대외비이거나 현재 진행 중인 컨설팅과 관련된 것이기 때문이다.

제프리 가렛Jeffrey Garrett 와튼 스쿨 학장은 "이제는 마케팅 전략을 줄줄 외우고, 재무제표를 잘 분석하는 것이 전부가 아니다. 책을 읽고, 교실 안에서 토론하고, 계산기를 두드리면서 기업을 경영하는 데 필요한 것을 배우는 데에는 한계가 있다. 교실 밖에서 무엇인가를 배워야 한다. 뭔가를 저질러야 배움이 따라온다."라고 했다. 모니터만 들여다보다간 현장 감각 잃기 딱 좋다. 세상은 항상 당신보다 빠르다. 그래서 현장에서 뛰는 사람을 위한 책을 썼다.

월마트, 구글, 알리바바, 아마존에서 단 하루도 근무해보지 않은 사람이 그 기업에 대해 책을 쓰고 강의를 하는 건 출산과 육아를 겪어보지 않은 사람이 애 키우는 얘기를 하는 격이다. 예를 들면 검색창에 "이디야의 위치 전략"이라고 쳐보라. 스타벅스가 입점하면 임대료가 살짝 싼 이면도로나 골목 안쪽인 스타벅스 바로 옆에 따라 입점하여 스타벅스에서 자리 못 잡은 손님을 흡수하는 전략을 내세운다는 기사와 칼럼이 무지 많다. 글들도 다 비슷하다. 하지만 정작 이디야 문창기 회장에게 물어보니 그런 거 없단다. 그는 "매장을 급격히 늘리다 보니 각 상권에 이미 진출해 있는 스타벅스 매장 위치와 비슷하게 된 측면이 있습니다. 요즘은 이디야 매장이 더 많아서…"라며 대수롭지 않게 넘겼다.[1]

이 책에는 내가 몸으로 부딪쳐 고민하고 노력한 마케팅 사례들, 기업의 실제 상품들에 관한 '100% 리얼'한 현장 이야기가 담겨 있다. 소설 쓰지 않았다. 가령 기자들이 현장 한 번 가지 않고 공상으로 만들어내곤 하는, "이를 본 네티즌"이나 "한 업계 관계자"같이 존재하지도 않는 소설은 쓰지 않았다. 이 책은 흔한 마케팅 책에 나오는 굵직한 대기업 사례보다 길가에 늘어선 상점에서, 동네 시장에서 매일 고객과 눈을 맞대고 물건을 파는 현장 세일즈 이야기를 담고자 했다(나의 고객사 중에는 대기업도 있지만 그들이 내게 의뢰하는 상품은 주로 실생활에서 쓰는 소비재 상품이 대부분이다.).

이 책은 거창한 마케팅 이야기가 아니다. 우리 삶과 동떨어진 대기업 이야기보다는 홍대 좌판에서 액세서리 파는 방법이나 통인시장에서 두부 한 모 파는 기술 같은 소상공인들에게 절실히 필요한 이야기다. 현장에서 벌어지는 고객과의 한 판 '밀땅' 이야기가 담긴 실제 사례 모음집이기도 하다. 이 책이 실전에서 요긴하게 활용되는 참고서가 되길 바란다.

언어로 설득하고 언어로 이긴다

언어가 죽어가는 시대라고 한다. 글이 사라진다 한다. 손편지, 손일기가 사라지고 있다. 말보다 이미지와 영상이 중요해진 미디어 시대다. 메신저에서는 언어 대신 이모티콘이 대화를 하고 사람들은 읽기보단 보려 하며 말하기보단 들으려고 한다. 이제 사람들은 자신이 내뱉는 말 한 마디 한 마디, 상품을 대표하는 광고 카피나 홍보용 어휘, 상품 포장 문구 하나 하나에 대해 진지하게 고민하지 않는다. 나는 이런 세태에 정면으로 맞서 언어의 위력을 증명하고 그 중요성을 상기시키고자 이 책을 썼다.

우리가 살고 있는 지구상에는 5,000개 이상의 언어가 있지만 제

아무리 간단해 보이는 원주민 언어라 하더라도 끙끙대거나 으르렁 거리는 원시적인 언어는 없다. 모든 언어는 그 문법의 주요점 일부를 묘사하는 데만 수백 장의 종이가 필요할 만큼 다양성, 가변성, 역동성을 지닌 복잡한 구조를 가진다. 호모 로쿠엔스Homo Loquens 란 '언어적 인간'이라는 뜻을 가진 라틴어로서 언어로 소통하는 인간의 본질을 표현하는 말이다. 수많은 언어가 있지만 언어의 본질은 같다. 인간과 인간을 잇는 빛나는 가교 역할이 그것이다. 어느 시대, 어느 장소에서나 사회 메커니즘은 언어로 형성되고 언어로 분열되었다. 우리는 언어로 만나고 언어로 이어져 살아간다. 언어를 빼고 어떻게 인간의 소통을 논하는가?

아무리 영상미가 뛰어난 영화를 만들어내도 결국 투자자를 찾아가서 설득하는 건 말, 즉 언어로 한다. 한 친한 영화감독은 좋은 영화를 만드는 것보다 영업이 더 중요하다고 내게 말했다. 음악과 그림은 예술로 인식하지만 언어를 예술로 인식하는 사람은 별로 없다. 반면 음악과 그림으로 돈 벌기는 쉽지 않지만 언어로 돈 버는 건 상대적으로 쉽다. 당장 뭐라도 팔기 시작하면 되니까.

전쟁에선 무기가 가장 중요하다 생각하겠지만 언어가 무기보다 강할 수도 있다. 말로 어떻게 전쟁을 하나? 실제 한국전쟁 때 미군이 대북 심리전을 위한 전단(삐라)을 작성한 타자기를 미국 병기고의 최신 무기로 간주했었다 한다.[2] 항공기로 삐라를 살포하고 라디오 방송을 내보내자 북한군이 항복하거나 전투를 포기하거나 부대가 아예 사라지기도 했었다니 총칼보다 언어가 강하다는 걸 보여주는 일화다.

그러니 언어는, 죽지 않았다. 언어의 힘은 살아 있다. 결국은 언어로 설득하는 거고 언어로 이기는 거다.

이 책에서 말하는 언어란 글자text만 의미하는 건 아니다. 인스타그램 창업자 케빈 시스트롬Kevin Systrom은 사람들이 소통하는 방식이 글자에서 비주얼커뮤니케이션visual communication으로 바뀌고 있다고 단언한다. 나는 이 책에서 글자, 소리, 이미지, 감정 등 복합적 산물이 어떻게 유기적으로 맞물려 언어의 힘으로 돌아가는가를 자세히 보여줄 것이다. 또한 그 언어적 기능으로 의사소통 성공률을 높이는 차원 높은 기술을 소개할 것이다.

'내용'을 가지고 '맥락'을 만드는 법
—

내가 상대와 대화한다는 것, 내가 말하고자 하는 바가 상대에게 도달하는 것은 신비다. 언어는 신비다. 앞과 뒤가 달라도 둘 다 맞기도 하고 허점이 있는데도 허점이 없어 보이게 만든다.

당신이 이 책을 집어 든 이유를 알고 있다. 아이디어가 필요해서. 방향과 도움이 필요해서. 고객의 눈길을 확 사로잡을 신선한 컨셉이나 참신한 문구가 필요해서. 영업, 상담, 협상에서 상대를 설득시킬 묘책과 PT에서 감탄을 자아내게 할 끝내주는 멘트에 목말라서. 아무리 아이디어를 짜내봐야 식상함뿐이고 간혹 쓸 만하다 싶으면 벌써 남들이 다 써먹었던 말뿐이라 느끼기 때문이다.

"하늘 아래 새로운 것이 없다." 이 말에는 놀라운 3가지 사실이 있다. 첫째 이 말이 사실은 성서의 구절(공동번역판 전도서 1장 9절)이라는 걸 아는 사람이 거의 없고, 둘째 솔로몬 왕이 자신의 한계를 느끼고 고백한 말이란 걸 아는 사람이 거의 없으며, 더더욱 놀라운 건 이 말이 이미 지금으로부터 3,000년도 넘는 옛날에 이미 나온 말이라는 걸 아는 사람이 없다는 사실이다. 3,000년 전에 가장 지혜롭다는 사람조차 이미 더 이상 새로운 건 나올 게 없다고 했는데 이제 와서 아직도 새로운 걸 찾고 있으니 새로운 것이 나올 건더기가 있나. 새로운 건 씨가 말랐나?

우리는 여전히 계속해서 새로운 걸 찾고 있다. 그렇다면 새로운 건 씨가 말랐나? 천만에! 못난 선비가 붓 탓하고 못난 국수國手가 바둑알 탓한다. 바둑알은 흑과 백 딱 2개만 가지고 경우의 수를 거의 무한히 뽑아낸다. 훈수꾼들은 국수들의 새로운 시각을 흥미롭게 지켜본다. 바둑판 위에 단지 알을 올려놓는 행위에 지나지 않지만 그 모양새는 각 알들이 위치 변화와 관계 맺음을 통해 서로 맞물려 공격하고 지배하고 죽이는 전쟁이 된다. 점자도 단 6개만 가지고 세상 모든 것을 표현할 수 있다.

0과 1은 숫자 하나 차이니 이웃 숫자라 가깝다 생각하겠지만 사실 제일 먼 거리다. 무(0)와 유(1)의 거리니까 말이다. 무에서 유를 창조한다는 건 불가능하다. 없는 것에서 새로운 것을 창조한다는 건 불가능하다. 0과 1이야말로 하늘과 땅 차이다. 그러니 자꾸 0에서 출발하려고 애쓰지 말자. 기존의 것들을 더하고 빼고 조합하고 재해석하고 재배치하고 개념을 확장해 덧씌우고 포장하면 된다.

74억 인구의 눈, 코, 입 위치는 비슷해도 새로 태어나는 생명들은 이전에 단 한 번도 없었던 새로운 모습이다. 우리의 언어도 그렇다. 언어의 용도는 비슷해도 그것을 어떻게 조합하고 변형시키느냐에 따라 내 뜻을 관철시키고 원하는 것을 이루어낼 수 있다. 한글은 겨우 50개가 안 되는 기본 음소가 결합하여 50만 개 이상의 뜻을 사전에 담는다. 그 엄청난 재료라면 무엇이든 새롭게 만들어낼 수 있다.

명문대 박사 출신을 직원으로 뽑았는데 뽑고 보니 리서치의 제왕이다. 필요한 자료는 전 세계 어느 도서관을 뒤져서라도 찾아내고 만다. 도대체 이런 걸 어디서 어떻게 찾아냈을까 싶을 정도로 '탐색왕'이다. 근데 치명적인 단점이 있다. 배열은 좋은데 배합이 안 되는 친구다. 즉, 마트에서 장은 잘 보는데 정작 사온 풍성한 식재료들을 늘어놓기만 할 뿐 버무려 멋진 요리는 못 만드는 격이다.

내용(콘텐츠, content)은 있는데 맥락(컨텍스트, context)은 없다. 전후 문맥, 즉 맥락이 사라지는 '맥커터'(맥을 끊는 사람)가 돼서는 안 된다. 고객에겐 툭툭 단어만 던지지 말고 내 생각과 의도에 살을 붙여나가 흐름을 만들어줘야 한다. 예를 들어보자. 옷을 사러 가면 판매원은 무조건 "이 상품 좋아요!"라고 한다. 물론 고객은 "뭐가 좋아요?" "왜 좋아요?"라고 묻지는 않는다. 고객의 질문에 답을 주려면 맥락이 필요하다. "당신이 미소 짓고 있잖아요." "벌써 행복해 보이니까요." "연인에게 더 사랑받을 것 같아서요."라고 계속 물이 흘러

가듯 자연스러운 설득 리듬의 파도에 태워줘야 한다.

홈쇼핑 쇼호스트도 마찬가지다. 그냥 좋단다. 그냥 끝내준단다. 밑도 끝도 없이 일단 한번 써보란다. "어디가 어때서 좋아요."가 없다. 좋아요는 내용이고 '왜' 좋은지는 맥락이다. 이 맥락을 만들기 위해서는 콘텐츠와 콘텐츠 사이의 연결고리connection가 필요하다. 이 연결고리는 기존 고객의 머릿속에 있는 기억을 끄집어낼 수 있다. 그 기억은 좋은 기억, 나쁜 기억, 또는 의외의 기억이 될 수 있다. 좋은 기억은 기분 좋음이나 후련함이, 나쁜 기억은 실패나 배신이, 의외의 기억은 호기심, 새로움, 놀라움이 될 것이다.

전작 《팔지 마라, 사게 하라》를 펴낸 뒤 토요일마다 독자들과 1대 1 만남을 가져왔다. 한 축산업자는 책에 소개된 노하우들을 적용하자 매출이 30%가 올랐다고 하셨다. 한 보험설계사는 실적이 오르면서 동시에 개인 소득도 올라 결국 결혼까지 할 수 있었다고 하셨다. 심지어 책 덕분에 대학에 합격했다고 말한 고등학생도 있었다. 많은 독자들이 나도 믿을 수 없는 얘기를 해주셨다. 부디 이 책을 읽는 독자들도 원하는 대로 성과를 거두고 대박을 낸다면 더 바랄 바가 없겠다. 1초의 도움, 1원의 도움만 된다 해도 내 책을 사주시느라 쓰신 책값에 대한 책임감에서 벗어나 만족스레 두 발 뻗고 자겠다.

지식은 올바로 사용하지 않으면 가치가 없다. 지식이 있는 사람은 단지 정보나 사실을 알고 있을 뿐이다. 이해력이 있는 사람은 그 지식을 꺼내어 마음껏 쓸 줄 안다. 이것이 이 책의 목적이다. 이야기로 어떻게 사람을 매료시키는지 알려줄 것이다. 당신의 업종에 도움이 될 만한 내용이라면 이 책의 지면에 나열된 지식과 정보들을 머릿속으로 남김없이 옮겨 가시길 바란다. 그리고 더 멋진 아이디어를 만들어내서 부디 하시는 모든 일이 형통하시기를 바란다.

하늘 아래 새로운 것은 참 많다. 우리는 새로움을 도출하지 못한 것이 아니라 적당히 고민하다가 멈춘 것뿐이다. 어떤가? 이 책이 새로움과 성공을 향해 가는 특별한 지식 엔진이 되기를 바란다.

차례

PART 1
덜어낼수록 완벽해진다 ┃ 한 번에 훅 꽂히는 촌철살인 기술

PART 3
해제시키고 역으로 친다 | 부자불식 OK시키는 언어 포장 기술

'How'가 아니라
'What'에 집중하라

다른 사람을 설득할 때 말의 표현과 내용 중에 무엇이 더 중요할까?

당신은 표현이라 답했을 것이다. 이 질문을 지난 3년간 10개 기업 2,000여 명에게 물었을 때도 90%가 압도적으로 표현이 중요하다고 답했다. 왜 그럴까? 기업 교육을 하는 대부분의 CS 강사나 스피치 강사들은 하나같이 표현력이 중요하다 말한다. 그들은 앨버트 메라비언Albert Mehrabian 교수의 '메라비언의 공식'(대화에서 시각과 청각 이미지가 중요시된다는 커뮤니케이션 이론. 한 사람이 상대방으로부터 받는 이미지는 시각이 55%, 청각이 38%, 언어가 7%에 이른다는 법칙)을 인용하면서 사람의 소통 중 언어(내용)가 차지하는 비중은 7%고 비언어적인 부분은 93%라고 말한다.

이런 얘기도 있다. 윌리엄 반스William Vance 예일대 커뮤니케이션 센터장은 비즈니스 세계에선 무엇을 말하는가보다 '어떻게 말하는가'가 중요하다고 강조한다. 그는 정말 비즈니스 현장에서 협상이란 걸 해보긴 했을까? 예를 들면 그는 제스처가 말보다 강하다고 말한다. 악수는 악력 측정기로 쟀을 때 7.5kg의 힘이 가해져야 하고, 상대의 눈을 맞추며 미소 지어야 하며, 손을 내미는 팔의 각도는 어느 정도여야 한다고 설명한다. 천만에.

시대가 변했다. 표현보다 내용이다. 이런 주장들을 반박하는 실험 논문들을 원한다면 끝도 없이 보여줄 수 있다. 매일같이 실전에서 몸으로 부딪치며 '무엇을 말할 것인가'를 가지고 세일즈 전략을 짜는 나로서는 앞의 얘기들이 무슨 뜬구름 잡는 소린가 싶다. 아무리 매너 좋고 유머 많고 악수 잘한다고 마음에 들지 않는 계약을 수락할 바보는 없다. 러시아에서는 처음 만난 협상 자리에서 웃음을 보이면 비웃음으로 여겨 오히려 불쾌해한다. 기업 간 협상 자리에서 보이는 웃음은 오히려 마이너스다. 굳은 얼굴이 더 도움이 된다.

밝은 미소와 환한 웃음이 중요하다고 가르치는 스피치 강사와 서비스 강사들이여, 이런 건 어떻게 받아들일 텐가? 표현이 중요하다면 서비스 정신 꽝인 욕쟁이 할머니 식당이 흥하는 이유는 어떻게 설명할 건가? 맛없고 친절한 식당과 맛있고 친절은 없는 식당 두 곳 중 어디를 선택하겠는가? 음식도 언어도 콘텐츠로 승부를 내야 한다. 표현 형식의 중요성만 놓고 보자면 스티븐 호킹 박사의 표현력은 어떻게 받아들일 텐가? 그의 말 한 마디 한 마디가 과학사를 바꾸고 있는데 말이다. 그가 커뮤니케이션이 안 되던가? 설득에서 비주얼 요소가 중요하다고 말한다. 그렇다면 나이 90세에도 대중 앞에서 추리닝을 입고 연설하던 쿠바 혁명의 상징 피델 카스트로의 비주얼은 어떻게 설명할 텐가?

당신은 지금 가방을 사고 싶다. 샤넬이 목표다. 그런데 프라다 직원이 밝고 친절하고 우정 어린 표정과 몸짓으로 말한다고 브랜드를 바꿀 것인가? 아니다. 하지만 내용으로 설득하면 다르다. 샤넬은 인조 피혁이고 품질보증 기간 1년이고 내장재는 부실하고…. 이에 반해 프라다는 같은 값인데 송아지 가죽이고 품질보증 기간 5년이고 내장 스티치가 더 꼼꼼하고 어쩌고저쩌고…. 이러면 마음 흔들린다. 내용이 중요한 시대다. 요즘 소비자는 구차한 표현 따위에 흔들리지 않는다.

은행 창구에서 과잉 친절과 미소를 날리며 사탕과 차를 대접하며 만점짜리 응대를 한다면 당신은 마냥 기분이 좋던가? 저 양반이 나에게 무슨 가입을 권유하려고 저렇게 친절을 베푸나 싶어 불안해지던가? 당신이 고객일 때 영업자가 간이고 쓸개고 모두 두 손에 쥐어줄 것처럼 과한 친절을 보이면 마음이 편하던가? 불안해지던가? 미안하지만 그래서 CS 정신은 쫑난 거다. 웃어줄수록 더 의심하는 시대가 됐기에. 따라서 당신이 사투리를 써도 상관없고 말이 어눌해도 상관없다. 상대의 마음속을 후벼 파는 단 한 가지, '내용'만 확실하다면 말이다.

이 책은 말의 표현력이 아닌 말의 내용으로 승부하는 책이다. 말의 내용이 얼마나 중요한가를 일깨워주는 책이다. 나는 '어떻게^{How}

말할 것인가'가 아니라 '무엇을What 말할 것인가'를 얘기할 것이다. 당신은 무엇을 말할 것인가? 앞으로 이 책에서 수많은 상품들에 대한 이야기가 쏟아질 것이다. 당신의 상품을 여기저기에 대입해보라. 이제 길 안내를 시작하겠다.

PART 1

덜어낼수록
완벽해진다

한 번에 훅 꽂히는
촌철살인 기술

01

작명

잘 지은 이름이
상품 명줄을 쥔다

한 해에 16만 명이나 개명을 하는 시대다. 개명으로 인생이 달라졌다는 사람도 있고 돈을 벌었다거나 자기 분야에서 성공했다는 사람도 있다 보니 이름의 중요성이 새삼스러워진다. 사람뿐 아니라 상품도 이름이 그 상품의 목숨줄을 쥐고 있는 시대가 됐다.

상품명에 상품의 목숨이 달려 있다

죽 한 그릇도 이름을 살짝 바꾸면 재료비를 더 늘리지 않고도 불티나게 팔 수 있다. 예를 들어 본죽은 '불낙죽' 하나로 2016년 수능 날에만 2만 그릇을 판매하는 대박을 쳤다. 사실 그것은 매운낙지죽인데 그날을 위해 '아니 불㉠에 떨어질 낙㉡'을 써서 '시험에 떨어지지 않는 죽'이란 이름으로 불티나게 팔려 나갔다. 설마 21세기의 지성인들이 죽 한 그릇을 먹는다고 시험에 떨어지지 않을 거라고 생각하지는 않겠지만, 그럼에도 불구하고 매출 기여도가 상당했다는 것은 작명 하나가 얼마나 중요한지 일깨워준다. 일례로 미국과 쿠바가 국교정상화 선언을 하자마자 CUBA라는 펀드상품이 배로 뛰었다. 흥미롭게도 이 펀드는 쿠바와 전혀 상관이 없는 미국의 주식투자 상품이었다. 중국 대학 졸업반 학생들은 자기네 학교는 놔둔 채 비행기 타고 이화여대까지 와서 졸업사진을 찍는 게 유행이라고 한다. '이화'가 중국어로 돈을 벌게 한다는 뜻(리파: 利發)과 비슷하기 때문이다.

우리 동네에서 일반설렁탕은 7,000원이고 특설렁탕은 9,000원이다. 실은 이름만 살짝 바꾸면 고기의 양을 늘리지 않고도 가격을 두 배 가까이 받을 수 있다. '특' 자를 떼고 '고기듬뿍'을 붙이면 그만이다. 실제로 신선설농탕은 일반설렁탕은 7,000원, 고기듬뿍설렁탕은 13,000원을 받는다.

미국의 차량번호판은 일반적으로 알파벳 세 자리, 숫자 네 자리지만 한국과 달리 그 조합이 비교적 자유롭다. 돈만 내면 원하는 알파벳과 숫자를 조합하는 것도 가능하다. 그래서 자기 이름이나 특정 문구를 조합해서 사용하는 사람도 있다. 예를 들면 IMGR8(I'm great, 난 끝내주지) 같은 식이다. 실은 차량번호판에 거금을 쏟아 붓는 이들이 꽤 많다. 아랍에미리트의 아리프 알자루니에

라는 사업가는 숫자 '1'로만 된 번호판을 받기 위해 57억을 썼고, 아부다비의 사업가 사이드 알쿠리 역시 '1'이라는 번호판을 사기 위해 160억 원을 지불했다. 언제나 넘버원이 되고 싶어서였단다.

자신을 드러내주는 번호판과 마찬가지로 상품명도 그 상품의 모든 것을 보여주는 간판이므로 작명에 많은 노력을 들여야 한다. 예전에 나는 여의도에 살았는데 당시 여의도의 아파트 이름은 공작아파트, 백조아파트, 목화아파트, 장미아파트, 초원아파트, 시범아파트, 삼익아파트, 서울아파트, 수정아파트, 대교아파트, 미성아파트, 은하아파트, 진주아파트, 화랑아파트, 광장아파트, 삼부아파트 등 그리 고급스런 느낌을 주지 않았다.

현재 대한민국 대표 건설사는 아파트 이름을 오른쪽 표와 같이 짓고 있다. 건설사 이름만 보면 어느 건설사가 좋은 콘크리트를 쓰는 괜찮은 아파트인지 알 길이 없지만, 아파트 이름을 보면 머릿속에 금세 그림이 그려진다. 그만큼 작명의 힘은 강하다. 굳이 고급 내장재를 쓰지 않아도 간단하게 이름을 바꿔

어울림	금호건설
e편한세상	대림건설
PRUGIO (푸르지오)	대우건설
동원로얄듀크	동원건설
두산We've (위브)	두산건설
래미안	삼성물산
藝家 (예가)	쌍용건설
SK VIEW	SK건설
중흥S-클래스	중흥건설
자이	GS건설
The Sharp (The #)	포스코건설
sujAin (수자인)	한양건설
꿈에그린	한화건설
힐스테이트	현대건설
IPARK (아이파크)	현대산업개발

아파트를 고급스럽게 만들 수도 있다.

영화진흥위원회에 따르면 한 해에 1,000편 이상의 영화가 쏟아져 나온다고 한다. 소셜커머스업체 티켓몬스터 직원들에게 지난 1년간 개봉한 영화를 모두 적어보라고 하자, 20편 넘게 기록하는 사람이 없었다. 1,000편 이상의 영화 중 소비자의 기억에 남는 영화는 2%도 채 안 된다는 얘기나. 영화사들이 홍보에 열을 올리는 이유가 여기에 있는데, 그 중심에 있는 것이 영화제목이다. 어느 영화감독은 대놓고 영화의 운명을 좌우하는 것은 제목이라고 말했다. 영화제작자들이 영화공식을 '영화제목=관객몰이'로 인식하기에 '판문점'이 〈공동경비구역 JSA〉가 되었고 '날 보러 와요'가 〈살인의 추억〉이 되었으며 '밤의 열기 속으로'가 〈추격자〉가 되었다.

아래 표에서 우리에게 잘 알려진 왼쪽 영화제목의 원제목은 사실 오른쪽 버전이다.

박물관이 살아 있다	박물관의 밤Night at the Museum
원초적 본능	기본적 본능Basic Instinct
사랑과 영혼	유령Ghost
내겐 너무 아찔한 그녀	옆집 소녀The Girl Next Door
19곰 테드	테드Ted
겨울왕국	냉동된Frozen
그 여자 작사 그 남자 작곡	음악과 가사Music and Lyrics
사랑도 통역이 되나요	번역이 어려움Lost in Translation
내겐 너무 가벼운 그녀	얄팍한 할Shallow Hal

제목 차이가 확 느껴지지 않는가. 흔히 기술력이 가장 중요하다고 생각하지만 그 기술력을 담아내는 상품명은 더 중요할 수 있다. 2015년 9월 3일 발기부전 치료제 시알리스의 특허 만료로 150개의 복제약이 시장에 쏟아져 나왔다. 그런데 센돔, 타올라스, 데일라, 일나스, 발그레, 해피롱, 제대로필, 네버다이, 소사라필, 바로타다 등 상품명이 하나같이 얼굴을 후끈거리게 한다. 그저 웃고 넘길 수도 있지만 제약회사 입장에서는 사활을 건 중요한 문제다.

작명의 중요성은 은밀한 상품 구매에도 나타난다. 한 성인용품 온라인쇼핑몰은 콘돔을 주문하면 포장 상자에 '축제용 풍선'이라 적어 보내고, 섹시속옷을 주문하면 '가을정장'이라는 이름으로 보낸다. 11번가는 남성이 셔츠를 입을 때 유두가 드러나지 않게 가려주는 유두 밴드nipple band 포장상자에 '의료용 밴드'라고 적어 보내자 매출이 급증했다고 한다.

효능까지 탈바꿈시키는 작명 센스
—

상품마다 고유속성을 지니고 있게 마련인데 상품명은 그 속성이 주는 느낌까지 좌우한다. 가령 '천연가스 버스' 하면 무언가 무공해처럼 느껴진다. 한데 따지고 보면 천연가스와 천연이 아닌 가스도 있는지 아리송하다. 그렇다고 그 버스의 배출구에서 수증기나 산소가 나오는 것도 아니고 일반버스와 마찬가지로 환경오염물질인 일산화탄소가 나오는데 말이다.

공영홈쇼핑은 "TV홈쇼핑의 공영방송은 공영홈쇼핑"이라고 말한다. 아니, 세상에 이득을 남기고자 물건을 파는 상행위에 공영과 비공영이 따로 있단 말인가. 공영홈쇼핑에서 파는 고등어는 공영이고 다른 홈쇼핑에서 파는 고등어는 상업인가? 그렇지만 소비자는 '공영'이란 이름에서 상업성과 영리를 목적으로 하지 않는다는 좋은 느낌을 받는다.

가방 브랜드 투미의 가방 소재는 알파 브라보Alpha Bravo지만 이들은 이 이름을 뒤로한 채 일명 '방탄나일론'을 내세웠다. 물론 여기에 총을 쏘면 당연히 뚫린다. 그러나 '방탄'이라는 용어는 이 가방이 방수는 기본이고 스크레치에 강하며 내구성이 튼튼해 내 노트북을 잘 보호해줄 것 같은 인상을 준다.

요즘 들어 서양에서 간식거리로 인기가 있는 김은 한국에서는 김치만큼 즐겨 먹는 음식이지만, 그동안 서구에서는 거의 먹지 않았다. 여기에 '바다의 잡초seaweed'라는 이름이 한몫하지 않았을까 싶다. '범고래' 하면 우리는 판다 같은 얼룩에 동글동글한 귀여운 모습을 연상하지만, 서구에서는 이름 때문인지 다른 느낌으로 받아들인다. 이름이 무시무시하게도 '살인자 고래Killer Whale'다. 자신보다 덩치가 큰 혹등고래도 잡아먹고 무섭기로 소문난 백상아리 정도는 조식 메뉴로 먹어치우며, 북극곰도 한 입에 털어 넣는 바다의 최상위 포식자라서 그렇다.

홍삼이 연중 가장 덜 팔리는 계절은 여름이다. 그러자 정관장은 여름에 홍삼을 팔기 위해 찬물에도 쉽게 녹는 홍삼을 출시하면서

'홍삼쿨 COOL'이라는 이름을 붙였다. '홍삼=열나는 식품'이란 기본 속성을 작명만으로 먹으면 시원할 것 같은 느낌으로 바꿔버린 것이다.

마포에 펜트라우스라는 이름의 아파트가 있다. 들어가 보면 정말 평범하기 그지없는 여느 아파트와 같다. 그러나 사람들은 펜트라우스에 산다고 하면 펜트하우스 같은 아파트에 사는 줄 안다.

클렌징 화장품 중 1위 제품은 전 세계에서 한 해에 700만 개 이상 팔리는 바닐라코의 '클린 잇 제로Clean It Zero'다. 안에 뭐가 들었는지는 몰라도 뭔가 남김없이 지워준다는 느낌을 주는 이름이 아닌가.

정육코너에 가보면 미국 소는 그냥 미국 소인데 호주 소는 '호주 청정우'라고 한다. 나는 미국 소와 호주 소를 모두 현지에서 직접 봤지만 풀 뜯어먹고 똥 싸는 건 똑같았다. 호주 소라고 특별할 게 없는데 청정우라는 이름을 붙이니 왠지 호주 소는 깨끗한 물, 맑은 하늘, 드넓은 초원에서 자란 느낌이다.

역효과를 부르는 네이밍 6

상품명을 지을 때는 보통 어떻게 할까? 대개는 기준이나 원칙 없이 마구잡이식 조합으로 짓는다. 잘나가는 유사상품 이름을 은근슬쩍 따라 하기도 하고 한글을 파괴하면서까지 입에서 나오는 발음 그대로 작명하기도 한다. 또한 한눈에 보기에도 고개를 갸웃거리게 만드는 이상한 이름을 지어놓고 스스로 의미를 부여하려 애쓰기도 한다. 그 반대로 어떤 의미를 정해놓고 그것을 담아내는 이름을 지으려고 고심하기도 한다. 이 경우 해괴하고 발음하기도 어려운 이름이 나오는 경우가 많다.

고상하고 우아한 수준까지 가지는 않더라도 최소한 저질스러운 이름, 발음이 묘한 것을 연상하게 하는 이름은 피하는 것이 좋다. 매일 상품이 무수히 쏟아져 나오다 보니 이름으로 소비자의 눈을 확 끌어당기고 싶은 마음은 이해하지만, 자칫하면 부정적 인식만 심어주어 아예 외면받을 수 있다는 점에 주의해야 한다.

피해야 할 상품 이름
① 다시 묻게 되는 이름
② 약어가 들어간 이름
③ 특수기호나 부호가 들어간 이름
④ 숫자가 들어간 이름
⑤ 지나치게 긴 이름
⑥ 부정적 어감의 이름

① 다시 묻게 되는 이름

발음하기가 어렵거나 한 번 듣고 언뜻 이해하기 힘든 이름을 지으면 재구매 빈도는 대폭 줄어든다. 이름을 제대로 알아야 다음에 또 살 것이 아닌가. 소비자가 쉽게 기억해서 이름에 익숙해지도록 하려면 상품명은 일단 부르기 쉬워야 한다.

그런 측면에서 한국에서 파는 와인 이름은 대부분 실패작이다. 한 번 마셔보고 마음에 들어 다음에 또 사려고 하면 도무지 그 이름이 생각나지 않는다. 이름이 기억하기 어렵기 때문이다. 라벨에 붙어 있는 이름도 누가 가르쳐줘야 간신히 읽을 정도고 발음도 어려운데 어찌 기억하기가 쉽겠는가. 카스텔노브륏리저브 와인과 크리스링랜드노스바로사빈트너쉬라즈 와인은 둘 다 얼마 전에 나온 신상품 와인이다. 그야말로 헐~ 소리가 절로 나오지 않는가. 이들 와인을 아무리 맛있게 마신들 메모해두지 않는 이상 다음에 기억만으로 그 와인을 다시 구매할 수 있을까?

당신의 상품은 얼마나 기억하기가 용이한가? 우리가 남의 이름을 기억하려 노력하지 않듯 소비자는 당신의 상품명을 기억하려 애쓰지 않는다. 좀 기억하기 쉽게 지으시라.

사람 이름도 꼭 다시 물어봐야 정확히 알 수 있는 것이 있다. 특히 'ㅐ' 발음이 들어간 이름을 알려주면 상대는 '아이'입니까, 아니면 '여이'입니까 하고 물어온다. 즉, '해' 그러면 '해'인지 아니면 '혜'인지 묻는 것이다. '현' 발음도 '연'인지 '현'인지 되묻는 경우가 많다.

② 약어가 들어간 이름

기업체 이름이나 상품명에 줄임말을 쓰는 경우도 많지만 별로 신통치 않아 보인다. 고속열차 SRT는 Super Rapid Train 또는 'SR이 운영하는 Train'의 약자인데, 아직 KTX처럼 입에 익지 않는다. 물론 보편화하면 생각할 것도 없이 당연하다는 듯 이용하겠지만, 서비스가 아닌 유통업 범주에서 상품명을 약어로 사용하면 실패하는 경우가 많다.

KTX는 알겠는데 그럼 XTM은 뭘까? 이것은 엔터테인먼트, 스포츠 전문 케이블 채널이다. KTX와 비슷한 JDX는 또 뭘까? 아웃도어 브랜드다. TS샴푸라고 하면 뭐하자는 샴푸인지 선뜻 와 닿지 않고, KGB라고 하면 이사 서비스인지 소련 스파이 얘긴지 모르겠다. 이처럼 약어를 사용할 때 인지도가 약하거나 설명이 부족하다면 보완책으로 브랜드 로고와 함께 서브네임 또는 태그라인tagline을 함께 쓰는 것이 좋다. JDX는 브랜드 밑에 서브네임으로 multisports를 함께 써서 다양한 아웃도어 브랜드임을 알리고 있다.

홈쇼핑에서 방송하는 보험상품 중에는 원상품 이름과 마케팅 상품명을 함께 노출하는 경우가 많다. 예를 들면 ○○CI보험이라 해놓고 마케팅 상품명으로 '한 번 더 받는 중대한 질병보험'이라는 식으로 약어 설명을 붙여 소비자의 이해를 돕는다.

영화 〈신세계〉는 제목만 보면 무슨 내용인지 모르기에 '세 남자가 가고 싶었던 서로 다른'이라는 태그라인을 넣었다. 이러한 서브명이나 태그라인은 원제목을 보완하는 것이므로 추상적이거나 모호해서는 안 된다. 가령 GE는 로고 밑에 Imagination at work라고 썼는데 당최 무슨 말인지 모르겠다. 이런 문구를 만드는 사람은 자기 나름대로 좋은 의미를 많이 부여하는지 모르겠지만 그건 그쪽 사정이고, 아무튼 고객이 무슨 말인지 알아듣지 못하는 추상적 문구는 좋지 않다.

미국의 금융회사 캐피털 원 파이낸셜Capital One Financial은 회사 이름 밑에 '당신의 지갑엔 지금 뭐가 들어 있는가?What's in your wallet?'라는 문구를 서브네임으로 넣었다. 이는 현재 고객의 지갑 안에 들어 있는 돈이 앞으로 발휘할 힘을 일깨워준다. 여기서 지갑이란 말 그대로 주머니에 들어 있는 지갑이 아니라 고객의 자산을 의미한다. 그러니까 캐피털 원 파이낸셜이 앞으로 그 자산을 불려줄 회사라는 점을 알리고 있는 것이다.

③ 특수기호나 부호가 들어간 이름

내 농협신용카드 이름은 '#ing+'다. 한번 읽어보라. 사실 나는 '샵핑플러스'라고 읽어주길 기대하지만 그렇게 읽는 사람이 별로 없다. 내 주위 사람들에게 이것을 읽어보라고 하자 '샵아이엔지더하기' 혹은 '샵잉뿔'이라고 읽었다. 맙소사! GGIO^{2}를 읽어보라. 지오투라고 읽기보다 자칫 '지지아이오제곱'이라고 읽는 변이 생길 수 있다.

한번은 인터넷 결제 서비스업체 다날이 운영하는 커피전문점 브랜드 달콤커피 본사 직원들을 만났다. 그들에게 던진 내 첫마디는 이것이었다.

"이름을 잘못 지었어요."

간판이 무려 'dal.komm COFFEE'다. 심지어 한글 간판도 달콤커피가 아니라 '달.콤커피'다. 한 호흡에 쭉 읽어야 하는데 중간에 마침표까지 들어가니 더 어렵다. 포스코컨설의 아파트 브랜드

'The #'도 사람들이 한 방에 인식하기가 쉽지 않다. 실제로 택시기사에게 "더샵 가주세요"라고 해보라. 다른 부연설명 없이 브랜드만 알려주면 종종 잘못 알아듣는다.

④ 숫자가 들어간 이름

제품 이름에 숫자를 넣는 것도 추천하고 싶지 않다. 물론 기아의 K시리즈나 BMW의 숫자 시리즈는 성공적으로 안착했지만 원칙적으로 숫자가 들어간 이름은 피하는 것이 낫다. 대한민국 3대 오토바이 브랜드는 대림자동차, 혼다, KR모터스다. 언젠가 마케팅 강의 때문에 대림자동차 측으로부터 자료를 받았는데 출시할 신모델 이름이 국영문과 숫자의 혼합으로 이루어져 있었다. 이는 다른 회사의 브랜드도 마찬가지였다.

> **대림자동차 :** Q2 Dynamic, Steezer125, Witty100Biz, DX250
> **혼다 :** NC750X, CB1100EX
> **KR모터스 :** 엑시브250R, 요타80, DD110, B6

마케터는 보도자료나 홍보기사에 그 숫자가 의미하는 바를 열심히 설명하겠지만 정작 한눈에 알아보고 싶어 하는 고객에게는 어렵게 느껴진다. 람보르기니 우라칸 580-2는 610-4의 후속모델이다. 숫자가 4개에다 그 숫자의 중간에 특수기호(-)까지 들어간다. 마니아들이야 숫자 몇 개쯤은 금세 외우겠지만 가족의 전화번호 네 자리도 가물가물하는 일반인들은 기억하기 어렵다.

물론 상품명에 숫자가 들어간다고 무조건 나쁜 것만은 아니다. 잘된 케이스도 아주 많다. 예를 들어 숙취해소음료 '여명808'은 이름만으로도 숙취를 날려버린 개운한 새벽이 떠오른다. 여기서 808은 숙취 해소 실험을 807번까지 실패한 뒤 808번째에 성공한 신화에서 따온 것이다.

국내에서 300만 병이나 팔려 나간 칠레의 대표 와인 '1865'는 이름 자체가 숫자로만 되어 있다. 1865는 칠레의 산 페드로 양조장의 설립연도를 레이블로 옮긴 시리즈로 칠레 와이너리(포도주 양조장)의 전통을 대표한다. 이들은 골퍼들에게 18홀을 65타에 치라는 의미를 부여해 인기를 얻고, 18세부터 65세까지 모든 사람이 좋아하는 와인이라는 의미도 담아 타깃 층을 전 연령으로 높이기도 한다.

상품의 이름을 지을 때 나는 이런 원칙을 염두에 둔다.

숫자 간판 혹은 숫자 상품 이름은 지금은 득 나중에는 실!

상품명에 숫자를 포함하면 내가 어필하고자 하는 메시지를 또렷이 전달할 수 있어서 현재는 이득인 경우가 많다. 예를 들어 '고기마을24'는 24시간 영업이라는 메시지를 분명하게 전달해 심야에 고깃집을 찾을 때 쉽게 떠올릴 수 있다. 하지만 나중에 어떤 사정이 생겨 영업시간을 바꿔야 한다면 이것이 발목을 잡을 위험이 있다. '9900삼겹살'이라는 간판도 1인분에 9900원임을 한눈에 알 수 있지만 시간이 지나 원가 상승으로 가격을 올려야 할 경우 간판은 물론 매장 컨셉까지 바꿔야 한다.

흑석동 '2만 헤어샵'이나 '이훈 All 30000 미용실'이라고 하면 가격이 2, 3만 원이라는 의미는 당장 주지만, 반대로 2, 3만 원짜리 머리밖에 안 해줄 것 같은 저렴한 이미지도 심어줄 수 있다. 서울 독산동 오피스텔 '마르쉐도르 960'은 딱 봐도 세대수가 960이란 말이다. 처음에는 1000세대 가까운 대단지라는 것을 인식시키기에는 좋지만 시간이 지나 주변에 5000세대 이상 대단지들이 들어서면 반대로 초라해져 보일 테다. '양대감600' 곱창집은 고기를 한 근(600그램) 기준 단위로 판매한다는 느낌을 준다. 그러나 둘이 가서 150그램씩 2인분만 먹고 싶은 연인에게는 부담을 줄 수 있다.

간판을 내걸 때는 당장 눈에 띄게 하는 것뿐 아니라 앞으로의 물가상승률까지 고려해야 한다. 숫자 이름은 지속성 면에서 발목이 잡힐 우려가 있다. 또한 숫자를 보면서 정감을 느끼는 사람은 거의 없다. 보령제약은 장수 유산균이라는 컨셉을 강조하고자 제품명을 'PL9988'이라고 지었다. 완벽한 삶Perfect Life을 99세까지 팔팔하게 살자는 뜻인데 약어와 숫자의 조합이라 가전제품 모델번호쯤으로 여겨진다.

⑤ 지나치게 긴 이름

살다 보면 이름이 특이해서 좀처럼 잊히지 않는 사람이 있는데 내가 만난 면접지원자 중에도 특이한 이름이 있었다. 성이 '안'인데 이름은 '뜰의봄'으로 '안뜰의봄'이다. 가까운 사람들은 그냥 '봄'이라고 불러도 되겠지만 처음 만나는 사람은 그럴 수도 없을 텐데 어떻게 부를까?

법제처에 들어가 보면 한국의 법 중에 이름이 80자가 넘는 게 있다. '대한민국과 아메리카합중국 간의 상호방위조약 제4조에 의한 시설과 구역 및 대한민국에서의 합중국 군대의 지위에 관한 협정의 시행에 따른 국가 및 지방자치단체의 재산의 관리와 처분에 관한 법률'이다. 판사도 못 외운다. 이제는 제법 유명해진 김영란법도 본래 이름은 '부정청탁 및 금품 등 수수의 금지에 관한 법률 제5조 (부정청탁의 금지)에 의한 금지 행위'다. 이 법을 다 읊어대는 사람이 없듯 이름도 길면 외면당한다.

긴 이름을 짓는 대표적인 것 중 하나가 증권펀드다. 한국에는 1만 개가 넘는 펀드가 있는데 하나같이 이름이 길다. 블랙록월드골드증권자투자H환헷지주식 – C1, 레알퀀트롱숏증권투자신탁1호주식혼합 – 파생형Class C2 등 그야말로 헷갈리기 딱 좋은 이름이다. 당신은 가입한 펀드 이름을 정확히 기억하고 있는가? 한국소비자원에 따르면 투자자의 90%는 자신의 소중한 돈을 맡겨놓고도 자신이 가입한 펀드명을 제대로 알지 못하며 이름이 어려워 가입과 구매에 어려움을 겪는 것으로 나타났다.

혹시 '메티에 다르 트리뷰트 투 더 스카이 오브 1395'라는 시계 이름을 들어보았는가? 이것은 스위스의 시계업체 바쉐론 콘스탄틴이 창립 260년을 기념해 딱 한 점만 제작한 시계다. 그나저나 이것을 만든 시계 장인은 이 시계의 이름을 외우고 있을까?

세계에서 가장 이름이 긴 수도는 방콕이다. 방콕의 정식 명칭은 영문기호로 169자에 이르며 우리말로 해석하면 '천사의 거리, 위대한 도시, 아홉 개의 보석을 지닌 거대한 세계의 수도'인데 줄여서 태국어로 천사의 거리라는 뜻의 '크룽 텝Krung Thep'이라 부른다. 광주시 수돗물 이름은 '빛여울수'인데 이는 빛(광주, 빛고을)과 여울(얕은 강)의 합성어로 맑고 투명한 시냇물에 비친 눈부신 햇살이라는 뜻이다. 한데 광주에 사는 사람 중 누구도 수돗물을 빛여울수라고 부르지 않는다. '수돗물' 하면 간단할 것을 '빛여울수'라고 하려면 길어지니 누가 입에 올리려고 하겠는가? 긴 이름은 어차피 사용에 한계가 있으므로 이름은 가급적 길지 않게 짓는 것이 낫다.

⑥ 부정적 어감의 이름

서울시의 수돗물 이름 '아리수'는 썩 좋은 작명이 아니다. 우리가 종종 쓰는 맛 표현 중에 아리다는 것이 있는데 이는 '혀끝을 찌를 듯 알알한 느낌이 있다'는 부정적인 뜻이다. 수돗물을 마시고 아리다는 느낌을 연상할지도 모르는데 아리수라고 지었으니 이는 작명에 실패한 이름이다.

서울 강동구 거주 고등학교 3학년 학생 200명에게 물었다.

"생활도자기 밀양본차이나의 제조국가가 어디일 것 같은가?"

95%가 중국산(차이나)일 거라고 대답했다. 만약 밀양본코리아라고 했다면 누가 봐도 한국산으로 보였을 거다. 부정적 어감을 주는

이름이나 오해받기 쉬운 발음의 이름은 바꾸는 것이 맞다.

기아자동차 카니발Carnival은 미국에서 식인종Cannibal처럼 들린다고 세도나로 바꿨다. 대형차 K9은 개Canine 소리로 들린다고 해서 K900으로 판매한다. SK그룹의 사명은 선경그룹에서 바뀐 것인데 이는 선경Sunkyoung이 '젊음Young이 가라앉았다Sunk'는 느낌을 주기 때문이다.

인천 서구는 도시를 '아동친화도시'라는 이름으로 부르는데 언뜻 '아'를 잘못 보고 '야'로 읽을까 걱정스럽다. 조금이라도 오해받을 소지가 있다면 차라리 바꾸는 게 낫지 않을까 싶다. 신선에너지 우리 축산 광고 '아침마다 갓 짠 우유'를 한번 소리 내 읽어보라. 자칫하면 '아침마다 값싼 우유' 혹은 '아침마다 가짜 우유'로 들리기 십상이다. 술안주로 인기가 좋은 닭똥집도 똥을 먹는다는 부정적 어감을 지울 겸 이왕이면 메뉴판에 '닭모래집'으로 적으면 얼마나 좋은가.

가장 좋은 이름은 언제 나오나?
—

각 제품에는 추구하거나 어필하고자 하는 최종 목표가 있다. 보통 이·미용과 건강식품은 주요 효능과 효과, 가전제품은 기술적 기능, 무형상품은 서비스나 가치 등을 어필하려 한다. 예를 들어 세탁업체 크린토피아는 한여름에 한겨울 옷을 세탁하면 20% 할인해준다. 그들은 여기에 하는 일 그대로 '청개구리 세일'이라는 이름을 붙였다. 해외송금 수수료를 확 낮춘 핀테크업체 트랜스퍼와이즈TransferWise의 사명은 말 그대로 '현명하게 송금하자'는 의미다. 이 회사를 이용하면 돈을 해외로 송금할 때 수수료가 매우 저렴한데, 이들은 이 간단한 사명으로 순식간에 전 세계 60개국에서 100만 명 이상의 고객을 확보했다. 회사가 하는 일과 이름이 일치하니 속성을 잘 반영한 셈이다.

소파와 안락의자 등을 만드는 노르웨이 브랜드 스트레스리스 Stressless는 이름 자체가 그 제품에 누우면 스트레스가 사라지고 편안해질 것만 같은 느낌을 준다. 이 회사는 자사 제품이 추구하는 편안함과 느긋함이라는 속성 자체를 브랜드 이름에 그대로 반영했다.

팬택은 오랜 어려움을 딛고 새로 출시한 스마트폰 이름을 아임백IM-100으로 지어 '내가 다시 돌아왔다'는 걸 어필했다. 레고Lego는 '잘 놀아요'라는 뜻의 덴마크어 leg godt를 합친 것으로 사명 자체가 '잘 놀자'다. 목주름 제거 전문 성형외과 '굽혀서도타이트한성형외과'는 목을 굽혔을 때도 목주름이 접히지 않고 타이트하게 유지된다는 의미로 지은 이름이다. 이·미용회사 에네스티가 수안보 온천물로 만든 화장품 이름은 '수안수'인데 이름 자체에 수안보 온천수가 담겨 있다.

남자들이여, American Standard라는 이름을 알고 있는가? 어디서 본 듯 낯익지 않은가. 아마 남자 화장실에서 소변을 볼 때 양변기에 적힌 이 이름을 봤을 것이다. 나는 처음에 이 양변기가 미국 표준 규격에 맞는다는 의미인 줄 알았다. 회사 이름 자체가 미국 표준American Standard이니 말이다. 이 회사 변기는 왠지 엄격한 규격을 잘 지킬 것만 같다.

　아래의 상품명은 왼쪽이 본래 버전인데 만약 그렇게 했다면 시
장에서 살아남기 힘들었을 것이다. 다행히 이들은 오른쪽 이름으
로 제품의 의미를 극대화하면서도 고객의 머릿속에 빨리 스며들게
해서 성공했다.

　'The 드림 보험' 하면 뭔가 더 준다는 느낌이 들고 미래에셋생명
연금보험보다 '미래에셋생명 즉시연금보험'이 더 확실해 보인다.
'연금 전환되는 종신보험'은 상품명만 봐도 사망 시 돈이 나오는 종
신기능에 연금기능도 있다는 것이 한눈에 들어온다. AIG부모님
건강보험이란 이름은 10년 전에 내가 지은 것이다. 방송에서 내가

원래 상품명보다 마케팅명으로 성공한 상품들	
원래 상품명	마케팅명
펄리쉘집업 브라	1초 브라 (앞쪽 지퍼를 올리기만 하면 1초 만에 가슴이 모아진다는 의미)
오디오회사 뱅앤올룹슨의 포터블 블루투스 스피커 '베오릿15'	음악도시락(야외활동 시 어디서나 넉넉한 울림통의 음악을 들을 수 있다는 의미)
중년 남자브랜드 제이미파커스의 여름바지 'G5'	스타킹보다 얇은 얼음 바지(두께 0.15밀리미터, 무게 130그램으로 얇고 가벼운 여름 소재라는 의미)
네오젠3D리프팅 스판텍스 마스크	압박스타킹 팩(마스크팩 탄성이 볼링공까지 튕겨내는 홈쇼핑 시연에서 압박스타킹 같다는 의미)
유알 모공 수축팩	반전마스크(얼굴의 피지를 깨끗이 없애주는 반전을 준다는 의미)
GENTWELL 울 100% 겨울 양복	난로재킷(일반적인 남성 양복과 달리 겨울에 양복만 입고도 야외활동이 가능할 정도로 따뜻하다는 의미)
접이식 휴대용 의자 레세떼	무중력 의자(의자를 눕혀 내 몸을 맡기면 둥실 떠오를 것만 같다는 의미)

이 보험을 부모님건강보험이라고 말하자 마케팅명을 아예 명품실 버플랜에서 부모님건강보험으로 바꿨다.

인터넷쇼핑몰은 배송이 생명이다. 그래서 소셜커머스업체들은 자사 서비스를 잘 각인시키기 위해 아래와 같이 이름을 지었다.

소셜커머스업체 배송 이름		
쿠팡	로켓배송	전날 자정까지 주문하면 다음 날 전달하는 익일 배송
CJ오쇼핑	신데렐라 빠른 배송	오전에 주문하면 당일 밤 12시 이전에 배송
위메프	지금 사면 바로 도착 배송	오후 6시 전에 사면 그날 저녁 배송
11번가	110분 배송	오후에 사면 퇴근 전에 오토바이 퀵서비스로 배송
티몬	슈퍼 배송	새벽 5시 이전 주문 시엔 당일, 이후 주문 시엔 익일까지 배송

2016년 울산과학기술원에서 변기에 대변을 보면 대변을 분해해 난방 연료와 바이오 디젤로 변환하는 화장실을 연구 개발했다. 이들은 이 획기적인 상품 자체를 중요시하는 데 그치지 않고 마케팅 네이밍에도 신경을 썼다. 배설한 대변이 완전히 사라져 하늘을 우러러 한 점 부끄러움이 없다는 뜻을 담아 화장실 이름을 '윤동주 화장실'로 지은 것이다.

무조건 쉽게 기억나도록 만들어라

　　특정 상황에 놓이거나 무언가를 필요로 할 때 상품명을 신속하게 떠올리도록 하는 기억 회상력Recollection을 높여야 한다. 편의점 위드미의 숙취 해소 아이스크림 이름은 '견뎌바'다. 숙취로 힘든 하루를 견뎌보란 이름이다. 블랙야크는 높은 보온성을 강조하기 위해 겨울 다운재킷 이름을 '에어탱크'라고 지었다. 코오롱스포츠의 신발 끈은 세계에서 가장 강하고 질긴 신발 끈으로 기네스 세계기록에 올라 있다. 그 이름은 '헤라클레스 신발 끈'이다. 먹는 다이어트 보조제 '없었던 일로'는 이름도 재밌지만 메시지도 강렬하다.

　　홈플러스는 세일행사를 할 때 확실히 싼 가격, 정말 신선한 식품이라는 의미를 담아 '확싼 정신'이라고 명명했다. 고추나 연근을 튀긴 음식을 부각이라 하는데 다시마, 감자 등을 튀겨서 파는 업체 상품 이름이 '티각태각'이다. 아웃도어 브랜드 아이더의 여름 티셔츠 아이더 아이스티의 서브네임은 '여름을 얼렸다'다. 수협중앙회에서 만든 조미료 이름은 '요리를 9해조'인데, 이는 9가지 자연 해산물로 만들었음을 강조하는 이름이다.

　　시대의 유행어와 이슈에 발 빠르게 대응하는 것도 한 방법이다. 기존에 없던 '아재'라는 말이 갑자기 뜨자 롯데리아는 AZ버거(아재버거)라는 신제품을 만들어 한 달 만에 100만 개를 팔아치웠다.

　　내가 세일즈를 컨설팅한 코오롱인더스트리 캠브리지멤버스의 재킷 이름은 제로 재킷Zero Jacket이다. 유튜브의 홍보 영상을 보면 한 남자가 작은 여행용 가방에 옷을 담는데 이미 꽉 차서 더 이상 공간이 없다. 그는 마치 행주를 짜듯 양복 재킷을 구겨 주먹만 하게 만든 다음 가방에 담는다. 목적지에 도착한 그는 옷을 꺼내 와이셔츠 소매 단추를 맵시 있게 채운 뒤 재킷을 탈탈 털어 입고 나간다. 구김이 전혀 없이 매끈한 모습이다. 그리고 new cool man project라는 타이틀 아래 '구김 제로'라는 문구가 떠오른다. 즉, 여기서 제로 재킷은 구김 제로 재킷이라는 의미다.

전월세 부동산 정보서비스 회사 직방은 주 고객층이 20~30대 직장인과 학생이다. 2012년 1월 서비스를 시작할 때는 사명이 채널브리즈였으나 2015년 방을 '직빵'으로 구해준다는 젊은이들의 은어에서 착안해 사명을 직방으로 바꿨다. 그리고 허위 매물 때문에 이용자가 불편을 겪으면 보상해주는 제도를 '헛걸음 보상제'라고 이해하기 쉬운 용어를 쓰고 있다.

벌떡 장어, 오매 좋은 거… 살아 있네!
—

상품 이름에는 감정이 담겨 있어야 한다. 상품 이름에 감정을 담을 수 있을까? 얼마든지 그렇다. 느낌을 극대화시키면 된다. 예를 들어 장어집 간판에 그냥 장어라고 하기보다 '벌떡 장어'라고 써놓으면 당장 느낌이 살아난다. 마트의 청과 코너에는 '신선과일'보다 '싱싱과일'이라고 써놓는 것이 느낌을 더 극대화한다. 웨이크메이크의 루즈봄브매트는 그냥 빨강이 아니라 '극강레드'라며 바르면 터지는 압도적 발색이라고 빨강을 극대화한다. LNP코스메틱의 메디힐 마스크팩은 '수분폭탄 마스크팩'이라고 느낌을 극대화했다. IBK기업은행에는 공인인증서와 OTP 없이 6자리 핀번호만으로 금융업무가 가능한 서비스를 출시하면서 이름을 '눈 깜짝할 사이 IBK 휙 서비스'라고 지었다.

내 고객사가 신문에 "발전 가능성 높은 기업"이라고 소개를 했기에 나는 이것보다 "성장판이 한창 열려 있는 기업"이라 바꿔 홍보하라고 조언했다.

굽네치킨은 매운 치킨이 아니라 '불이 활활 타오르는 화산' 치킨이라고 했고, 소스도 매운 소스가 아닌 '마그마 소스'라고 했다. 씨스팜의 혈행 개선 건강식품 이름은 피가 끓어오르는 듯한 느낌을 주는 '혈관팔팔피부팔팔'이다. 이·미용 시장에서도 그냥 '수분크림'이라고 하는 것이 아니라 '수분장벽크림' 하는 식으로 느낌을 더 극대화하고 있다. '욕세럼', '통증세럼'이라고 하면 비타민이 얼마나 과도하게 들어가 있으면 피부가 얼얼해서 욕이 나올까 싶은 느낌을 준다.

'호랑이앰플', '링거팩', '몬스터팩', '악마크림', '마녀공장' 같은 것들도 하나같이 보통 이상의 센 느낌을 준다. 미용주사는 원래 이름이 없다. 단지 복잡한 일련번호로 이루어져 있을 뿐이다. 하지만 피부과에서는 실제 이름보다 백옥주사, 아기주사, 태반주사, 마늘주사, 감초주사, 신데렐라주사, 연어주사, 심지어 그분주사라고 대놓고 홍보한다.

다음 두 가지 간판을 보면 왼쪽보다 오른쪽에 더 감정이 담겨 있음을 알 수 있다.

호흡기질환전문한의원 → 숨편한한의원
어깨통증클리닉 → 어깨만만세클리닉

카카오내비는 '대리운전신청'이라 하지 않고 '운전대 놓고 싶은 날'이라는 명칭으로 느낌을 더해주고 있다. 파나소닉코리아의 구강세정기 이름은 '제트워셔'다. 이 제품은 1분에 1400회나 강력한 물을 분사해 치아 사이에 낀 음식물과 치석을 제거하는데, 이름이 제트워셔라 구강을 시원하게 해줄 것만 같다. 금호고속은 운행 중인 남도관광순환버스 이름을 '오매(전라도 사투리)~ 좋은 거'로 지었다. 원적외선으로 고기를 굽는 그릴 자이글은 '잘 익을'을 그대로 발음한 이름으로 고기 굽는 소리 지글지글에서 따왔다고 한다. 한식뷔페 자연별곡은 겨울 메뉴를 '눈꽃만찬'이라 이름 짓고 한쌈두쌈 오리바비큐, 보글보글 불고기전골, 맵닭맵닭 눈내린홍닭, 소복소복 눈설케이크처럼 느낌을 살린 메뉴들로 입맛을 끈다.

Key Point
—

지금은 낱말 하나로도 돈을 벌 수 있는 시대다. 한 항문외과 원장이 경영 개선을 위해 홍보담당 직원을 두고 블로그, SNS 등을 활용하고 있는데 신통치 않다고 하소연했다. 내가 국민건강보험 공단을 조사해보니 한국인이 많이 하는 수술 1위가 치질 수술이었다. 이는 연간 거의 30만 건으로 제왕절개보다 더 많았다. 그러면 그들이 병원을 섭외하려 할 때 어떤 키워드를 가장 많이 검색할까? 빅데이터를 보면 의외의 검색명이 있는데 그건 바로 '똥꼬에서 피'가'였다. 나는 이 단어에 해시태그를 달라고 했고 조회수는 순식간에 확 늘어났다. 지금도 '똥꼬에서 피가'를 입력하면 이 병원 블로그가 먼저 뜬다.

내가 사는 아파트 상가에 맛좋은 떡집이 있다. 어느 날 그곳에 들렀더니 신상품 이름을 '오늘 만든 단호박 설기'라고 붙여놨다. 나는 떡을 사들고 나오면서 신상품을 '지금 갓 나온 따끈따끈 단호박 시루떡 크앗~'으로 바꿔보라고 권했다. 나중에 내가 그 곁을 지나가는데 떡집 주인이 뛰어나오더니 이름을 바꾸고 나서 확실히 더 많이 팔린다고 고마워했다.

이름을 잘 지으면 그것이 톡톡히 효자 노릇을 한다. 지금 이 순간에도 많은 사람이 '돈을 벌어줄 이름'을 찾기 위해 고심하고 있다.

알프스 하면 사람들은 보통 스위스를 떠올리지만 정작 스위스는 알프스의 10분의 1 정도만 소유하고 있다. 알프스의 10분의 3을 소유한 나라는 오스트리아다(더 정확히 말하면 스위스 13.2%, 오스트리아 28.7%). 그런데 오스트리아보다 스위스가 알프스의 주인 같은 느낌을 주는 이유는 무엇일까? 오스트리아에는 알프스에 대한 컨셉이 적기 때문이다.

사실 알프스 땅을 소유한 나라는 프랑스, 모나코, 리히텐슈타인, 스위스, 오스트리아, 독일, 이탈리아, 슬로베니아 8개국이다. 흥미롭게도 알프스의 최고봉 몽블랑은 프랑스 소유지만 스위스에서 몽블랑의 아름다움을 얼마든지 만끽할 수 있기에 사람들은 몽블랑이 스위스에 있다고 여긴다. 실제로 알프스 꼭대기에 있는 기차역 융프라우요흐나 알프스 최대 빙하 알레치는 모두 스위스에 있다. 이처럼 그 나라의 랜드마크인 중요한 컨셉들이 스위스와 관련이 있는 까닭에 알프스 하면 스위스가 떠오르는 것이다. 나도 겨우 융프라우요흐 한 군데만 기차로 올라가 봤지만 그 경험이 워낙 강렬해서 유럽 다른 나라에서의 알프스 탐방은 큰 기억이 없고 스위스만 또렷하다.

상품은 망해도 컨셉은 우리의 뇌리 속 기억을 영원히 지배한다. 무심결에 흥얼거리는 오래된 광고 CF로고송, 상품의 이미지 및 유행어가 머릿속에 떠다니는 것만 봐도 그렇지 않은가.

한국에서는 한 해에 거의 20만 개씩 음식점이 생겨난다. 그 많은 식당 중에서 손님이 내 식당으로 들어오게 하려면 나만의 컨셉으로 눈길을 사로잡아야 한다. 또한 한국에 프랜차이즈 브랜드는 거의 5000개에 이른다. 그 많은 업체의 한결같은 지상과제는 남과 차별화된 자신만의 고유 아이덴티티를 보여주는 컨셉이다. 다시 말해 가게의 특색과 스토리를 담은 컨셉이 장사의 시작이다. 특색 없는 가게는 가게 문에다 묘지라고 써 붙여야 한다. 죽은 것과 같으니까.

상품을 론칭할 때는 그 상품을 대변하는 한 마디 또는 한 줄의 컨셉이 시장에 안정적으로 진입하느냐 아니냐를 결정짓는다. 상품력이 칼날이라면 컨셉은 칼자루와 같아서 컨셉이 좋을 경우 내 맘대로 시장을 휘두를 수 있다.

컨셉은 마치 집을 지을 때 주춧돌을 세우는 것과 같으며 이는 상품의 모든 것을 한눈에 보여준다. 영업 방향, 마케팅 전략, 고객응대 세일즈 매뉴얼이 모두 자전거가 축을 중심으로 회전하듯 컨셉을 축으로 만들어지기 때문이다. 한마디로 컨셉은 가게에 간판을 내거는 일이자 고객의 발걸음을 멈추게 하는 외침이다.

가전 시장이 포화상태라 더 이상 새로운 제품군이 나오지 않을 것 같던 시절 침구청소기가 새로 등장했다. 이것은 앞에서 침구나 매트리스를 두드리고 뒤에서 먼지를 흡입하는 방식이었는데 내가 가장 먼저 팔아보겠다고 나섰다. 한국인의 60%가 아파트 생활을 하고 있고 특히 주상복합아파트는 창문이 활짝 열리지 않으니 그런 획기적인 상품은 분명 대박을 터트릴 거라 예상했기 때문이다. 그런데 첫 방송에서 매출은 박살났다.

왜 사지 않을까? 소비자 조사를 해보니 이유는 다른 데 있었다. 집집마다 진공청소기가 있어서 헤드만 바꿔 끼우고 쓱쓱 밀기만 하면 그만인데 뭣 하러 침구청소기를 따로 산단 말인가. 상품을 론칭할 때는 보통 집에서 필드테스트field test용 제품을 몇 주 동안 소비자처럼 써본다. 나는 그 애물단지를 집에서 이리저리 사용해보며 어떻게 팔까를 고민하다가 갑자기 유레카를 외쳤다.

컨셉을 바꿔보자! 나는 그 시절에 거의 중요시하지 않던 작은 기능에 초점을 맞췄다. 침구청소기 앞부분에 작은 자외선살균램프가 있었는데 사실 그것은 식당의 물 컵 보관기에 달린 자외선살균램프의 5분의 1 크기에도 미치지 못하는 허접한 램프였다. 하지만 나는 거기에 착안해 컨셉을 '침구를 청소하자'에서 '집먼지진드기와 세균을 없애자'로 바꿨다.

그런 다음 여름에 몇몇 고객을 방문해 샘플 채취에 나섰는데 놀랍게도 모든 집에서 살아 있는 진드기를 발견했다. 그걸 현미경으로 확대하니 진드기들이 이불 사이를 꿈틀꿈틀 기어 다니며 알을 낳고 똥도 싸는 것이 드러났는데, 모양도 색도 다양한 것이 얼마나 흉측하던지 마치 에일리언 같았다. 여기에다 런던에서 발행하는 《더 타임스》에 실린 세인트바스 병원의 연구 결과로 이 컨셉을 지원했다. 그 연구에서는 우리가 베개를 새로 사서 2년만 사용해도 베개 무게의 3분의 1이 더 나가는데 그 이유는 먼지진드기와 그 사체, 그놈들의 배설물, 피부각질, 박테리아 때문이라고 했다. 깨끗한 베갯잇으로 갈아도 그 안은 지저분한 것으로 가득하고 진드기는 세탁해도 죽지 않는다. 유일한 해결책은 햇볕에 널어 말리는 것이지만 아파트에서 생활하는 사람들에게 이는 쉽지 않은 일이다.

드디어 방송을 하던 날 나는 살아 돌아다니는 집먼지진드기를 영상으로 보여주며 말했다.

"뭐가 좋다고 얘들과 함께 주무십니까? 이놈들은 밤새 당신의 온몸을 돌아다니며 피부각질과 두피 모낭을 파먹습니다. 얘들이 특히 좋아하는 곳이 사람의 입이랍니다. 어둡고 따뜻하고 축축하니까요. 우리가 입을 벌리고 자면 그 안을 들락날락하면서 알도 낳고 똥도 싸고 죽어서 사체로도 남지요. 그런 세균과 박테리아가 알레르기를 불러일으킵니다. 이제 '진드기 제거 청소기'의 자외선으로 살균해 깨끗하게 사세요."

컨셉을 바꾸자 매출은 초대박이 났다. 이처럼 컨셉을 어떻게 만드느냐에 따라 매출에 큰 차이가 발생한다. 한번은 내가 한 신발 브랜드의 컨셉 문구를 만들어주었는데 이 문구로 좋은 결과를 얻었다.

"예쁜 신발일수록 발은 비명을 지른다. 멋만? 아니, 발 건강도! 이젠 유쾌함을 신어라!"

신발은 예쁜데 딱 봐도 발이 불편한 듯한 젊은 여성을 노린 문구다. 일단 기본은 발 건강이고 여기에 심미성을 얹음으로써 오랜 시간 신고 다녀도 편안해서 상쾌한 기분을 연상하도록 했다.

영유아 영어 프로그램 '잉글리시에그'의 컨셉은 이렇다.

"노력하는 언어? 힘들이지 않고 무의식적으로! 잉글리시에그는 자연발화다."

우리가 한국어를 인위적으로 배운 것이 아니라 자연스럽게 내가 깨닫지 못하는 사이 시나브로 몸으로 익혔듯이 영어도 그렇게 놀며 즐기며 삶 속에서 아이들 스스로 체득하도록 해야 한다는 기업 이념에 따른 것이다. 따라서 교재 내용이나 오프라인 센터 교습활동 프로그램 등 모든 방향이 이 컨셉을 중심으로 맞춰져 있다.

얼굴과 전신을 경락마사지를 해서 얼굴은 예쁘게 만들어주고 신체는 바로잡아 주는 본로고스가 있다. 기계를 사용하지 않고 오로지 손만을 사용해 작업을 하는데 양손에 모든 기와 혼을 담아 집중력 있게 정성을 쏟는 곳이다. 그래서 이 기업의 컨셉은 "마음과 손이 만나는 곳 본로고스"이다.

컨셉은 그 상품의 핵이자 모든 것이다. 다시 말해 그 상품의 모든 것을 오달진 언어로 표현하는 것이 컨셉부여기술이다.

은은한 컨셉은 100% 망한다

—

컨셉은 은근하고 은은하기보다 분명하고 또렷해야 쓸모가 있다. 세상의 수많은 시계 브랜드가 품격을 높여준다는 은은한 컨셉으로 일관하는데 비해, 시티즌 시계는 '빛으로 가는 시계'라는 분명한 컨셉을 내세우고 있다. 이것은 은은한 컨셉보다는 훨씬 낫지만 만약 나라면 그 앞에 조금만 살을 붙여 '세상 모든 빛으로 가는 시계'라고 하겠다. '빛으로 가는 시계'는 태양열 전지를 떠올리게 하지만, '세상 모든 빛으로 가는 시계'라고 범위를 보다 선명하게 하면 햇빛, 실내 전등, 가로등, 심지어 스마트폰 빛까지 일상생활만으로도 동력을 공급받을 수 있다는 메시지를 준다.

대웅제약 이지엔6의 컨셉은 '효과 빠른 액상형 진통제'로 더 설명할 필요조차 없다. 쿠바 샌드위치의 컨셉 '빈속으로 오세요'는 양을 많이 줘서 샌드위치만 먹어도 속이 든든하겠구나 하는 생각이 든다. 잠실 필라테스의 컨셉 '빈자리만 생겨도 뉴스가 되는 필라테스'는 이 센터에는 회원이 많은가 보다, 잘 가르치나 보다, 규모도 크고 PT 선생도 많은가 보다 하는 이미지를 떠올리게 한다. '안경은 얼굴이다. 안경은 성형이다'라는 컨셉을 내세운 안경점은 수백만 원이 드는 성형이 아니라 3만 원짜리 패션 안경테 하나로도 당장 원하는 이미지로 변신할 수 있다고 말한다. 영구이사는 '이삿날! 고객의 휴일이 됩니다'가 컨셉인데 이는 알아서 다 해줄 테니 집주인은 쉬라는 확언이다.

웅진씽크빅의 웅진북클럽은 종이 전집을 사는 것이 아니라 웅진 전용 태블릿 하나를 주면 아이들이 원하는 책을 다운받아 마음껏 보는 방식이다. 그래서 수많은 책을 탭 하나에 담았음을 강조해 '도서관을 통째로 담았습니다. 120여 개 출판사의 영역별 도서를 담았습니다'가 컨셉이다. 이들은 탭이 아니라 '도서관 통째'라는 이미지를 성공적으로 인식시켜 매출에서 대박을 치고 있다.

기업들만 컨셉을 고민하는 것은 아니다. 국가 및 기업 브랜드 컨설팅 분야의 세계적인 권위자 사이먼 안홀트Simon Anholt가 말했듯 "도시 브랜드 없는 국가 브랜드는 허상이다." 한국은 2002년 서울시의 하이 서울Hi Seoul을 시작으로 각 지자체들이 도시의 특성과 장점을 내세우기에 좋다는 이유로 도시 컨셉을 만들어왔다. 예를 들면 꽃의 도시 고양, 산소도시 태백, 선비의 고장 영주, 사람이 중심인 수원, 기업이 살기 좋은 천안, 해양의 도시 거제 등이 있다. 해외 도시 역시 I love New York, YES Tokyo, Totally London, Asia's world Hong Kong 등 각각 고유 브랜드를 내세우고 있다.

멋진 컨셉은 평범한 상품에 스토리를 불어넣는다. 뚜레쥬르는 빵집마다 판매하는 그저 그런 도넛에 '임금님도 즐겨먹던 개성 도나쓰', '엄마랑 장 볼 때 먹던 그때 그 도나쓰', '7080 소시지 도나쓰'라고 써놓았다. 평범한 빵에 스토리를 입히는 컨셉의 힘은 강하다.

맥주는 컵에 따라놓으면 다 같아 보이고 그마저 술에 취하면 잘 구별도 가지 않을 정도로 비슷비슷하기만 하다. 하지만 대한민국 3대 주류회사의 맥주 카피는 컨셉이 제각각이다. 하이트진로 맥스는 '266초간 지속되는 크림탑', 하이트는 '목 넘김이 좋다. 원샷은 하이트', 롯데주류 클라우드는 '물 타지 않았다', 오비맥주 카스는 '신선하고 톡! 쏘는 상쾌함'이다. 맥주를 마신다는 것은 물을 흡입하는 물리적 행위가 아니라 술을 즐길 때의 분위기, 함께하는 사람들, 유쾌한 기분을 마시는 것이나 마찬가지다. 주류회사들이 술맛을 놓고 이러쿵저러쿵 하기보다 스토리텔링을 담은 멋진 컨셉으로 승부를 보려 하는 이유가 여기에 있다. 주류회사들은 컨셉의 힘이 얼마나 무서운가를 잘 알고 있다.

80년대만 해도 맥주 시장은 완전히 OB 세상이었다. 그런데 1993년 느닷없이 나타난 하이트가 단 3년 만에 그 맥주계의 독식자를 가뿐히 눌러버렸다. 그들을 승리자로 만든 단 한 줄의 카피는 이것이다.

'150미터 천연 암반수'

이후 OB가 다시 1위를 되찾기까지는 무려 15년이나 걸렸다. 생각해보면 OB 역시 수돗물이 아니라 암반수로 만들었는데, 단지 카피 문구 하나 때문에 그 정도로 굴욕을 당한 것이다. 이는 잘 만든 컨셉 문구의 위력이 얼마나 강한지 새삼 느끼게 한다.

컨셉 확장① 본질은 놔두고 용도만 전환하기

—

아기 칫솔이 엄마 칫솔에게 묻는다. "엄마, 엄마~ 칫솔이 뭐야?" "응, 칫솔이란 사람들의 치아 구석구석을 깨끗하게 닦아주는 일을 한단다." 아기 칫솔이 되묻는다. "근데 아빠는 왜 만날 운동화만 닦아?"

이 칫솔들의 대화처럼 용도를 전환하거나 조금씩 변화를 주어 확장성을 키우는 것도 컨셉을 강화하는 하나의 방법이다. 우리 회사에서 컨셉 문구를 뽑아주면 기업들은 겁을 낸다. 마치 그 컨셉이 두 번 다시 바꿀 수 없는 영원한 문신이라도 되는 듯 걱정하는 것이다. 한번 정한 컨셉에 너무 연연할 필요는 없다. 트렌드가 계속 바뀌는데 어찌 과거의 컨셉이 영원할 수 있겠는가.

확장성 개념의 컨셉 변화를 시도할 때는 두 가지 방법이 있는데 그중 하나가 본질은 놔두고 용도만 전환하는 컨셉이다. 가령 오뚜기 양조식초는 단순히 먹는 것으로만 소비하는 데는 한계가 있다고 보고 그 외의 영역에서 식초를 사용하도록 독려하고 있다. 다시 말해 오뚜기는 먹는 것에 더해 세안 시 마무리 단계에 식초 세 방울을 넣으면 피부가 매끈해진다, 머리를 헹굴 때 소량의 식초를 넣으면 모발이 부드러워지고 비듬 예방에 좋다고 광고한다. 이 외에도 오뚜기는 자사 식초를 벌레에 물려 가려울 때, 손의 생선 비린내를 제거할 때, 책상과 의자의 볼펜자국을 닦을 때, 청소할 때 등에 사용하도록 권한다. 그뿐 아니라 세탁할 때도 몇 방울 넣으라고 하면서 '먹는 것을 넣는 거니까 당연히 안심되죠?'라고 광고한다. 이는 영역을 확장해 소비를 늘리고 재구매 기간을 당기려고 하는 전략이다. 그리고 오뚜기 마요네즈는 식용유를 두르는 대신 마요네즈를 쓰라며 소비 촉진을 권한다.

2000년대 들어 조리가 간편하고 쉽게 먹을 수 있는 편의식품 종류가 급증하면서 상대적으로 참치캔 시장에 위기가 찾아왔다. 그러자 참치캔 회사는 재빨리 김치찌개에 넣는 부재료용이라는 컨셉에서 탈피해 혈행 개선에 도움을 주는 오메가-3, 뇌세포 형성에 기여하는 DHA, 항산화 효과가 있는 셀레늄이 풍부한 건강식품용으로 용도를 전환해 간편하게 떠먹는 식품으로 컨셉을 바꿨다.

홍삼은 보통 건강식품이라는 인식이 강하지만 정관장은 홍삼쿨을 소주에 타서 과일소주처럼 먹어보라고 권한다. 홍삼의 용도 전환을 꾀해 소주의 쓴맛은 줄이고 홍삼 고유의 고급스러움과 부드러움은 더해 풍미와 영양까지 챙기는 홍삼소주로 컨셉을 바꾼 것이다.

삼화페인트 하면 흔히 철물점을 떠올리지만 이들은 근래 서울 대치동에 미술관 컨셉의 프리미엄 매장인 '홈앤톤즈'를 열었다. 이는 유화물감 대신 페인트로 그린 예술가의 작품을 전시해 복합문화공간을 연출하고 변화를 주어 고객의 삶 속으로 들어가려는 전략이다. 남영전구는 50년 이상 전구만 팔다가 '카페 루씨엘'이라는 카페를 열었다. 카페의 분위기 연출에 매우 중요한 조명의 특징을 잘 살린 이곳은 기업의 기술력을 그대로 활용해 컨셉을 바꾼 사례다.

흔히 기업은 브랜드가 성공하면 그 후광 효과Halo Effect를 등에 업고 제품군을 확장하는 경향이 있다. 물론 이때 브랜드의 본질이 흔들리고 이미지가 타격을 받을 수도 있지만 용도 전환에 성공하면 시장 확장이라는 이득을 얻는다. 에스티 로더는 나이트리페어 앰플이라는 소위 갈색병이 성공한 후, 파워호일 마스크팩을 내놓아 '갈색병 반 병이 담겨 있다. 갈색병의 주요 성분을 25배 더 흡수시킨다'는 메시지로 기존의 성공을 업고 간다.

컨셉 확장② 본질마저 용도 전환하기
—

확장성 개념의 컨셉 변화를 시도하는 두 가지 방법 중 나머지 하나는 본질마저 용도를 전환하는 컨셉이다. 고대 병법서《삼십육계》중 25계 투량환주偸梁換柱는 겉은 그대로 두고 내용이나 본질을 바꿔버린다는 말인데, 용도 전환 컨셉에서는 이처럼 본질마저 바꿀 수 있다.

인터넷 종합쇼핑몰 아마존은 처음엔 인터넷 서점으로 출발했지만 지금의 컨셉은 '세상의 모든 것을 판다'이다. 그래서 amazon이란 글씨 밑에 a에서 z까지 화살표를 그어놨다. 시작부터 끝까지 모든 것을 다 판다는 컨셉을 간판으로 내건 것이다.

일본인이 가장 좋아하는 쿠사츠 온천은 효능이 좋아 몸만 담그면 많은 질병을 고친다는 명성을 얻었다. 이곳의 컨셉은 온천 순위 1위답게 '상사병만 빼고 다 고친다'다. 상품을 기획하는 현지 일본인은 자신 있게 말한다.

"쿠사츠 지역에서 피부과 병원을 볼 수 있는지 내기해봅시다."

이 말도 하나의 컨셉이다. 이곳은 여타 온천과 달리 물이 좋다, 경치가 좋다, 먹거리가 많다 등은 제쳐놓고 오로지 '치유 능력'이라는 컨셉 하나로 승부를 거는 셈이다. 흥미롭게도 처음부터 이런 컨셉은 아니었다고 한다. 다른 온천은 물의 온도가 낮아 데워 써야 하지만 이곳은 온도가 높아 그대로 식혀 사용한다는 점에서 '뜨거운 자연온천'이라는 컨셉을 내세우기도 했다. 또한 온천수가 풍부하다는 의미로 '수량이 풍부한 온천', 강한 산성수라 동전이 일주일이면 녹아 사라지고 세균도 5분 안에 죽는다는 뜻에서 '동전까지 녹는 온천'이란 컨셉을 거쳐 지금의 '병을 치료하는 온천'이라는 컨셉으로 계속 변화해온 것이다.

불스원 마케팅 자문위원으로서 신상품을 컨설팅했는데 한번은 내게 '젤 방석'이 주어졌다. 자동차 운전자석 밑에 까는 젤 타입의 육각형 벌집 모양 방석으로, 오랜 시간 운전을 해도 엉덩이가 배기지 않고 통풍이 잘 되어 미국 서부 트럭기사들에게 인기가 높았다. 한마디로 미국 트럭기사들이 수십만 장이나 구매한 스테디아이템이었다. 그런데 막상 내가 미국 서부 지역의 많은 트럭회사를 방문하여 기사들을 인터뷰해보니 시장조사 과정에서 그들과 우리의 생활패턴에 커다란 차이가 있다는 점을 깨달았다. 한국에서는 아무리 장거리 운전을 해봐야 서울에서 부산 거리가 가장 길지만, 미국 서부에서는 한번 길을 나서면 며칠씩 내달려야 하니 젤 방석의 효용가치가 큰 것은 당연했다. 과연 한국의 운전자들이 10만 원에 육박하는 젤 방석을 구입할지 상당히 회의적이었다. 내 결론은 사지 않는다는 것이었고 자문회의 때 용도 전환을 제안했다.

"이 젤 방석을 사람 크기 정도의 판형으로 넓혀 제작하시지요. 아예 젤 매트리스로 만들어 여름에 시원하면서도 몸을 탄탄하게 받쳐주는 침구용으로 컨셉을 바꾸는 게 낫겠습니다."

단발령이 내려졌을 때 한국과 일본의 반응은 정반대였다. 한국에서는 전국적으로 데모가 일어났고 자살자가 속출했으며 산으로 도망가기도 했다. 일본인은 어려울 것 없다는 듯 곧바로 상투를 잘라냈다. 이 차이는 뭘까? 근대화 무렵 일본인에게는 화혼양재和魂洋才 정신이 있었는데 이것은 서양 것을 받아들이되 자국의 혼, 즉 본질은 잃지 말자는 것이다. 가령 일본에서 만든 단팥빵을 보면 겉은 서양 빵이고 속은 중국의 단팥이지만, 그건 그저 일본의 단팥빵이다. 만두가 일본으로 건너가 만주가 되었고, 동남아시아를 그 기원으로 보고 있는 스시도 일본의 상징으로 자리 잡았다. 또한 일본인은 서양의 육류에 일본식 된장 미소를 넣어 스키야키(소고기 전골)를 만들었고 김치를 기무치로 널리 알리고 있다. 이처럼 마케팅에서도 본질을 지키면서 상품의 변혁을 받아들이는 화혼양재가 필요하다.

야구에서도 얼마든지 포지션 변경이 가능하고 선수가 감독이 되기도 하듯, 기업과 제품의 컨셉을 확장하든 몰입하든 전환해 컨셉을 바꿔갈 수 있다. 컨셉은 굳지 않는 석고와 같다. 계속 다각적으로 변화를 시도해 좋은 컨셉으로 바꿔 나가야 한다.

유머가 있으면 반은 먹고 들어간다

—

얼굴에는 서른 개 이상의 근육이 집중되어 있고 살짝 미소만 지어도 이들 근육 중 절반이 움직인다. 그래서 자주 웃는 사람은 얼굴이 말랑말랑하다. 반면 미소를 잃어버린 사람의 얼굴 근육은 굳어 있다. 당신 회사의 제품 메시지는 보들보들한 웃음기를 머금고 있는가, 아니면 딱딱하게 굳어 있는가? 컨셉 문구에 유머를 담는 것은 좋은 시도다. 보는 이의 마음을 부드럽게 만들어 누그러뜨리고 호기심도 적절히 자극할 수 있기 때문이다.

어느 날 나는 한 다이어트 상품의 컨셉을 만들어달라는 의뢰를 받았다. 이럴 경우 보통 사진작가와 기획 미팅을 한 뒤 날씬한 모델을 뽑아 사진 작업을 하고 그 앞에 멋진 문구를 배치한다. 한데 그처럼 평범하게 했다가는 천편일률적인 다른 다이어트 상품에 파묻힐 것 같았다. 무언가 특별한 아이디어가 필요했다.

그런 고민을 하던 차에 하루는 가락시장에 들렀다가 쌓아놓은 배추상자에서 우연히 재미있는 삽화를 보게 되었다. 두 개의 배추가 서로 머리띠를 동여매고 글러브를 낀 채 싸움(쌈)을 하는 만화 한 컷이었다. 밑에는 '쌈배추(싸움하는 배추)'라고 적혀 있었다. 어찌나 우습던지 배시시 웃음이 나왔다. 좋아, 저렇게 만화 캐릭터로 가보자.

그다음으로 유머가 담긴 컨셉이 필요했는데 비슷한 상품군에서 참고가 될 만한 컨셉 문구를 찾아보니 몇 가지가 눈에 들어왔다.

가령 소원다이어트의 '이사가시나봐요? 아니요. 살 빠져서 옷 정리해요', 다톡 바질시드의 '내가 참치도 아닌데 뱃살은 쓸모없지' 등이었다.

먼저 사람을 모델로 쓰는 대신 우리 회사 디자이너가 통통하고 우스꽝스러운 여자 얼굴 캐릭터를 만들었다. 나는 그 다이어트 상품 컨셉을 '빵빵한 내 볼 살이 중요한 전화를 끊어버렸다', '터질 듯한 내 볼 살이 짝사랑 남자 싫다고 폰을 꺼버렸다'라는 문구로 잡았다. 그리고 살찐 볼 살이 나도 모르게 스마트폰을 터치하는 재미난 상황을 그림으로 묘사했다. 이어 볼 살 때문에 미팅에 나가서도 늘 혼자 손해를 보고 모자를 써도, 옷을 입어도 어울리지 않아 고민하는 상황극 한 컷짜리 만화를 시리즈로 만들었다. 그 밝고 통통 튀는 분위기 덕분에 소비자 반응은 점점 좋아지고 있다.

네네치킨의 컨셉 문구는 호불호가 갈릴 수도 있으나 유머를 담고자 노력한 흔적을 엿볼 수 있다.

'연인에게 바람기가 있다고요? 닭을 먹이세요. 날지 못합니다. 날아 도망가지 못하는 닭처럼 당신 연인도 날아가지 못합니다. 연인이 잔머리를 굴리나요? 닭을 먹이세요. 닭대가리가 될 것입니다. 앞뒤 계산하지 않고 사랑만 생각할 것입니다.'

인터넷 강의만 하는 어느 영어 어학회사의 컨설팅을 맡았을 때, 나는 어학프로그램 홍보 문구를 어떻게 만들까 고민하다가 그리 무겁지 않은 컨셉에 재미를 담았다.

'당신의 혀에 빠다발음을 발라주마!'

언어유희, 언어파괴도 쓸 만한 카드

—

언어유희란 한마디로 말장난을 의미한다. 가장 흔히 쓰이는 것은 핵심 글자의 운율을 도드라지게 하거나 반복해서 운을 맞추는 방법이다. 다음 사례는 제품과 단어, 운율을 고려해 조합한 슬로건이다.

- 불스원 사각지대 완전 해방 불스원 미러 – **깜빡이를 깜빡하셨나요? 깜빡이를 넣고 들어가도 깜빡할 수 있습니다**
- 코오롱스포츠 – **봄바람이 비바람으로 바뀌어도 괜찮아. 코오롱스포츠 아웃도어와 함께라면**
- 여행사의 후쿠오카 여행상품 – **후쿠오카 가볍게 훑고 오까**
- 작은 사이즈 전복 판매 문구 – **전복의 가격이 전복되었다**
- 밤 판매업체 문구 – **밤은 낮에 먹어도 맛있다**
- 바디샵 – **니 살은 몇 살이니**
- 대학로 연극 기막힌 스캔들 – **바람피다가 발암 걸렸다**

요즘의 컨셉 문구 트렌드는 특수 용어jargon나 속어slang, 방언, 문장 구조 파괴를 포함한 언어파괴다. 예를 들면 '겉은 빠쌱 속은 촉촉한 고등어구이' 같은 문구가 늘어나고 있다. 오마이갓러쉬의 '핵쉬움게임'이라는 말을 10년 전에 봤다면 무슨 말인지 몰랐을 테지만 지금은 듣는 대로 접수한다. 여행박사의 '여행박사와 함께하면 호갱 아닌 호강'은 여행사 때문에 호갱 노릇을 한 사람을 빗대 만든 문구다. 패션기업 LF몰은 LF를 한글 '냐'처럼 보이게 해서 '어디서

샀LF(나)', '어디서 사LF'라는 광고를 선보였다. 라푸마의 경우 등장
인물이 수영을 하며 '라푸, 라푸' 하고, 헤지스는 '깔끔헤지스'라고
말장난을 한다.

이러한 언어유희의 단점은 자칫 상품을 가볍게 만들 수 있다는
것이다. 잘못하면 상품이 싸구려나 저질로 보일 수 있으므로 가급
적 저관여 상품을 어필할 때 써야 한다. 점잖지 못한 것은 보통 품
위를 떨어뜨린다. 특히 가격대가 높아 진중하게 접근해야 하는 고
관여 상품에서는 상품의 가치를 훼손할 수 있다.

라임을 활용한 컨셉으로 '들썩들썩!'
—

예전에 미드 〈프렌즈〉를 보는데 친구들끼리 스키장을 가다가 소
변이 마려워 낡은 간이 화장실에 들어가는 장면이 나왔다. 그때 레
이첼이 가지 않자 피비가 왜 가지 않느냐고 물었다. 레이첼은 공중
화장실에는 티슈가 없다며 라임(rhyme, 운)을 맞췄다.

"노 티슈, 노 티슈(No tissue, No tushy: 티슈 없는 곳엔 엉덩이를 대지 않
겠다)."

라임의 법칙을 컨셉에 적용할 때는 구나 행의 첫머리에 규칙적
으로 같은 운의 글자를 다는 두운alliteration, 끝머리에 다는 각운
rhyme, 여러 단어의 자음·모음·유사어를 반복하는 모운assonance
을 쓴다.

두운과 각운은 내가 이전 책과 칼럼에서 많이 설명했고 또 쉽게

이해하는 사람도 많지만 모운은 그렇지 않다. 예를 들어 중고차 회사가 '카~ 싸다' 하면 모음 'ㅏ'를 세 번 반복한 것으로 모운을 이용한 컨셉이다. 자음을 반복하는 방식, 가령 하나은행에서 '하나은행이 더 큰 하나가 되었습니다'라고 한 것은 자음 'ㅎ'을 반복해 기억력을 높인 방법이다.

렌터카 운전자들이 가장 신경 쓰는 건 번호판에 하, 허, 호 자가 붙어 있어 차를 빌려 탄다는 자격지심을 안겨준다는 점이다. 그래서 나는 한 장기렌터카 회사를 위해 이런 카피를 만들어주었다.

'신경 안 쓰고 씽씽 달리니 하하 허허 호호'

앞부분은 ㅅ과 ㅆ으로 뒤에는 ㅎ으로 운을 맞춘 것이다. ㅅ으로 운을 맞춘 양평 삼나무숲의 '쉬고 싶다. 숨 쉬고 싶다. 쉴 때는 폐가 깨끗해지는 삼림욕이 짱', ㅉ으로 짜먹는다는 컨셉을 살린 콜대원의 '감기잡짜 짜먹는 감기약', ㅋ을 반복하는 쿠쿠의 정수기 컨셉 '코크까지 살균되는 코크살균 정수기 쿠쿠'도 운을 잘 맞추고 있다.

또한 라임을 맞출 때는 대구법, 대조법, 점강법 같은 수사법을 활용하기도 한다. 2016년 말 나는 수능을 치른 고3학생 700명을 대상으로 한 힐링 캠프에서 특별강연을 했다. 그때 나는 주제를 쉽게 떠올리도록 수사법을 사용해 각각 두 개의 주제를 정했다. 1부 주제는 common? come on!으로 컴온? 컴온!이라고 읽었지만 그 뜻은 '일상이여 덤벼라'였다. 2부 주제는 포기 치워! 자신감 Cheer!로 그 뜻은 '포기는 치워! 자신감으로 힘내라!'인데 역시 '치워'와 '치어'가 비슷한 운율이라 기억력을 높여주었다.

그러면 상품에서의 예를 살펴보자.

- 탁센 진통소염제 – 흡수시간은 짧게, 작용시간은 길게
- 아이스쿨링마스크 – 피부온도가 내려가면 피부나이도 내려간다
- 헬스장 – **웰스(wealth, 부)보다 헬스(health, 건강)를**
- 삼천리자전거 아팔란치아 – **커피만 타지 말고 자전거 타러 갑시다**
- 사틴헤어 – Your beauty? Our Duty!(당신의 아름다움? 우리의 의무!)
- 마사회 운영 렛츠런 파크 – **탄 거 또 타고 탄 거 또 타고, 간 데 또 가고 간 데 또 가고 마뚜! 주말엔 그러는 거 아냐**
- 여행박사 – **갈 때 됐다, 가족여행. 가서 만나, 혼자여행. 난 괜찮다, 효도 여행**
- lucky 카지노 – Get in Get win!(와서 이겨라!)
- 자갈치 시장 – **오이소 보이소 사이소**
- 삼다수 – **깨끗해서 천연암반수라서 고맙삼다**

내가 대학원 수업을 듣던 시절, 나이 지긋한 한 외국인 교수가 자가용 대신 오토바이를 타고 다녔다. 심지어 추위가 매서운 한겨울에도 할리데이비슨을 몰기에 왜 그러는지 물어봤다.

"오토바이가 뭐가 그리 좋다고 타십니까?"

그 교수는 간명한 라임으로 응축해서 대답했다.

"바퀴 4개는 몸을 움직이고 바퀴 2개는 영혼을 움직인다. 4 wheels move body, 2 wheels move soul."

라임의 메시지는 짧지만 강하다.

컨셉과 카피는 부모가 같다

—

미 대선후보 전쟁이 한창일 때, 트럼프 반대자들이 외친 구호는 '덤프 트럼프(Dump Trump, 트럼프는 버려)'였다. 이처럼 이름과 컨셉을 직접 연결하는 것도 제품명을 각인하는 데 효과적이다. 아래는 그러한 방법으로 컨셉을 뽑아낸 사례다.

- 직방 – **선직방 후방문 부동산 앱**
- 다방 – **방을찾다방을찾다**
- 바로연 – **만나서 바로 결혼**
- 듀오 – **결혼해 듀오**
- 육회전문점 – **육회(유쾌)한 육회**
- 육대장 – **육개장은 육대장**
- 요기요 – **배달 요기요**
- 칠레 와인 – **향긋함으로 당신의 우심방을 칠래**
- 뿌링클 치킨 – **뿌린 대로 맛있어진다**
- 쏘스에무쵸– **세상에 없던 치킨 쏘스치킨**
- 오뚜기 가바백미쌀 – **맛있고 건강한가바**
- 휴고프로쉬 – **이 주머니 아주마니 따뜻하니 독일에서 온 보온주머니**
- 명가일품 고랭지 절임배추 – **직접 절이면 팔이 저려**
- 삼립식품 호빵 – **오빵 내가 제일 좋아하는 빵이 뭐게**
- 수원 숯불구이 – **살살 녹소**
- 오션월드 – **썸타러 오션**

- 스타필드하남 – **지금 뭐하남? 스타필드 하남!**
- 에쎄 체인지업 담배 – **없던 맛 업된 맛**
- 세운상가 – **다시 걷는 세운, 다시 찾은 세운, 다시 세운 프로젝트**
- 한림제약 소화제 다제스 – **소화, 다제스로 다됐스!**
- 중앙대학교병원 – **심장은 중앙에 있습니다**
- 홈플러스 – **빼는 것이 플러스다. 가격 거품은 빼고! 가성비는 플러스!**
- 행복주택 서울가좌역 – **함께 가좌! 행복주택 서울 가좌역!**
- 고양시 – **고양시로 놀러갈고양**
- 대한항공 – **코리안에어, 내 마음속에 온에어되고 있다**
- 넛츠팜 – **한시두시세시네시 넛츠팜 하루 요거트넛츠**

Key Point

—

우리가 평생을 보아왔지만 여전히 기억하지 못하는 것이 매우 많다. 예를 들면 100원짜리 동전에는 누가 새겨져 있는지, 1,000원과 5,000원짜리 지폐의 인물이 누구인지 아는가? 500원짜리 동전의 앞면에는 무엇이 있는지 아는가? 바로 새다. 무슨 새인지 관심을 기울여본 적이 있는가? 두루미과에 속하는 학이다.

우리가 늘 본다고 다 아는 것은 아니다. 익숙한 것만으로는 한계가 있다. 마케팅은 '사람들은 익숙한 것에는 더 이상 눈길을 주지 않는다'는 것에서 출발한다. 그런데 우리 주위에는 비슷한 상품, 익숙한 문구가 굉장히 많이 널려 있다.

가령 스위스 시계 브랜드를 몇 개나 알고 있는가? 그 가치 순위를 보면 1위는 롤렉스, 2위는 오메가, 3위는 까르띠에, 4위는 파텍필립, 5위는 스와치, 6위는 태그호이어다. 이 정도는 시계에 조금만 관심이 있는 사람이면 누구나 알고 있다. 내가 상품 컨설팅 때문에 스위스에 직접 가서 보니 스위스에 시계 브랜드가 얼마나 많은지 적잖게 놀랐다. 한데 시계 매장마다 다니면서 직접 물어봐도 별다른 차별성을 인지하기가 어렵다. 만약 당신이 상품 판매자라면 당신의 상품도 그런 처지일 수 있음을 기억해야 한다.

그러면 간단한 실험을 해보자. 당신의 상품을 아래의 10가지 제시어에 따라 각각 5점 만점으로 1~5까지 점수를 매겨보라. 몇 점이나 나왔는가? 최소한 40점 이상 나왔다면 당신은 '당신' 제품을 무척 사랑하는 사람이다.

몇 점이 나왔든 이제 당신의 상품을 처음 접하는 사람에게 그 상

호의적인	1	2	3	4	5
애정이 가는	1	2	3	4	5
독특한	1	2	3	4	5
소중한	1	2	3	4	5
특별한	1	2	3	4	5
남과 다른	1	2	3	4	5
이전에 본 적 없는	1	2	3	4	5
기억에 남는	1	2	3	4	5
알리고 싶은	1	2	3	4	5
갖고 싶은	1	2	3	4	5

품을 보여준 뒤 다시 매기게 해보라. 아마 당신이 매긴 점수보다 낮을 것이다. 다들 자기 자식은 예쁜 법이다. 하지만 남은 내 마음만큼 애정을 보이지 않는다는 것을 꼭 기억해야 한다. 판매자와 구매자 사이에는 이처럼 간극이 존재한다. 이 간극을 덮으려면 남이 나를 알아줄 나만의 아이덴티티가 필요하다. 그것은 언어적 컨셉으로 표현하는 것이 지름길이다. 당장 사지 않고는 배기지 못할 만큼 야성적 충동animal spirits을 일으키는 멋진 컨셉으로 상품에 대해 강력한 인상을 남겨라.

03
이미지선언
당신이 선언한 대로
믿게 하라

들국화라는 꽃을 본 적 있는가? 들국화는 가을에 피는 야생 국화류를 총칭하는 말로 사실 들국화라는 종은 없다. 참나무라는 나무를 본 적 있는가? 역시 참나무라는 종은 없다. 봤다면 거짓말이다. 다시 말해 정확히 지칭할 수 없는, 존재하지 않는 꽃과 나무다. 그렇지만 우리는 들국화 하면 거친 들판에 강인하게 피어난 아름다운 꽃을 떠올리고, 참나무 하면 단단하고 옹골차서 가구로 만들기에 좋을 것 같은 이미지를 떠올린다. 한 번도 본 적 없고 존재하지도 않는 식물임에도 불구하고 늘 살아 있는 이미지로 남아 있으니 그저 신기할 따름이다. 그만큼 이미지는 언어로 표현하거나 말로 정형화할 수 없는 영역까지 지배한다.

70억이 넘는 인구의 생김새가 모두 다르듯 모든 상품엔 고유의 이미지가 있어야 한다. 당신의 상품 이미지는 무엇인가? 상품에서는 도플갱어가 다반사로 일어난다. '이거 어디서 본 듯한데'라고 생각한 적이 많지 않은가. 자기 상품의 전면에서 나만의 이미지를 선언해야 그것이 그 상품의 얼굴이 된다. 이미지는 그 상품의 얼굴마담이다.

한번은 기업 강의를 희망하는 지망생 4명에게 15분씩 강의를 맡겼다. 1분간은 자기소개를 했는데 처음 2명에게는 이 분야의 전문가라며 당당하게 자신감을 피력하게 했다. 뒤의 2명에게는 "제가 배우는 입장이지만", "제가 아는 건 별로 없지만", "제가 지금 배우는 입장이라 저도 부족합니다만" 하면서 소극적으로 자기소개를 하게 했다. 그런 다음 PT를 경청한 청중에게 설문조사를 하자 후자가 전자보다 아마추어라고 답했다. 마찬가지로 사람의 생각은 내 의도대로 조정이 가능하다.

차별화해서 각인시켜라

—

이것이 바로 이미지선언기술이다. 이는 먼저 이미지를 선언하면 실제 상태나 본 모습과 상관없이 사람들이 선언한 그대로를 믿는 심리를 말한다. 일종의 공개선언 효과Public Commitment Effect로 'A는 곧 B다'라고 선언하면 대중은 의심 없이 A를 B로 받아들인다. C거나 D일 수도 있지만 이미지를 선언한 까닭에 소비자는 심리적으로 그대로 믿는다. 예를 들면 교보생명의 '인생의 비바람을 닦아주는 생명보험은 손수건입니다', '기쁠 때나 슬플 때나 함께하는 생명보험은 평생지기입니다', '온 가족을 든든하게 하는 생명보험은 밥상입니다' 같은 문구가 이미지선언이다.

당신도 이미지선언을 해보라. 가령 상대에게 "나는 까칠해서 화를 잘 내요"라고 해보라. 상대는 즉각 말조심할 것이다. "저는 전형적인 A형이에요" 하면 진짜 소심한 사람인 줄 안다. 상대방은 당신이 선언하는 대로 믿는다.

우리는 이미지 안에 갇혀 산다고 해도 과언이 아니다. 심지어 드라마를 볼 때도 무 자르듯 이미 나쁜 놈과 좋은 놈으로 결정해놓고 시청을 한다. 그래서 이미지선언을 할 때는 신중해야 한다. 한번 선언한 이미지로 영원히 박제될 위험이 있기 때문이다. 나중에 맞지 않는 이미지였음을 알고 이미지 전환을 꾀하려 하면 커다란 비용과 노력이 든다.

기업들은 계절처럼 급변하는 트렌드에 걸맞은 이미지로 전환하기 위해 애를 쓴다. 그러나 기업은 자신의 본질을 잃으면 끝장이다. 예를 들어 월마트는 가격을 내리면 끝장난다. 월마트의 모토는 '매일 최저가Everyday Low Price'로 절대 세일이나 프로모션을 하지 않는다. 다이소는 가격을 높이면 끝장이다. 다이소에는 3만 개 이상의 품목이 있는데 이 중 80%가 1,000원대 이하인 저가 정책이 모토다. 다이소의 박정부 회장은 "1,000원 가게의 정체성을 깨면 다이소는 존재하지 못한다"라고 말했다.[3]

브랜드 마케팅의 대가 데이비드 아커David Aaker는 브랜드도 사람처럼 차별화된 개성이 있는 존재라고 했다. 그 개성을 표현하는 건 바로 이미지다. 브랜드를 관리 및 경영해야 하는 이유가 여기에 있다. 브랜드는 이미지이자 제품의 고유 속성이고 타 제품과 차별화하게 해주는 본질이다. 브랜드 이미지가 높아지면 가격도 높일 수 있다. 또한 브랜드는 제품수명주기PLC, Product Life Cycle를 늘린다. 제품은 '도입−성숙−표준화'라는 3단계를 거쳐 자리를 잡는데 그 마지막이 제품 이미지로 박혀 오래오래 기억에 남는다. 그 브랜드가 주는 이미지는 가히 절대적이다. 그것이 내뿜는 기운 아래 제품, 브랜드, 서비스, 가격 등 모든 것이 유기적으로 맞물려 돌아가기 때문이다.

이미지는 전 세계인의 공통언어다. '피곤할 때' 박카스, '불안할 때' 우황청심원 하듯 무언가가 필요할 경우 우리가 으레 머릿속에 떠올리는 이미지를 자기선언 언어로 내세우면 컨셉이 된다. 요즘 소비자는 제품의 물리적 특징이나 기술적 기능보다 브랜드와 제품이 주는 이미지에 끌려 선택하는 경향이 강하다. 이런 상황에서는 이미지선언이 더욱더 중요하다. 닛산의 자동차 패스파인더는 이미지선언 컨셉이 '몸이 평화로워야 보이는 것들이 있다. 모험은 평화로워야 한다. 몸이 편안할 때 험난한 여정은 가족을 위해 준비된 풍경'으로 제법 길다. 광고에서는 자동차 창밖으로 평화로운 절경이 펼쳐지는데 이는 차종의 이미지를 승차감, 안락함에 맞춘 것이다.

캐논은 '인물 사진에 강하다'라는 컨셉으로 이미지를 굳혀났다.

생각해보면 좀 우습지 않은가. 다른 카메라 역시 동물 사진을 찍으려고 만든 건 아닐 테니 말이다. 나는 우리 회사 사진작가에게 똑같은 20대 모델을 캐논, 니콘, 삼성, 소니 브랜드 카메라로 각각 촬영하게 했다. 그런 다음 삼성전자 디지털프라자 직원 100명에게 그중에서 캐논 사진을 찾아보라고 했더니 15%도 채 찾아내지 못했다. 그래도 일반 소비자는 캐논이 유독 인물 사진에 강한 줄 안다. 한마디로 이미지의 승리다.

이미지선언 규칙① "한마디로 말하자면…"
—

이미지선언기술을 사용하는 방법 중 하나는 이미지를 떠올리게 하는 단어를 조합해 간단한 문장 및 구호를 만드는 훈련을 하는 것이다. 그 이미지선언은 이 상품을 '한마디로 말하자면', '한단어로 축약하자면', '한 줄로 요약하자면', '한 문장으로 표현하자면'이라고 하거나 이 상품의 '매력 한 가지는', '숨은 비밀은', '가장 큰 강점은'으로 시작해야 한다.

가령 프랑스 아웃도어 브랜드 아이더의 신상품 중 '마이크혼 짚티'는 옥수수에서 추출한 소재다. 어떤 이미지가 떠오르는가? 아마 먹는 음식이나 인공적·화학적이 아닌 천연, 자연 소재라는 이미지가 떠오를 것이다. 그럼 그 이미지를 조합해 문장을 만들어보자. '자연의 옥수수로 실을 짰다', '음식을 입는다', '자연을 입는다' 등으로 계속 문구를 뽑는 거다. 그러다가 최종적으로 마음에 드는 문구가 나오면 그것을 선택한다. 이제 매장에 손님이 오면 한마디 던지면 그만이다.

"고객님, 이 티셔츠에는 매장 어디서도 볼 수 없는 독특한 매력이 있습니다. 이 티셔츠를 입으면 한마디로 자연을 입는 겁니다. 흙에서 자라난 옥수수로 만들었거든요. 티셔츠는 살에 직접 닿는 속옷과 같아서 천연성분을 입는 것이 좋죠. 화학물질과 장시간 밀착하면 좋을 게 없습니다. 아토피가 발생할 가능성도 크고요. 천연성분이라니 얼마나 안전합니까?"

'이 제품에는 한마디로 이런 포인트가 있다', '이런 목적으로 만들었다', '여기에 주안점을 두고 있다'라고 정의해서 선언하는 것도 좋다. 예를 들어보자.

"이 남성 수트의 포인트는 한마디로 광택감입니다. 수트는 야외활동보다 실내활동을 할 때 더 돋보입니다. 요즘에는 실내조명이 매우 현란하고 다양하죠. 이 수트는 조명이 있는 실내에서 광택감이 더욱 살아납니다. 결혼식장 같은 점잖은 자리에서도 독특한 조명에 광택이 다채롭게 비춰져 멋져 보입니다. 그 점을 염두에 두고 만들었지요."

만약 간 건강에 좋은 건강식품을 팔아야 한다고 해보자. 간과 관련해 이런저런 얘기를 늘어놓기보다 우선 간의 이미지를 한마디로 정의하고 시작하는 것이 좋다.

"간은 한마디로 말해 우리 몸의 건강 필터입니다. 건강은 간에 달려 있다고 해도 과언이 아니지요. 간은 우리 몸속으로 들어오는 모든 독소, 노폐물, 세균을 지켜주는 관문입니다. 겨우 1% 미만의 세균만 통과하게 하지요. 다시 말해 우리 몸의 세균과 독소 필터입니다. 정수기 필터는 때가 쌓일 경우 필터를 교체할 수 있지만 간에는 독소가 쌓여도 교체할 수가 없습니다. 내 생명과 영원히 함께하는 소중한 장기를 위해 얼마나 돈을 쓰십니까? 간 건강에 좋은 이 건강식품을 드십시오."

다음과 같은 방법도 가능하다.

"간은 한마디로 말해 우리 몸을 지켜주는 방패입니다. 모든 독으로부터 우리 몸을 보호해주지요. 멀쩡한 방패도 계속 화살과 칼을 맞으면 점점 낡고 망가지듯 우리 몸의 건강 방패인 간도 외부의 독으로부터 계속 공격을 받으면 점점 망가집니다. 좀 죄송스런 비유지만 구운 고기를 생고기로 바꿀 수 없듯 한번 상한 간을 싱싱한 새 간으로 바꿀 수는 없습니다. 그러다 보니 장기가 상하거나 한계에 다다르면 문제가 발생하지요. 미리 간 건강에 좋은 건강식품을 드십시오."

두 화법 모두 서두에서 간의 이미지를 정의하고 시작하는 이미지선언기술을 활용했다. 관광지도 이미지를 만드느라 서로 경쟁이 치열하다. 오사카는, 그랜드캐니언은, 하이난은, 아이슬란드는 세상의 시작이자 끝이라고 이미지를 선언한다. 툭 치면 툭 튀어나오는 대표 이미지가 있어야 한다.

핀란드 하면 어떤 이미지가 떠오르는가.

"핀란드는 한마디로 사우나의 나라죠. 인구가 550만 명인데 사우나 시설이 100만 개가 넘습니다. 나무장작으로 직접 때는 사우나부터 순록을 보며 즐기는 노천 사우나, 폭포처럼 떨어지는 유황 사우나, 환상적인 오로라를 바라보며 피로를 푸는 사우나까지 그 어떤 나라에서도 평생 경험하지 못하는 사우나를 즐길 수 있습니다."

이렇게 이미지를 순식간에 바꿔볼 수도 있다.

"핀란드는 한마디로 스키왕국입니다. 유럽에서 스키시즌이 가장 긴 곳이죠. 1년 중 8개월 동안 스키를 탈 수 있어서 붐비지 않고 한적한 라이딩이 가능합니다. 한국은 슬로프가 길어봐야 몇 킬로미터지만 이곳은 길이가 아니라 폭이 기본적으로 몇 킬로미터에 이릅니다. 좌우가 끝없이 넓어서 사람끼리 부딪칠 일이 없지요. 어떤 경우에는 몇 시간을 타고 내려와도 겨울 동물 외엔 사람 한 명 못 볼 정도로 드넓은 눈의 절경에 파묻혀 스키를 즐길 수 있습니다. 스키의 나라 핀란드, 정말 멋집니다."

이 경우 핀란드 하면 사우나와 스키라는 이미지가 떠오른다. 핀란드에 사우나와 스키밖에 없는 것은 아니지만 마치 그것이 그 나라의 전부인 양 느껴진다. 이게 바로 이미지의 힘이다. 고객은 마법처럼 당신이 선언한 이미지를 그대로 믿는다. 이미지는 그 상품의 매력으로 자리 잡는데, 매력이 실력이다.

이미지선언 규칙② 신념과 의지가 담긴 슬로건 만들기
—

멋진 슬로건을 내거는 것도 이미지선언에 한몫한다. 고대 켈트

어에서 '군인'을 뜻하는 slaugh와 '함성'을 뜻하는 gaimm의 합성어인 '슬로건'은 원래 대중을 선동하는 집합적인 구호로 전쟁 때 사람을 동원하기 위해 사용했다고 전해지는데, 지금은 마케팅 전쟁에서 소비자를 모으기 위해 많이 이용한다.

신속 간결하게 자사 상품 슬로건을 만들어보라. 잘 빠진 슬로건 Slogan은 '슬로Slow 건Gun'이 아니라 '패스트Fast 건Gun', 즉 기업과 브랜드 이미지를 선언하는 빠른 무기가 된다. 특히 슬로건에는 상품이 지향하는 방향과 주장을 담아 그 기업의 신념 및 의지를 보여주어야 한다. 내가 경영하는 회사의 슬로건은 일차원이다.

'고객사 매출을 높이자. 고객사 돈 벌어주자. 돈을 받았으니 받은 거 이상 돈 벌게 해주자.'

우리 회사 직원들은 이 신념과 의지대로 고민하고 행동한다. 웃찾사 대학로 연극은 'TV보다 더 생생한 개그. 눈앞에서 웃겨드립니다'가 슬로건인데, TV에서 공짜로 보면 그만이지 뭐 하러 공연장까지 가서 돈을 내고 보느냐고 말할 법한 관객에게 반드시 더 웃겨주겠다는 의지가 느껴진다.

신세계푸드의 한식뷔페 올반은 '올바르게 만들어 반듯하게 차린다'라는 뜻이다. 음식을 만드는 이의 무언가 타협하지 않겠다는 굳은 심지가 느껴진다. 아인슈타인 우유의 슬로건은 '두뇌의 95%는 13세 이전에 완성되니 지금 부지런히 먹이자'로 저취학 연령의 우유 섭취를 독려하는 의지를 내걸었다. 밀폐용기 락앤락은 '환경과 사람을 생각한다'는 슬로건을 내세우고 친환경 제품을 만든다.

2007년 설립된 헬스케어업체 바디프랜드는 '건강을 디자인하자' 는 슬로건 아래 눕기만 해도 근육이 풀려 건강해질 것 같은 근사한 디자인의 안마의자를 내놓았다. 자격증전문기관 에듀윌의 이미지 선언은 '에듀윌은 합격이다'로, 문장 자체는 말이 되지 않지만 왠지 잘 가르칠 것 같고 합격률로 말하겠다는 의지가 엿보인다.

2017년 롯데마트의 슬로건은 '1%의 생활전문가, 99%의 감동을 드립니다.' 직원 1명당 1개씩 전문 분야를 정해 생활 제안형 전문 매장으로 변신하겠다는 의지다. LG전자 스마트폰 G6이 화질과 카메라가 좋아졌다는 의미로 'See More, Play More 더 보고 더 즐기 라'를 슬로건으로 내걸자 비슷한 시기에 출시한 삼성전자의 갤럭시 s8은 이보다 더 좋은 스마트폰은 없고 차원이 다르다는 뜻에서 '완 성이자 새로운 시작'이라는 슬로건으로 대항했다.

1986년 화승이 출시한 국내 브랜드 르까프의 슬로건은 '사는 게 다 스포츠야'다. 이것은 일상에서 데일리화로 사용 가능하다는 것 과 일상의 모든 면에서 르까프를 신고 즐기라는 메시지를 전해준 다. 이탈리아의 슈퍼카 람보르기니는 '우라칸 LP 610 − 4 스파이 더'를 출시하면서 '하늘을 가져라 Own The Sky'라는 슬로건을 던졌다. 지붕이 열리는 차를 몰고 답답한 도심을 벗어나 청명한 하늘을 맘 껏 느끼며 달리라는 말이다.

다소 생소한 서비스일지도 모르지만 매달 일정 금액을 내면 법 률상 문제가 생겼을 때, 변호사를 무료로 이용할 수 있는 서비스가 있다. 내가 오랫동안 팔았던 이 서비스를 제공하는 독일의 1등 회사 '다스'는 한 달에 몇 만 원을 내면 이런저런 문제로 변호사가 필요할 때 회사에 등록된 변호사 중 한 명을 선임해준다. 요즘처럼 변호사가 넘쳐나는 시대에는 그냥 변호사보다 ○○전문 변호사라고 해야 찾아온다. 나는 한 민사전문 변호사에게 이런 슬로건을 만들어주었다.

'권리 위에 잠자는 자, 결코 보호받지 못한다.'

내 권리는 스스로 적극 주장해야 쟁취할 수 있으며 가만히 있으면 누구도 흥부네 제비처럼 권리를 물어다주지 않는다. 시디즈의 링고의자 컨셉은 '생각이 자라는 의자'다. 생각하는 힘은 앉아 있는 시간만큼 자라는데 링고의자가 오래 앉아 오래 생각하도록 해준다는 의미다. 나아가 '의자가 인생을 바꾼다'는 이 회사의 슬로건은 2016년 마케팅 효과가 가장 뛰어난 광고로 뽑혔다.

'의자가 자세를 바꾼다. 허리 건강을 바꾼다. 집중력을 바꾼다. 그래서 어쩌면 의자는 성적을 바꾼다. 아이디어를 바꾸고 연봉을 바꾼다. 의자가 인생을 바꾼다.'

Key Point

최근 나는 필리핀 세부에 있는 이슬라리조트와 클락 소재 로열호텔 분양을 위한 컨설팅 일을 맡았다. 사진 작업, 브로셔 작업, CF 영상, 전시 영상, 직접판매 영상(미니 홈쇼핑 형식으로 제품을 판매하는 세일즈 영상을 스마트폰이나 태블릿 PC에 담아 직접 고객에게 보여주는 영상)

을 만들고, 영업사원들에게 세일즈 화법을 코칭하고, 마지막엔 고객 대상으로 내가 직접 사업설명회까지 진행하는 마케팅 솔루션 컨설팅을 했다. 여기서 제일 중요한 건 첫 단계인 컨셉과 슬로건을 만드는 일이었다. 여기에서 내가 가장 먼저 고민한 것은 컨셉과 슬로건이었다. 그 회사의 고객을 사업설명회에 초대하기 위한 초대장을 만들 때부터 이것은 매우 중요한 과제였다. 한눈에 광대승천, 잇몸 만발, 동공지진이 일어날 만한 문구를 뽑아내야 했기 때문이다.

나는 한동안 촉을 세우고 길을 걸을 때나 운동할 때도 그 생각에만 매달렸다. 그렇게 온 신경을 집중하면 샤워하는 중에 혹은 잠결에 문득 생각이 나기도 한다. 어느 날 아침 눈을 뜨자마자 어떤 문구가 떠올라 메모를 했다.

'우리 가족 사계절 휴양 완벽 해결. 가입 즉시 지급되는 안정적 고수익'

길다. 다시 이불 속으로 들어가려고 꼼지락거리자니 다시 무언가가 떠올랐다. 이번에는 간결하게 운을 맞췄다.

'즐겨라! 달콤한 휴식. 누려라! 연금 같은 수익'

여기에 서브슬로건을 달았다.

'설레는 새로운 꿈은 이 아름다운 초대로 시작됩니다.'

나는 다시 잠에 빠져들었다. 그리고 호텔에서 사업설명회를 하던 날, 1,300명 참석자 앞에서 개그맨 사회자는 이 문구를 힘차게 외치며 시작했고 나는 그날 단 1시간 만에 210억어치의 판매고를 올렸다. 이미지선언의 승리였다.

04
일침

노른자만 남기고
다 버려라

훌륭한 궁수는 많은 화살을 남발하지 않는다. 단 한 발로 목표물을 명중시킨다. 일침기술은 한 문장, 한 단어로 종결하는 신속하고 강한 기술이다. 거두절미하고 곧장 시작해보자.

언어 거품을 싹 걷어내라

지금은 쏟아지는 정보 때문에 고객이 소화불량 상태라 천일야화를 늘어놓으면 안 된다. 그걸 듣고 있을 사람도 없고 들어줄 시간도 없다. 메시지는 가급적 길게 썰을 풀지 말고 간략하게 줄여야 하는데 이는 결코 쉬운 일이 아니다. 생략하고 버리자면 어찌나 아까운지 눈물이 날 지경이다.

그동안 내 책도 원고 단계에서 많은 부분이 매장되었는데 정말 가슴이 아팠다. 압축은 얼마든지 가능하다. 뮤지컬은 소설에서 수십 쪽에 걸쳐 설명한 내용도 달랑 노래 한 곡으로 압축한다. 연극 배우는 긴 희곡 대본을 단 하나의 표정으로 전달한다. 광고인은 어려운 제품 설명을 한 문장으로 표현한다.

특히 TV CF광고 길이는 통상 15초다. 그 안에 전달하고 싶은 것을 모두 담아내야 한다. TV 뉴스의 리포트 길이는 통상 1분 30초다. 기자는 몇 주, 며칠을 고생고생하며 취재한 내용을 그 안에 다 담아내야 한다. 그렇지 않으면 채널 돌아간다.

내가 기업에 납품하는 직접판매 영상은 아무리 길어도 10분을 넘기지 않는다. 길면 고객이 동영상을 냉큼 닫아버리기 때문이다. 그렇지만 우리는 그 한 편을 제작하기 위해 일주일 동안 밤을 새고 촬영하는 날에는 스튜디오에서 꼬박 하루를 혹은 며칠을 보낸다.

홈쇼핑은 자막으로 먹고산다고 해도 과언이 아니다. 2005년까지 홈쇼핑은 왼쪽 옆과 하단에 자막을 내보내는 일명 L바(TV 화면을 사각형으로 봤을 때 왼편 세로줄과 하단 가로줄 자막)가 주류를 이뤘다. 그런데 2005년 CJ는 왼쪽 옆 자막을 없애고 하단 가로줄에만 자막을 내보내는 소위 '으바'로 바꿨다. 자막을 많이 쓰고 싶어 한 홈쇼핑 PD들은 굉장히 불만스러워했다. 기존의 자막을 다 써도 모자랄 판에 오히려 공간을 절반으로 줄이자 한 PD는 자동주문전화만 고지하면 더 이상 상품 정보를 넣을 공간이 없다며 볼멘소리를 냈다.

이들은 시청자가 궁금증이 폭발해 상담원 연결이 폭주하고 대기지연으로 매출이 떨어질 것이라고 전망했다. 아이러니하게도 이러한 예상은 완전히 빗나갔다.

제자 중에 개그맨이 있는데 내게 말해주길, 시청자는 늘 시바이(개그의 한 토막)를 짧게 치는 데서 빵 터진다고 했다. 짧게 쳐야 웃기지 길게 늘어뜨리면서 말하면 안 먹히는 거다. 길면 말이 지저분해진다. 군더더기가 덕지덕지 붙기 때문이다. 말은 단순할수록 전달력이 강해진다.

한 방에 꽂히는 카피 만들기
—

금을 채취할 때는 흔히 선광접시를 사용하는데 이것은 무가치한 돌을 골라내는 접시다. 언어도 돌을 골라내듯 체에 거르고 알토란 같은 말만 사용해야 한다. 말에도 찌꺼기가 있는데 고객은 찌꺼기를 제거한 알맹이만 원한다. 문장의 호흡이 긴 만연체, 주어와 동사가 불분명한 비문, 꼬아놓은 말, 한 번 더 생각하게 만드는 말, 듣고 나서 한참 생각해야 이해할 수 있는 말 등은 아웃이다. 대표적으로 '아니하지 않다', '그러하지 아니하다' 식의 말이 있다. 다음 사례는 자구상으로 같은 말이지만 왼쪽보다 오른쪽이 전달력이 빠르고 강하다.

적지 않다 (X)	많다 (O)
짧지 않다 (X)	길다 (O)
틀리지 않았다 (X)	맞다 (O)

메시지는 직접적이어야 한다. 특히 영업 현장에서는 말이 곧바로 귀에 꽂히는 것이 진리다. 조금이라도 고민하거나 한 번 더 생각하게 만들어서는 안 된다. 보이는 대로, 들리는 대로, 느끼는 대로 곧장 뇌까지 메시지가 올라가 박혀야 한다.

네트워크 마케팅 판매회사 하이리빙에서 레이저 치료기 상품의 세일즈 방법을 문의했는데 상품 기술서를 보니 효능이 족히 50개는 되어 보였다. 이대로라면 병원이 필요 없겠다 싶었다. 상품의 특징은 간결하고 단순하게 드러내야 한다. 하고 싶은 말이 많은 것은 이해하지만 특징을 일일이 나열하는 것은 최악이다. 이것은 오히려 고객을 다 놓치는 결과만 낳는다. 예를 들어 생선가게에서 오늘은 고등어도 좋고 꽁치도 좋고 갈치도 좋고 하면서 죽죽 늘어놓으면 고객은 그냥 휙 지나가버린다. 과감히 생략하고 딱 한 놈만 찍어서 내세워야 한다.

"오늘 삼치는 진짜 끝내줍니다~!"

신기술을 적용한 뚝배기를 광고하면서 5중 바닥 코팅이 어쩌고 소재가 저쩌고 하면 망한다. 그냥 한마디로 '세제 흡수 No!' 하는 식이어야 한다. 특히 신문에 전면광고를 할 때는 큼지막한 문장 한 줄이 기본으로 들어가야 한다. 이때 마침표는 제거한다. 마침표 하나도 지저분하게 가독성을 방해하고 눈에 거슬리기 때문이다. 같은 논리로 조사도 어지간하면 뺀다. 이를테면 마트 전단지는 '특별한 혜택'이 아니라 '특별 혜택'으로 광고한다. 2015년 6월 오비맥주는 OB 브랜드를 '더 프리미어 OB'에서 '프리미어 OB'로 바꿨다. 하나라도 줄인 거다.

수학에 소거법이 있는데 이것은 5개의 선택지 중 틀린 것을 하나씩 제거해 마지막에 남는 것을 답으로 선택하는 방식이다. 광고에서도 소거법을 많이 이용한다. 전체 광고 카피를 만든 다음 불필요한 것을 하나씩 제거해 마지막에 굉장히 단순화한 메시지만 전달하는 것이다.

광고 카피 소거법	
제품 특성 및 정체성이 돋보이는 전체 문구를 완성한다	"한 움큼씩 빠져본 경험이 있다면 집에서 혼자 하는 두피케어만으로는 탈모 진행을 막을 수 없습니다. 보이기 시작한다면~ '엘 - 크라넬' 바르는 탈모치료제. 약국에서 찾으세요."
문구를 줄여나간다	"한 움큼씩 빠진다면? 나 홀로 두피케어만으로는 어림도! 약국용 엘 - 크라넬이 답"
더 줄여본다	"한 움큼씩 빠져? 두피케어는 헛짓! 빨리 약국으로. 엘 - 크라넬"
최종적으로 줄인 문구를 선택한다	"탈모 전쟁 혼자서? 약국이 답! 엘 - 크라넬"

언어에서 접붙이기는 실패를 낳는다. 갖다 붙일수록 언어가 어지러워지고 상품이 혼란을 안겨주면서 정체성마저 모호해진다. 나

무의 가지치기가 생물의 숨통을 틔워주듯 언어를 과감히 가지치기 해야 상품의 숨통이 열린다. 《어린 왕자》를 쓴 프랑스의 소설가 생 텍쥐페리는 "완벽함이란 더 이상 추가할 것이 없을 때가 아니라 더 이상 버릴 것이 없을 때"라고 했다. 또한 20세기 과학계를 뒤흔든 천재 물리학자 아인슈타인은 "단순하게 설명하지 못하면 충분히 이해하지 못한 것"이라고 말했다. 특히 오늘날의 고객은 복잡한 것 을 아주 싫어하므로 간단하고 단순하게 가야 한다.

간명하게 잡아내는 눈을 키워라. 사람들이 당신 제품을 써야 하 는 이유를 한 줄로 말해보라. 당신의 제품을 먹어야 하는 당위성을 한 줄로 요약해보라. 이러한 훈련은 상대를 한 방에 정복하는 일침 기술의 출발점이다.

"골라보세요"가 아니라 "골라드릴까요?"
—

1호선 인천 부평역의 출구는 무려 37군데에 이른다. 처음 가는 사람은 그야말로 역 안에서 헤매다 미아가 될지도 모른다. 흔히 선 택권이 늘어나면 이용자에게 더 좋을 거라고 생각하지만 아이러니 하게도 오히려 불편하다.

불스원의 마케팅 자문위원으로 일할 때, 나는 상품 컨설팅을 했 는데 한번은 자동차 셀프 관리용품을 맡았다. 디테일숍에 가지 않고 차주 혼자 유리막 코팅 효과를 내도록 한 제품으로 무엇보다 3가지 를 써야 효과가 있었다. 1차로 크리스털 카 샴푸로 세차하고 2차로 크리스털 클렌저로 닦아내며 3차로 크리스털 코트를 바르고 닦아야 한다. 일명 크리스털 3종 세트인데 여기에 추가 사은품까지 있어서 굉장히 복잡해 보였다. 물론 나도 마찬가지지만 고객들은 복잡한 것을 몹시 싫어한다.

나는 제품명을 크리스털 코트 하나만 내세워 원 컨셉으로 진행하고 광고도 그것만 강조했다. 그리고 구매자에게는 사전에 샴푸와 클렌저를 같이 사용하길 권하고 나머지 상품들은 뒤로 뺐다. 이처럼 하나의 제품, 하나의 컨셉으로 단순화하자 상품 인지도가 대폭 올라갔다.

예전에 내가 홈쇼핑 방송에서 하기스를 판매할 때 소형·중형·대형뿐 아니라 소형반과 중형반으로 이뤄진 소중형, 중대형 등의 구성도 마련했다. 만약 4개월치 기저귀를 샀는데 소형을 쓰던 아기가 그새 훌쩍 크면 중형으로 바꿔야 하기에 고객을 위한 배려 차원이었다. 그런데 선택권이 6가지로 늘어나자 오히려 매출은 곤두박질을 쳤다.

복잡하면 고객은 선택장애를 느끼기 때문에 오히려 구매율이 떨어진다. 결국 우리는 아주 심플하게 주문코드를 3개로 줄였고 매출은 다시 올랐다.

샌프란시스코의 한 식품점에서 실험을 했다.[4] 24종의 잼을 진열할 때와 6종의 잼을 진열할 때의 매출을 비교한 실험인데, 고객은 오히려 6종만 진열했을 때 더 많이 구매했다. 고객에게 선택권을 많이 제공할수록 고객은 더 고민하고 더 혼란스러워하고 더 망설인다. 그러면 결국 구매에 이르는 시간은 멀어진다.

만약 당신이 정육점 주인이라면 고기를 사러 온 손님에게 "골라보세요" 하기보다 "골라드릴까요?"라고 하는 것이 정답이다.

내 책 《팔지 마라, 사게 하라》에서 나는 다양한 질문 기술을 소개했는데, 이를 간단하게 이분법으로 나누면 개방형과 폐쇄형으로 볼 수 있다. 개방형은 자유롭게 본인의 의견을 묻는 질문이다. 예를 들면 "나 어때 보여요?", "이 집은 뭐가 제일 맛있어요?" 같은 골치 아픈 질문이다. 법정에 출두해 포토라인에 선 피의자들에게 기자들은 하나같이 "한 말씀 해주시죠?"라는 개방형 질문을 던진다. 절대 아무 말 안 나온다. 이러한 개방형 질문은 세일즈에서 최악이다. 폐쇄형은 뚜렷한 답이 있는 질문으로 거의 답이 정해져 있다. 가령 "같은 값이면 작은 과일과 큰 과일 중 어느 것을 고르겠어요?", "매달 똑같은 납입액이면 단리와 복리 중 어느 걸 선택하겠어요?" 등의 빤한 질문이다. 우리는 이런 답정너(답은 정해져 있으니 너는 대답만 해) 식의 폐쇄형 질문을 던져야 한다.

보험설계사의 경우 고객에게 "찾아뵈려고 하는데 언제가 괜찮으세요?"라고 말하기보다 다음과 같이 콕 찔러주어야 한다.

"목요일이 편하세요? 금요일이 편하세요? 저는 목요일이 좋아요. 더 빨리 찾아뵙고 싶은 마음도 간절하고요. 목요일에 방문해도 괜찮겠지요? 그날 오전 문자 한 통 넣고 오후 1시에 들르겠습니다!"

가장 강력한 클라이맥스는 반전이다

—

80년대 중반, 바닷가 백사장을 거니는데 한 남자가 전위예술(당시엔 그게 전위예술인 줄 몰랐다)을 했다. 여기저기 신문지를 깔아놓고 천천히 걸어가던 그는 어느 순간 신문지 위에서 폴짝 뛰어오르며 "하늘!" 하고 외쳤다. 그리고 다시 걸어가다가 다음 신문지 위에서 폴짝 뛰어오르며 "바다!" 하고 외쳤다. 계속해서 신문지 위에 올라갈 때마다 폴짝 뛰어오르던 그는 마지막 신문지와 함께 모래 속으로 푹 사라졌다. 밑에 구덩이를 파놓은 것이다. 사람들은 자신도 모르게 박수를 쳤다. 몇 번의 반복으로 식상해진 기대감을 깨고 생각지 못한 반전을 일으키자 카타르시스를 느꼈기 때문이다. 마찬가지로 우리의 언어에도 반전이 있어야 일침이 강해진다.

브라질의 갑부 치퀴노 스카르파Chiquinho Scarpa는 어느 날 자가용 벤틀리 플라잉스퍼의 장례식을 치를 거라고 발표했다. 실제로 그는 약속한 날 자기 집 앞마당을 직접 삽으로 파기 시작하더니 포클레인까지 동원해 구덩이를 넓혔다. 6억 원에 가까운 자동차를 파묻는다고 하자 기자들을 비롯해 방송국에서까지 취재를 나와 중계했다. 치퀴노 스카르파는 중간에 손수건까지 꺼내 비싼 차가 땅속에 그냥 묻히는 것이 아까운지 훌쩍거리며 울기까지 했다. 모여든 사람들은 "저 인간이 돈이 많다 보니 이젠 별짓을 다한다"라며 온갖 비난과 욕을 해댔다. 그런데 차를 묻던 그는 갑자기 장난기를 거둔 진지한 표정으로 한마디 일침을 놓았다.

"고철에 불과한 차가 묻히는 건 아까워하면서 소중한 사람을 살릴 수 있는 더 고귀한 장기가 그냥 묻히는 건 왜 아까워하지 않습니까? 그냥 죽지 말고 장기를 기증하십시오."

장기기증 독려를 위한 퍼포먼스였다.

일침기술에는 강한 한마디를 먼저 던지는 방법(선방)도 있지만, 반대로 전반에 밑밥을 깔고 마지막에 생각지 못한 반전을 던지거나 드라마틱하게 한 방을 날리는 방식도 있다. 프레젠테이션에서는 이러한 방법을 크레센도 엔딩(Crescendo Ending : 강한 클라이맥스로 마무리하는 방법) 기법이라고 한다(그 반대는 디졸브 엔딩[Dissolve Ending : 마지막 부분임을 서서히 암시하며 청중의 정서를 자극하고 드라마틱하게 마무리하는 방법] 기법이다).

크레센도 엔딩 기법을 쓰는 광고를 보면 편안한 음악과 함께 둘의 대화가 흘러나온다. 다음은 캐논의 'EOS M3' 광고다.

"너, 카메라 무얼 보고 골랐어? AF?"

"아니."

"아웃포커스?"

"아니."

"틸트 액정?"

"아니."

"그럼 뭘 보고 고른 거야?"

"나?"

갑자기 배경음악이 사라지고 조용해지면서 한마디 던진다.

"사진!"

"결국 사진. 결국 캐논."

마지막 한 방으로 충격을 주는 것이 바로 크레센도 엔딩 기법이다. 충격을 주지 못하면 앞의 모든 밑작업은 허사가 된다. 만약 영화 〈유주얼 서스펙트〉를 보려는데 매표소 앞에서 누군가가 "범인은 절름발이다!"라고 말하거나 영화 〈올드보이〉를 보려는데 누군가가 "미도가 딸이다!"라고 외친다면 얼마나 맥이 빠지겠는가? 반전은 마지막까지 꽁꽁 숨겨놨다가 극적으로 던져야 한다.

한 기업체에서 진행하는 후원행사를 대행하느라 내가 프레젠터로 나섰을 때, 나는 먼저 한 영상을 보여주었다.

첫 장면에서 눈 내린 추운 겨울, 먹다 남은 짬뽕 그릇이 누구네 집 현관 앞에 놓여 있다. 그때 한눈에 보기에도 추워 보이는 남루한 가을 옷 하나를 걸친 어린 소녀와 남동생으로 보이는 더 어린 남자아이가 그 그릇 앞에 쭈그리고 앉아 무언가를 한다. 그들은 반쯤 얼어버린 짬뽕 그릇의 남은 국물과 단무지를 퍼먹고 있다.

이어 내가 말했다.

"누구에겐 음식물 쓰레기지만 이 아이들에겐 생존의 만찬입니다. 지금 당신 지갑 속의 5,000원 한 장은 의미 없는 커피 한 잔으로 변할 수도 있고 누군가의 목숨 같은 음식이 될 수도 있습니다. 아이들은 먹어야 건강합니다. 먹어야 큽니다. 먹어야 일도 합니다.

먹어야 살아갑니다."

드라마틱하게 전개해 결론으로 빠르게 치닫는 일침요법이다. 유아 영어교육기업 잉글리시에그의 신상품 발표회에서 프레젠터로 나섰을 때, 나는 청중석의 어머니들에게 물었다.

"씨앗이 중요할까요? 토양이 중요할까요?"

일부만 토양이라 대답하고 대부분은 씨앗이 중요하다고 했다.

"혹시 사과씨앗 크기가 어느 정도인지 아십니까? 볼펜심보다 조금 큽니다. 그런데 놀랍게도 그 사과씨앗 하나가 사과나무로 자라면 사람의 수명만큼 삽니다. 평균 85년을 생존하지요. 85년간 해마다 20kg짜리 상자 20상자씩 사과를 맺습니다. 결국 사과씨앗 하나는 1,700상자를 채울 만큼의 사과를 생산합니다. 이 세미나실 하나를 가득 채우고도 남지요. 이것이 놀라운 씨앗의 힘입니다. 다시 여쭤봅니다. 씨앗이 중요합니까? 토양이 중요합니까?"

이 말이 끝나자 이번에는 거의 100%가 씨앗이라고 동조했다. 곧바로 반전을 가했다.

"아닙니다. 여전히 토양이 중요합니다. 그 놀라운 가능성을 담고 있는 씨앗을 콘크리트나 자갈밭, 모래밭에 던져보십시오. 고사당하고 맙니다. 똑같은 씨앗도 밭에 던지면 인삼으로 자라지만 산에 던지면 산삼으로 자랍니다. 아무리 엄청난 결실을 맺을 수 있는 좋은 씨앗도 결국 중요한 것은 토양입니다. 어머니들의 자녀는 씨앗과도 같습니다. 아이들에게 좋은 교육 환경이라는 비옥한 토양을 조성해주는 건 전적으로 부모의 몫입니다. 이 교재로 최상의 교육

토양을 만들어주십시오."

이것 역시 마지막에 반전을 주는 크레센도 엔딩 기법 PT다.

10여 년 전 홈쇼핑에서 ING종신보험을 판매하던 나는 한참 설명하다가 갑자기 프레임아웃(출연자가 화면 밖으로 나가는 일)을 했다. 음악도 멘트도 출연자도 없이 진행석을 텅 비워둔 상태로 수십 초의 정적이 흘렀다. 다시 프레임인(화면 안으로 들어서는 일)을 하면서 내가 말했다.

"저는 지금 단지 10초간 사라졌을 뿐입니다. 그런데도 그 빈자리가 굉장히 허전합니다. 아마 가장의 영원한 빈자리는 헤아릴 수 없이 허전할 겁니다. 경제적 보상으로 채워드립니다."

고등어가 나오면 몸통부터 먹는다
—

강원도 설악산에 있는 명물 중의 명물은 바로 울산바위다. 한번은 울산시에서 강원도에 "명칭 자체가 울산바위니 울산바위는 우리 겁니다"라며 소유권을 주장했다. 강원도 측에서는 한마디로 끝냈다.

"가져가세요."

권투 선수는 수많은 잽을 던지면서 강한 한 방을 노린다. 우리에게도 강력한 한 방이 있어야 한다. 주절주절 잡다하게 늘어놓는 것은 내 정보를 희석해서 무기력하게 만들 뿐이다. 한 방이 강하다는 논리의 근거로 현저성 효과Vividness Effect라는 게 있다. 이것은 두드러진 하나의 큰 특징이 나머지 모두를 좌우하는 심리를 말한다. 가령 멋지게 차려입은 사람이 환하게 웃는데 치아 사이에 고춧가루가 있다면 뭐가 보이겠는가? 갑자기 다른 것은 시야에서 사라지고 고춧가루만 보일 뿐이다. 아무리 깔끔하게 외모를 가꿔도 길쭉한 코털, 길게 자란 손톱, 다가서기 힘든 입 냄새 같은 강력한 한 방은 나머지 모든 것을 물리친다.

어느 기업이 신상품을 내놨는데 반응이 미적지근하자 내게 문제점과 개선 방향을 찾아달라며 일을 의뢰했다. 우리 회사가 제일 잘하는 주특기다. 왜냐면 유통의 최접점에서 일하기에 최신 트렌드를 늘 실시간으로 접하고 있고, 또 많은 기업의 상품을 컨설팅하기에 타 상품들과 비교하여 문제 파악을 잘하기 때문이다. 열심히 분석한 나는 자문회의 자리에서 컨설팅 결과 보고용 PT를 할 때, 포인트 PT(전체를 다루지 않고 가장 중요한 부분만 콕 찍어 말하는 방식)를 했다. 나는 이것을 '고복동(고등어 복판 동강) PT'라고 부르는데, 이는 고등어를 먹을 때 꼬리와 머리가 아닌 먹음직스런 몸통에 먼저 젓가락이 가듯 가장 중요한 부분을 우선 말하는 방식을 의미한다.

내가 이렇게 PT를 진행하자 고객사 마케팅 팀장이 상품 전체를 다뤄달라고 말했다.

"팔리지 않는 이유만 찾으면 되는 것 아닙니까?"

"사실은 임원 한 분이 어차피 똑같은 컨설팅 요금을 지불하고 맡기는 거라면 상품 개발 배경부터 스펙까지 히스토리를 하나하나 분석해서 설명해주기를 바라고 있습니다."

그때 내가 일침을 놨다.

"지금 턱이 가려운데 이마부터 긁어 내려와야 합니까?"

상품 컨설팅을 맡았는데, 가격이 저렴한 데다가 막 입어도 상관 없었고 특별히 세탁에 신경 쓰지 않아도 무방했다. 그래서 이런 컨셉을 잡아주었다.

'입고 돌아다니면 정신병자 취급을 받을 법한 기괴한 옷만 보여 주는 패션쇼 옷이 아니라, 막 입고 세탁기에 마구 돌려도 튼튼한 진짜 옷을 판다.'

한번은 어느 기업의 사내 교육 강사가 세일즈 강의를 하던 중에 "여러분은 더 세게 더 강하게 물고 늘어져야 합니다"라고 외치는 소리를 들었다. 그때 내가 일침을 놓았다.

"그러면 판매원이 아니라 강매원이죠. 고객은 그런 사람을 제일 싫어합니다."

한 보험사 직접판매 영상을 만들 때, 작업을 의뢰한 회사의 한 직원이 나를 얕잡아 보며 한마디 했다.

"소장님은 보험상품을 잘 모르시죠?"

"보험상품을 13년째 팔고 있습니다. 2004년 홈쇼핑에서 보험상 품을 생방송하느라 약관 한 권을 다 읽은 기억이 나네요. 그때 대 리님은 초등학생이었나요?"

대화에도 완급 조절이 있어야 한다. 무조건 받아주기만 하면 상 대가 어느 순간 자신도 모르게 올라서려 할 때가 있다. 그러니 간 간이 세게 쳐줄 때가 있어야 상대도 긴장의 끈을 풀지 않고 우리를 얕잡아 보지 못한다. 일침기술의 표어는 이렇다.

'특정 부위만 꼬집듯 말하라. 한곳만 칼로 찌르듯 후벼 파라.'

예를 들어 "노인 빈곤율이 50%입니다"보다는 "지금 서로 옆 사람을 한번 바라보세요. 너 아니면 나, 둘 중 하나는 앞으로 고통스럽게 가난해집니다. 통계가 말해줍니다." 하고 말하는 것이 더 강한 느낌을 준다.

나는 매년 12월 31일 밤 자정에 생방송을 진행했는데, 멘트는 늘 같았다.

"알지도 못하고 만날 일도 없는, 우리와 아무 상관도 없는 아무개에게 끝없이 고맙다고 말하는 연예인들의 의미 없는 인사말은 그만보고 부모님께 온열매트로 의미 있는 사랑을 전하세요."

그리고 막 드라마가 끝난 뒤 채널을 돌린 사람들에게는 건강보험을 설명한 다음 일침을 날렸다.

"지금 채널을 돌리면 1분 안에 제 설명을 까먹습니다. 하지만 방금 본 드라마의 마지막 1분 예고편은 일주일 동안 까먹지 않습니다. 방금 저는 고객님의 부모님 건강을 말한 겁니다. 드라마 속 가정사에 신경 쓰기보다 고객님 가정에서 제일 중요한 부모님 건강에 관심 쏟으십시오. 드라마에는 다음이 있지만 부모님의 미래에는 다음이 없을지도 모릅니다."

기업은 크게 두 가지 경우에 내게 상품을 가져온다. 하나는 상품을 출시하기 전에 컨설팅을 의뢰해 상품을 잘 판매하려는 경우고, 다른 하나는 상품을 이미 출시했는데 팔리지 않아 답답해서 가져오는 경우다. 후자의 경우 상품의 대외비와 관련해 모든 정보를 내게 공개한다. 문제는 전자인데 내게 상품 출시에 성공하도록 도와달라고 하면서도 정작 중요한 상품의 대외비를 잘 공개하려 하지 않는다. 혹시라도 내가 타사에 비밀을 누설하거나 오용할까 봐 두려워하는 것이다. 그럴 때 나는 일침을 놓는다.

"의사가 병력이나 기호식품 등을 물으면 거짓 없이 다 알려줄 겁니다. 그래야 알맞은 처방과 치료가 가능하니까요. 만약 의사가 물었을 때 '그건 말할 수 없어요'라고 하면 제대로 치료할 수 있을까요? 그렇지 않습니다. 마찬가지로 저를 찾아왔을 때는 자사에 적합한 처방을 얻기 위해서일 겁니다. 숨기고 감추면 제대로 된 해결책을 내놓을 수 없습니다."

고객이 머뭇거릴 때 쓰는 한 방
—

각 기업이 신상품을 내놓기 직전 관행적으로 하는 것이 소비자설문조사다. 상품이 먹힐지 사전에 알아보고 문제점을 개선하겠다는 의지는 이해한다. 한데 FGI(Focus Group Interview : 소그룹의 소비자를 모아놓고 상품 의견을 조사하는 방식) 때 '좋아요'를 받아도 막상 시장에 내놓으면 반응이 냉랭한 경우가 어디 한두 번인가. 내가 자문위원으로 일하던 한 고객사가 내 의견과 소비자 의견을 절반씩 수용하겠다고 했을 때, 나는 조용히 말했다.

"지나가는 일반 시민 1,000명에게 위암 수술에 대한 의견을 아무리 물어봐야 아무 소용없죠. 차라리 위암전문의 1명에게 묻는 게 낫습니다. 약은 약사에게, 병은 의사에게, 상품은 상품전문가에게 맡기는 겁니다."

내가 운영하는 회사에 한번은 어느 대학생이 메일을 보냈다.

"월급은 받지 않아도 좋으니 방학 동안 두 달만 일을 배우고 싶습니다."

우리는 한마디로 일침을 놨다.

"여긴 회사지 학원이 아닙니다."

면접을 보는데 지원자들이 약속이라도 한 듯 하나같이 "열심히 배우겠다"고 말해 역시 일침을 놨다.

"무얼 배우려면 학원에 가세요. 우리는 급여를 받고 일해줄 사람을 구하고 있습니다."

보험회사 지점장과 매니저들에게는 늘 리쿠르팅(설계사 모집)이 관건이다. 설계사 지원자가 오면 그들과 인터뷰를 하는데 인터뷰 질문 중에 "이 업을 해서 얼마를 벌고 싶습니까?"가 있다. 문제는 지원자들의 눈높이가 머리 위에 가 있다는 사실이다. 그들은 쉽게 억대를 외친단다. 그러니 예상수입과 위촉(입사) 후 실제수입에 차이가 나는 것은 당연한 일이다.

나는 노트북으로 홈페이지 globalrichlist.com을 열고 그 지원자가 원하는 액수를 입력하게 하라고 조언했다. 이 사이트는 입력한 연봉이 전 세계 임금근로자 중 몇 %에 해당하는지 알려준다. 소위 억대를 입력하면 상위 1%도 아니고 0.09%에 해당한다고 나온다. 나는 그때 한마디 해주라고 했다.

"이런 꿈같은 상위 클래스의 고소득자가 되기 위해 나머지 99.91%보다 더 열심히 활동할 거죠?"

한 애견숍 주인에게 손님이 가장 많이 하는 질문이 무엇이냐고 묻자 1위가 '털 많이 빠져요?'고 그다음이 '얘는 똑똑해요?'란다. 이 질문을 하루에도 수십 번씩 듣는다고 했다. 그래서 뭐라고 대답하느냐고 하자 애견숍 주인은 한마디면 충분하다고 했다.

"그래봐야 개죠. 한국말 못 알아들어요."

하긴 언어를 이해하면 개가 아니라 인간이 아닌가.

넷플릭스에서는 더 이상 휴가 보고서를 쓰지 않는다. 직원들이 "내가 얼마나 일했는지 일한 시간은 확인하지 않으면서 휴가를 얼마나 썼는지 쉰 시간은 확인하려 드느냐?"고 일침을 놓은 결과다. 알아주는 명품도 아닌데 가격이 명품 수준인 한 패션잡화 판매자가 "어휴, 왜 이렇게 비싸요?"라고 말하는 고객들 때문에 골머리가 아프다고 했다. 명품은 애초부터 비쌀 거라 예상하고 찾아가니 그러려니 하지만 그곳은 제품은 맘에 들어 하면서도 가격을 보면 하나 같이 놀란단다. 나는 "아름다운 것은 비쌉니다"라는 말로 응수하라고 조언했다. 자녀를 위한 교육상품을 놓고 머뭇거리는 학부모에게도 한 방으로 치고 들어갈 수 있다.

"우선순위란 가장 급한 것, 가장 중요한 것부터 한다는 말입니다. 지갑을 열 때도 우리는 가장 급한 것, 가장 중요한 것부터 엽니다. 아이의 교육보다 더 급하고 더 중요하게 지갑을 열어야 하는 일이 있으면 말해보십시오."

말 한마디로 위기탈출!

우리에게는 위기상황에 대처하기 위한 자신만의 알고리즘(문제를 푸는 절차나 방법)이 있어야 한다. 영업의 접점에 서서 내가 수많은 위기와 고비를 넘기며 터득한 원칙은 '일침기술은 특히 위기상황에서 빛을 발한다'는 점이다. 우리는 존망存亡의 갈림길에서도 건곤일척 乾坤一擲의 한마디를 준비해야 한다.

내가 죽도록 싫어하는 것 중 하나가 술잔 돌리기다. 사회 초년생 시절 회식자리에 갔더니 술잔 돌리기가 난무했다. 한번은 부장이 먹던 소주잔을 받았는데 방금 먹은 안주 찌꺼기가 고스란히 붙어 있었다. 속으로 뜨악한 나는 곧바로 한마디를 날렸다.

"저는 A형간염 환자입니다. 제 잔에 입을 대면 치사 균이 바로 옮습니다. 부장님의 생명을 위해 저는 패스해주세요."

그 뒤로 아무도 내게 술잔을 건네지 않았다. 홈쇼핑 방송 게스트였던 한 보험사 여직원이 안전띠 미착용으로 젊은 남자 교통경찰에게 딱 걸렸다. 그녀는 창문을 내리며 슬픈 표정으로 한마디 했다.

"여자로서 정말 부끄러운 말을 하게 되었네요. 제가 가슴수술을 해서 안전띠를 맬 수가 없어요. 가슴이 눌릴까 봐 대중교통도 이용할 수 없어 이러지도 저러지도 못하는 상황이에요."

경찰은 "어이쿠, 알겠습니다. 이번만은 봐드릴 테니 다음부터는 조심하세요"라고 했다.

한 남자직원이 딸을 낳았는데 본가 부모가 이름을 '미라(가명)'로 지으라고 했단다. 그는 그 이름이 너무 싫은데 부모님이 작명소에서 비싼 돈을 내고 받은 이름이라며 꼭 그 이름으로 하라고 해서 고민이란다. 내가 간단히 해결해주었다.

"길게 말하지 말고 강하게 한마디로 끝내. 가서 이렇게 말씀드려. '그 이름은 아내를 만나기 전에 사귀다 좋지 않게 헤어진 여자 이름이에요!'"

부모님은 당장 "그럼, 안 되지!"라며 그 이름을 절대 쓰지 말라고 했다.

누군가가 질문을 하면 한마디로 응대할 필살카드가 있어야 한다. 그런 것이 없으면 약육강식이 난무하는 유통시장에서 살아남기가 매우 어렵다. 한번은 식품 MD와 함께 이마트에 시장조사를 나갔는데 식품 코너 총각이 외쳤다.

"달콤한 하우스귤입니다."

그때 MD가 혼잣말로 "노지귤이군" 하자 직원이 정색하며 "아녜요, 하우스귤이에요"라고 했다. MD가 계속해서 노지귤이라고 중얼거리자 참다못한 직원이 분통을 터트리며 말했다.

"무슨 근거로 그렇게 말하세요!"

"나? 귤 재배하는 농부요."

그 순간 총각의 동공은 크게 흔들렸고 더 이상 찍소리하지 못했다(비와 흙먼지로 잔 흠집이 많이 난 것이 노지귤이다). 이처럼 더 이상 군말이 나오지 않게 못을 박아버리는 것이 일침요법이다. 특히 일침요법에서는 같은 사실(팩트)도 더 자극적으로 보여줘야 한다.

몇몇 학부 학생이 대자보를 갖고 와 다음의 문구가 어떠냐고 내게 물었다. 나는 왼쪽 문구를 오른쪽 문구로 바꿔줬다.

| 1,000만 원 등록금 시대 | 등록을 막는 등록금 |
| 학자금 대출 12조 시대 | 우리에게 빚 대신 빛을 |

오른쪽 문구가 더욱더 절규가 느껴지는 일침을 가하는 한마디다. 어느 날 냉면을 먹으러 갔다가 '왜 냉면 위의 계란은 늘 반 개만 주는 걸까?' 하는 의문이 들었다. 그래서 주문을 할 때 아예 이렇게 말했다.

"저는 냉면에 계란 반 개 말고 한 개를 넣어주십쇼."

서빙을 하던 아주머니가 '이놈, 뭐지' 하는 듯한 표정으로 나를 쳐다보며 말했다.

"원래 냉면에는 계란 반 개가 들어가요. 세상 어느 냉면집에 가도 다 반 개씩 넣어줘요."

내가 응수했다.

"3,000원짜리 라면 한 그릇에도 온전한 계란 하나를 넣어주던데 1만 원짜리 냉면에 왜 계란 반 개만 넣어줍니까? 그래야만 하는 이유라도 있나요? 합당한 이유를 알면 요구하지 않을게요."

그날 나는 동그란 계란 하나가 담긴 냉면을 흡족히 먹었다.

살을 베어주고 원하는 것을 얻는 초강수

해삼은 느리다. 바닥을 엉금거리기만 할 뿐 별 신통한 재주도 없다. 먹잇감 되기 딱이다. 열대 바다의 레오파드 해삼은 포식자의 공격을 받으면 마지막으로 자신의 내장을 전부 내뱉고 도망간다. 이거 먹고 살려달라며 마지막 카드를 던지는 셈이다.

이처럼 마지막으로 초강수를 두는 것을 육참골단(肉斬骨斷 : 자신의 살을 베어 내주고 대신 상대의 뼈를 끊는다)이라고 한다. 이 기세로 덤비면 답이 없다. 내 뜻을 관철하고자 하는 마케팅 전술에서 이것 이상의 답은 없다. 같은 맥락에서 빌 게이츠도 "장기적인 비전을 위해 단기적인 손해를 감수하는 것이 성공비결이다"라고 말했다.

어느 날 한 팀장급 MD와 마케터가 상품회의를 하면서 서로 자기주장을 내세우다 분위기가 험악해졌다. 급기야 마케터가 화를 참지 못하고 독단적이고 고집이 세서 다른 사람의 말을 듣지 않는다며 상대에게 마구 욕을 했다. 그는 자신을 망가뜨리면서까지 거세게 퍼부었다.

"나도 최악이지만 이런 한심한 나에게조차 욕을 처먹는 당신은 최악 중에서도 최악입니다."

아예 자신을 망가뜨려 상대를 더욱더 고집쟁이로 낙인을 찍음으로써 무력화한 것이다. 《삼십육계》중 27계인 가치부전假痴不癲은 스스로 바보가 되어 상대를 무장해제하라는 말이다. 이렇게 스스로 자신을 망가뜨려 적의 공격을 무너뜨리는 것도 한 방법이다.

피자헛이 '피자헛, 악플 읽다' 캠페인을 벌일 때, 그들은 소비자가 SNS에 올린 악랄한 욕과 쓴소리를 소리 내 읽으며 일그러지고 민망해하는 표정을 그대로 촬영해 유튜브에 올렸다. 피자헛 대표이사는 '피자헛 사장 나오라 그래!'를 소리 내 읽고 몸 둘 바를 몰라 했다. 피자헛 마케팅 이사는 '피자헛 할인하기에 먹었는데 낚였다. 졸라 마케팅 천재들'을 소리 내 읽고 쓴웃음을 지었고, R&D 팀장은 주방에서 요리사복을 입은 채 '짜서 후회, 오늘도 역시나 후회'를 소리 내 읽고 어쩔 줄 몰라 하는 모습을 영상에 담았다. 피자헛 셰프는 '세상에서 제일 편한 직업: 피자헛 요리사, 이유: 맛없게 만들어도 되니까'라는 글을 읽고 한숨을 내쉬었다.

영상의 끝에는 다시 대표이사가 등장해 "네, 여러분의 쓴소리 진심으로 감사합니다. 고객의견을 바탕으로 변화했습니다"라고 한 뒤, 마지막에 피자헛이 작정하고 만든 새로운 피자를 소개한다. 스스로 무너진 모습을 보여주고 나서 변했을 거라는 기대감을 주며 신제품을 홍보한 것이다. 아예 자신을 무너뜨려 적의 공격을 원점화한 셈이다.

내가 아는 한 건강식품업체 대표가 어느 날 클로렐라에 이어 신상품 스피루리나를 출시했다. 나는 둘 다 매출이 높으면 좋겠지만 일단 신상품을 제대로 밀어붙이자고 제안하면서 문구를 만들어주었다.

"클로렐라가 좋다는 것은 이미 다 아시죠? 그렇지만 클로렐라는 소화흡수율이 60%입니다. 스피루리나는 95%에 이르지요. 클로렐라는 물이 발목까지 오는 얕은 바다에서 양식합니다. 스피루리나는 깊고 깨끗한 심해에서 채취하지요. 클로렐라가 바다의 인삼이라면 스피루리나는 바다의 산삼입니다. 이제부터 스피루리나를!"

때론 하나를 내주고 2개를 얻는 방법도 있다. 물론 이 방법을 쓸 때는 특히 자기잠식 효과Cannibalization에 주의해야 한다. 이것은 일명 제 살 깎아먹기로 한 기업이 신제품을 살려보겠다고 애쓰다가 기존 주력제품을 침몰시키는 현상을 말한다. 가령 주류회사가 과일소주를 출시해서 열심히 홍보하다가 기존 오리지널 소주 매출이 곤두박질치는 경우가 있다.

쇼호스트 시절 나는 삼성전자 방송을 할 때면 늘 LG전자를 공격했다.

"우리는 1등은 기억하지만 2등부터는 관심도 없고 알지도 못합니다. 2등 LG전자가 아니라 1등 삼성전자를 사십시오."

LG전자는 내가 얼마나 미웠을까? 그런데 하루는 흥미롭게도 LG전자 측에서 신제품을 론칭하며 쇼호스트로 나를 섭외해달라고 대놓고 회사에 요청했다. 그들은 공공의 적을 오히려 메인 쇼호스트로 앉히는 전략을 쓴 것이다. 그야말로 오랑캐로 오랑캐를 다스린다는 이이제이以夷制夷 방법이다. 결국 방송 내내 LG전자 제품의 우수성을 침이 마르게 떠든 나는 삼성전자 방송을 하면서 두 번 다시 LG전자 제품을 폄하할 수 없었다.

건강식품 천국이나 다름없는 호주에는 건강식품 브랜드가 매우 많다. 나는 CJ 재직 당시 그중 한 업체인 블랙모어스를 기획해 한국에 처음 상품을 내놓았다. 타이틀은 '호주 1위 건강식품 브랜드'였다. 한데 기준을 어디에 두느냐에 따라 1위가 달라질 수 있기에 경쟁사인 세노비스도 역시 '호주 1위'를 내걸고 온오프라인에서 판매를 개시했다. 나는 '너, 잘 걸렸다' 싶어 방송만 하면 내내 세노비스를 공격하고 또 공격했다. 심지어 절대 먹어서는 안 될 혐오식품인 양 요목조목 따져서 공격하기까지 했다.

CJ를 퇴사하고 내 회사를 운영하던 어느 날 나는 전혀 예상치 못한 전화 한 통을 받았다. 세노비스에서 자사 상품을 연구해 마케팅 브리핑을 해달라는 것이 아닌가. 적의 시각으로 자사 제품을 바라보던 그 날카로운 비판을 수용해 영업 방향에 반영하려는 의도였다. 마침내 세노비스 직원들 앞에 서던 날, 내 기분은 흡사 한국전쟁 때 평양에 홀로 떨어진 국군 같았지만 자사의 적을 안고 가는 그 회사의 호연지기에 나는 여전히 박수를 보낸다.

잡곡 방송을 많이 해본 나도 콩류를 비롯한 대부분의 잡곡이 국내산인지 중국산인지 구별하기가 매우 힘들다. 그래서 재래시장을 자주 방문해 눈여겨보는데 하루는 잡곡가게 앞을 지나다가 재미난 걸 발견했다. 주인아저씨는 두 개의 콩 자루에 하나는 국내산, 다른 하나는 중국산 푯말을 꽂아놨다. 그런데 다음 날 지나갈 때는 푯말이 서로 반대로 꽂혀 있었다. 그것이 흥미로워 넌지시 물어봤다.

"어떤 게 좋아요?"

"국내산이 좋아요. 가격도 비슷한데 국내산 사가세요."

주인아저씨는 날마다 하나(중국산)는 포기하고 하나(국내산)만 전폭적으로 밀어준 것이었다. 어차피 하나만 밀어주는 전략이니 푯말을 어디에 꽂든 무슨 상관이랴.

'사용 후 마음에 들지 않으면 반품하세요', '드시고 맛이 없으면 돈을 내지 않아도 됩니다' 등도 모두 육참골단의 기세로 덤비는 일 침기술의 마지막 히든카드다.

Key Point
—

나도 일침으로 맺는다. 급소는 작을수록 아프다. 말도 한 방이 아프다.

05
단언
"돈 많아요?
아니면 이거 사세요!"

역효과만 부르는 언어낭비
—

하루는 어느 호텔에서 내게 컨설팅을 의뢰했는데 내가 해야 할 일은 호텔에 써 붙인 모든 문구의 효과를 측정하는 것이었다. 화장실을 조사해보니 세면대 옆에 '티슈는 한 장만'이라는 문구가 있었다. 아니, 그런 걸 써 붙인다고 평생 관성적으로 두 장씩 쓰던 사람이 말을 잘 듣겠다고 한 장만 쓸까?

우리의 행동을 곰곰 따져보면 의식적인 것보다 무의식적인 것이 더 많다. 그런데 가끔은 머릿속에서 스트루프 효과(Stroop Effect : 뇌에서 자동으로 처리하는 일과 의식적으로 집중해서 처리하는 일이 뇌 속에서 충돌

하는 현상)가 일어난다. 예를 들면 식당 문을 열 때 '당기세요'라고 써놔도 무의식적으로 으레 밀고 들어가는 심리가 있다. 빨간색, 파란색, 노란색, 흰색을 각각의 색깔에 맞게 써놓으면 사람들은 잘 읽는다. 한데 '초록색'을 파란색 글씨로, '빨간색'을 노란색 글씨로, '검정색'을 초록색 글씨로 써놓으면 읽는 데 불편을 느낀다. 이것이 바로 스트루프 효과다. 의식은 파란색으로 읽어야 하지만 초록색이라고 써놓았으니 무의식이 초록색으로 읽고 싶어 한다. 이처럼 관성적 습관에서 나오는 행동까지 제어하려 해봐야 헛일이다.

다른 곳에는 '화장지는 필요한 만큼만 끊어서 사용하세요'라고 써놨다. 이것도 언어낭비다. 열 칸씩 끊어 쓰던 사람이 이 문구를 보고 여덟 칸씩 끊어 쓰는 일은 단언컨대 없다. 오히려 이 호텔이 야박하다는 느낌만 주니 손해를 끼치는 문구다. 소비자는 절대로 내 마음 같지 않다.

다른 화장실을 점검해보니 변기 버튼이 대변과 소변으로 나뉘어 있었다. 누군지는 몰라도 이걸 들여놓기로 결정한 사람은 적어도 손님들이 대소변 버튼을 구별해 누르면 물을 절약할 수 있을 거라는 아메바 수준의 생각으로 설치했을 거다. 삼성화재 직원 500명을 대상으로 설문조사하자 대소변 버튼을 구별해놓은 공공화장실 변기에서 소변을 보고 소변 쪽 버튼을 누른다는 비율은 10%에 불과했다. 적은 양의 물을 흘려보내면 혹시 제대로 내려가지 않을까 봐 소변을 봐도 거의 대변 버튼을 누른다는 것이었다. 오히려 소변을 보러 들어왔는데 대변이란 단어를 보면 똥이 떠올라 더 거슬린단다.

또 화장실 세면대의 수도꼭지 위에는 이런 문구가 있었다.

'Save energy Save earth'

뜬구름 잡는 얘기다. 누가 손을 씻으면서 지구를 걱정한단 말인가. 모두 언어낭비다. 정말로 티슈가 아까워서 잔소리를 하고 싶다면 차라리 '지구를 구합시다', '자원을 아낍시다' 대신 '먼저 손을 한번 털고 뽑으면 한 장만으로 충분합니다'가 낫다.

한번은 미국에서 온 한국계 미국인 손님들을 데리고 고속도로를 타고 남해까지 달렸다. 꽤 먼 거리였기에 우리는 번갈아가며 운전대를 잡았다. 나중에 한국에 온 소감을 묻자 그들은 전혀 생각지도 않던 지적을 했다. 한국은 안전띠를 매라, 졸면 위험하다, 가족을 생각해라, 안개를 조심해라 등 도로 옆에 왜 그리 불필요한 문구를 많이 써놨는지 모르겠다는 것이 아닌가. 그들은 그런다고 달라지는 것도 아니고 오히려 운전에 방해만 받을 뿐이라고 했다.

힘이 실리는 주장 : "걱정 마세요!" "그딴 건 없습니다!"
—

리포터, 쇼호스트, 아나운서 면접을 보러오는 지원자들에게는 공통적인 특징이 있다. 하나같이 오프닝에 목숨을 건다는 점이다. 자기소개 시간 3분을 주면 그중 3분의 1은 어딘가에서 인용한 멋진 문구를 낭독하거나 시를 읊거나 독백을 하거나 춤을 추거나 마술을 보여주거나 연기를 해서 시간을 버린다. 자신을 알리기에도 모자랄 그 소중한 시간에 말이다. 지금은 서론 생략 시대로 곧장 주제로 치고 들어가야 한다.

언젠가 미팅을 위해 미국의 한 사무실을 방문했는데 회의실 문 앞에 이런 문구가 있었다.

'여기서 회의하면 곧바로 본론으로 들어가!Let's cut to the chase!'

방송 용어로 '마가 뜬다'는 표현이 있는데, 이는 방송 중 진행자가 말을 하다가 순간 정적이 흐르는 상황을 말한다. 상담 현장에서도 대화중에 마가 뜨는 일이 종종 있다. 가령 상대가 곤란한 질문을 던졌을 때, 직답하지 못하고 "어……" 하면 상대는 우리를 의심하고 뭔가 감춘다는 인상을 받는다. 만약 고객이 명품 패딩을 사면서 "충전재에 거위깃털이 더 많죠? 설마 인조솜털 함량이 더 많은 건 아니죠?"라고 물을 때, 즉답하지 못하고 몇 초 머뭇거리다가 뒤늦게 떨떠름한 어투로 "어…… 음…… 네……" 이러면 상대가 얼마나 불안하겠는가?

고객에게 한 박자 쉬어갈 여지를 주면 안 된다. 그런 여지를 주는 순간 고객은 '사지 않아도 돼', '다음에 사야지', '더 알아보고 사자' 등을 떠올린다. 단언기술은 먼저 단언해서 이를 원천봉쇄하고 미루지 않게 하는 것이다. 단언이 허언이나 실언이 되면 어쩌나 하고 걱정하지 마라. 걱정을 하다가 아예 고객을 놓치는 것보다는 단언하는 것이 낫다.

예일대의 윌리엄 반스 커뮤니케이션 센터장은 커뮤니케이션을 가르친다. 그는 '노No'라고 말해야 하는 상황에서도 노라고 부정하지 않는 편이 교섭을 잘해 존경받거나 유능한 사람이라는 인상을 주는 경우가 많다고 말한다. 그럼 어찌해야 할까? 그는 곧바로 노라고 말하지 말고 "우선 Yes라고 긍정한 뒤 But으로 반론하는 게 좋다"[5]라고 말한다.

과연 그럴까? 천만의 말씀이다! 이 자는 협상을 해보지 않았거나 협상할 줄 모르는 사람이다. 중요한 협상을 해본 사람은 '노'일 경우 정확히 '노'라고 밝히는 것이 서로 힘들지 않은 방법임을 잘 안다. 물론 실제 현장에서는 이것도 저것도 아닌 말투로 말하거나 마음속으로 노라고 생각하면서 계속 질질 끌어 짜증나게 만드는 상황이 다반사로 일어난다. 이 경우 성공 확률은 낮아진다.

그런데 많은 세일즈 관련 책이 일단 상대의 말을 인정해준 다음 자기 논리를 펴라고 조언한다. 즉, "그 말씀도 맞지만" 하는 식으로 응답하라는 얘기인데 이건 옳지 않다. 모호하게 말하거나 이도 저도 아닌 말투는 상대를 더 혼란스럽게 해서 오해를 낳을 수 있고 논조를 흐리기도 한다. 사람들은 말의 형식에 패배주의가 묻어나는 것은 참아도 말의 논조가 흐릿한 것은 견디지 못한다.

어느 대통령은 화법이 모호해서 지탄을 받기도 했다. 이것이 아니면 저것이다, 이것도 옳을 수 있고 저것도 맞을 수 있고 하는 식의 말은 아웃이다. 특히 상대의 핵심 질문에는 머뭇거리면 안 된다. 예를 들어 고객이 "선팅이 너무 진하면 불법이 아닌가요?"라고 물으면 기다렸다는 듯 단언한다.

"걱정 마세요! 평생 선팅을 해왔는데 선팅이 짙다고 단속받은 사례가 있으면 가게를 접겠습니다!"

또한 이불이 너무 비싸다고 투덜거리면 강하게 받아친다.

"천만에요. 침구는 제2의 피부입니다. 아무리 사랑하는 사람도 인생의 3분의 1을 붙어 지내지 않지만 침구는 그렇게 합니다. 결코 비싼 게 아니지요."

길을 갈 때는 직선으로 가는 것이 가장 신속 정확하다. 말도 때론 직선적으로 할 필요가 있다. 빙빙 돌리거나 한번 생각한 뒤에야 알아듣게 말하는 것은 영업 현장 매뉴얼로는 꽝이다.

단언기술은 상대의 논리를 빠르게 뒤집을 때도 좋다. 한 부동산 투자자가 "강남은 집값만 비싸지 휴식 공간이 없어요"라고 투덜댔다. 나는 정면으로 응수했다.

"천만에요! 강남구에만 100개의 공원이 있습니다(정확히 말하면 96개)."

돌직구식으로 두괄식 반대급부 선언을 하면 상대는 더 이상 반박하지 못한다. 만약 박물관에나 모셔놓을 법한 구닥다리 물건을 파는 이가 있다고 해보자. 누군가가 묻는다.

"무슨 일을 하세요?"

"지포라이터를 팝니다."

"요즘에도 그런 것을 사는 사람이 있나요?"

이때 가장 좋은 답변은 이것이다.

"그럼요! 없어서 못 팝니다."

이런저런 변명을 하면서 "그렇게 말하는 사람이 많습니다만 미국에 가면 아직도 지포라이터 매장도 많고…….” 하는 것은 지는 게임이다. 이는 처음부터 상대의 말을 인정함으로써 굽히고 들어가는 꼴이다. “담배를 피워도 건강하기만 하던데”라고 하면 “그딴 건 없습니다. 담배는 백해무익합니다”라고 단언해야 내 주장에 제대로 힘이 실린다.

차에 이상이 있는 듯해서 정비소에 갔는데 카센터 전문가가 “아무것도 아니에요”라고 하면, 순간적으로 커다란 근심 걱정이 훅 사라진다. 내 차 상태는 그대로인데 단언하는 한마디로 내 걱정이 씻겨 내려가는 것이다. 반대로 “심각한데요. 이렇게 다니다간 생명이 위험해요”라는 말이 나오면 상대가 요구하는 대로 수리비를 덥석 꺼내준다.

동사를 맨 앞에 놓아라

언어는 타인에게 도달했다고 전부가 아니다. 속을 뚫고 들어가 상대를 지배해야 한다. 예를 들어 성형외과 상담실장이 턱이 좀 나온 고객에게 “턱이 좀 나오셨군요”라고 말했다고 가정해보자. 단지 상대에게 언어를 전달했다고 만족할 것인가? 아니다. 나아가 그 사람의 속을 휘저어 거울을 보면 턱만 보이고, 밤낮으로 자신의 턱이 솟는 듯한 착각에 빠져 결국 성형외과에 돈을 지불하게 만들어야 한다. 그 해답은 동사(서술어)에 있다.

21세기 고객은 우리를 기다려주지 않으므로 동사부터 나가야 한다. 홈쇼핑 단골 멘트 중에 "지금 원하는 분들은 주문할 수 있습니다"라는 말이 있다. 이것은 주어로 시작해 동사로 끝나는 구어체의 표본인데 사람과의 대화에는 이런 말이 없다. 우린 동사부터 나간다.

예를 들어 학교에서 집으로 돌아온 아들은 "저는 배가 고프니 밥을 차려주기 바랍니다" 하지 않고 "밥 줘요, 엄마"라고 하고, "아들은 밥을 먹어라"가 아니라 "밥 먹어, 아들"이라고 한다. 청중에게 말할 때는 "여러분은 저를 보기 바랍니다"보다는 "보세요, 저를"이 빠른 움직임을 유도한다. 힘 있는 동사를 전면 배치하면 상대는 빨리 행동한다. 서울시의 에너지 절약 표어도 이 원칙에 따른 것이다.

'걸어요, 짧은 거리. 함께 타요, 대중교통'

"돈 많아요? 우리 비행기 타세요"
—

비즈니스 거래 관계에서 사업자들은 보통 품위를 지키기 위해 애를 쓴다. 그것이 관계를 지속하는 길이라고 생각하기 때문이다. 그렇지만 간혹 거래대금을 제때 지불하지 않아 얼굴을 붉히게 만드는 경우도 있다. 특히 거래는 선금, 잔금, 미수금 등의 명목으로 쪼개서 이뤄지기 때문에 잔금을 일부 남겨두고 미적거리면 받아야 하는 측에서는 열불이 날 수밖에 없다. 한두 번은 품위를 지켜가며 교양 있게 대할 수도 있지만, 상대가 저질스럽게 나오면 대놓고 말하는 것이 오히려 효과적이다.

"돈 주십시오, 돈."

이 말이 "잔금 처리 확인 좀 부탁드립니다"보다 확실하다. 돈을 달라고 직설적으로 표현하면 상대방은 순간적으로 당황한다. 불편한 말을 어찌 저리 당돌하게 할 수 있을까 싶을지도 모른다. 하지만 당연히 치러야 할 것을 미적거리며 미루는 사람에게는 정면 돌파를 시도하는 것이 더 낫다.

말을 빙빙 돌리면 미적거리던 사람은 더 미적거린다. 때론 버스비보다 싸서 미국인이 많이 이용하는 저가 항공사 사우스웨스트항공의 허브 캘러허 Herb Kelleher 사장은 이벤트성으로 직접 일일 승무원 서빙에 나선다. 나는 미국에서 우연히 그 장면을 TV로 보았는데 그가 손님들에게 사탕을 나눠주며 하는 말이 압권이었다.

"단도직입적으로 말하는데 다른 비행기 타지 마세요. 돈 많아요? 우리 비행기 타세요."

초면에다 시간이 없는 고객 앞에서는 아예 서두에 '제가 찾아뵌 이유는 명확합니다', '제가 만나 뵙는 목적은 분명합니다'처럼 두괄식 선언을 하고 얘기를 시작하는 것도 좋다. 이처럼 찍어 누르듯 단언하면 내 메시지에 강한 확신을 담아낼 수 있다. 예를 들면 이런 식이다.

"화장품은 결코 눈가 주름과 잡티를 없앨 수 없습니다. 피부는 예방만이 최선입니다. 눈가 잡티는 선글라스 생활화로!"

"단언컨대 이 세상에 100% 자연성분 향수는 없습니다. 결국 우리는 화학물질을 몸에 뿌리고 코로 흡입하는 겁니다. 샐러리를 드십시오. 샐러리는 인체의 천연 향을 좋게 합니다."

세일즈맨에게 "다음 이 시간에"는 없다

—

우리의 설득에는 미룸이 없어야 한다. 물론 고객은 늘 '다음에 할 게요', '자료를 주면 생각해보고 연락할게요', '집에 가서 배우자와 상의해보고' 등의 말로 뒤로 미룬다. 이것을 싫다는 말로 해석하지 않고 순진하게 정말로 그럴 거라고 믿는다면 오산이다.

내 직업은 매일 사람들을 설득하는 일이다. 오랫동안 이 일을 해오면서 나는 모두에게 적용되는 쉬운 명제를 하나 발견했다. 그것은 사람들이 지금 당장 필요해야 움직인다는 사실이다. 즉, 재화 및 서비스의 질이 좋고 나쁨을 떠나 지금 당장 자신에게 의미가 있고 필요성을 느끼면 움직인다. 쉬운 예로 배고프면 식당을 찾고 식품이 필요하면 마트에 간다.

한겨울에 자동차 온열시트를 판매할 때 나는 브랜드, 재질, 기능, 원리 다 제쳐놓고 지금 고객이 겪고 있는 상황을 정확히 건드려 빨리 움직이게 했다.

"아침에 냉장고 같은 차 안에서 히터를 올려봐야 따뜻한 바람이 아니라 얼굴이 베일 듯한 찬바람만 나옵니다. 언제 따뜻해지길 기다릴 겁니까? 당신은 참을성이 없습니다. 승강기가 닫힐 때 누군가가 타느라 다시 문이 열리면 1초도 기다리지 못하고 짜증을 내는 당신입니다. 온열시트는 그런 당신의 궁둥이가 의자에 닿자마자 괄약근이 풀릴 만큼 당장 뜨끈하게 데워줍니다."

이렇게 확실한 목적 아래 접근할 수 있는 상품과 달리 보험처럼 필요성 면에서 감이 먼 상품도 있다. 이 경우 고객은 '다음에 할게요'라며 선택을 미루기 일쑤다. 이럴 때야말로 '지금 당장'이라는 키워드가 절실하다. 언젠가 중요한 프레젠테이션을 앞두고 함께 일하는 직원들과 회의를 할 때 나는 단 한 가지만 주문했다.

"PT를 듣는 사람들을 '전조등에 놀란 사슴'처럼 만들어야 한다!"

미 서부에는 깜깜한 밤에 멋모르고 도로 위를 평온하게 어슬렁거리는 사슴들이 있다. 그러다가 자동차가 헤드라이트를 비추며 순식간에 돌진하면 사슴은 깜짝 놀라 즉시 내달린다. 나중은 없다. 고객도 즉각 움직이게 해야 한다. 이를 위해 당장 상관이 없어도 지금 꼭 필요하다는 것을 계속 알려줘야 한다.

물론 고객이 놀란 사슴 표정을 지을 정도의 '지금'이란 압박은 세일즈맨의 진실성을 떨어뜨리지만, 대신 실적은 높아진다. 마케팅은 원래 천박하다. 어쩔수 없다. 돈을 벌어야 하니 말이다. 그러기에 우리의 설득에 내일은 없다. 만약 당신이 자산 컨설팅을 한다면 이렇게 지금을 강조할 수 있다.

"지금 당신의 지갑에 정확히 얼마가 있는지 아십니까? 지금 내 지갑에 3만 2,000원이 있지 하는 식으로 현금 액수를 정확히 안다면 오히려 그게 비정상일 겁니다. 한국인의 지갑에는 평소 평균 7만 7,000원이 있다고 하는데 남성이 8만 1,000원, 여성이 7만 2,000원입니다. 한편 연령대로 보면 50대 9만 3,000원, 40대 8만 8,000원, 30대 8만 1,000원, 20대 4만 6,000원입니다.[6] 즉, 누구나 지갑에 돈이 있습니다. 그런데 그 돈에 눈과 발이 달렸는지 주말만 지나면 어디에 썼는지 기억도 가물가물한 채 사라져버립니다. 어차피 기억하지도 못하고 사라질 돈이라면 ○○생명 금고에 맡겨두십시오. 복리와 비과세로 눈덩이처럼 불려 돌려드리겠습니다. 선저축 후소비 습관을 길러야죠. '인생 뭐 있어'라며 흥청거리면 결국 비극적인 인생 이벤트를 맞이할 수 있습니다."

고객 지갑 속의 돈을 지금 당장 소비용에서 저축용으로 용도 전환하면 앞으로 그 돈이 어떤 큰일을 해줄 수 있는지 일깨워주어야 한다. 언젠가 어린이 영양제(건강식품)를 방송할 때, 나는 시기를 놓치고 나서 후회하지 말라며 고객의 머릿속에 계속 후회의 그림자를 입력했다.

"유아 때의 건강이 성인 건강의 밑거름입니다. 어릴 때 잘 먹은 아이들은 커서 병치레도 하지 않고 키도 큽니다. 키가 작은 사람에게는 어렸을 때 좀 더 잘 먹었더라면 하는 아쉬움이 있죠. 그런 아쉬움을 자녀에게 대물림하지 마십시오. 중간고사를 망치면 기말고사를 잘 보면 되지만 성장기에 때를 놓치면 평생 아이와 부모에게 소모적인 후회만 남습니다."

수입 자동차 판매원들은 고가의 컨버터블(오픈카)을 판매할 때 흔히 "지금이 아니면 언제 타려고 하세요?"라고 말한다. 더 나이 들면 돈이 있고 능력을 갖춰도 늙은이가 주책이란 말을 들을 수 있으니 지금 타라는 얘기다. 연금저축을 권유받으면 고객은 대개 "여유가 생기면 할게요"라며 거절한다. 그럴 땐 즉각 지금 당장을 외쳐야 한다.

"우리 인생에 과연 여유가 생길 때가 있을까요? 어차피 번 돈을 다 쓰는 건 아닐 테고 미래를 위해 일부는 저축할 겁니다. 저는 고속도로를 달리다가 제때 기름을 넣지 않고 조금만 더 가서 넣자 하다가 도로에서 차가 멈춰 낭패를 당한 적이 있습니다. 빨래는 맑은 날 하지요. 빨래를 미루다가 비가 오면 낭패를 겪고 맙니다. 경제력이 꺾이는 미래에 지푸라기라도 잡는 심정으로 우왕좌왕하기보다 지금 작은 돈부터 시작하십시오. 시작이 반입니다. 살을 빼고 싶으면 헬스장 등록이 시작이고, 영어를 잘하고 싶으면 어학원 등록이 시작입니다. 첫 삽을 뜨는 게 중요합니다."

다음은 미취학 자녀를 둔 부모에게 교육상품을 권하는 사례다.

"명절을 앞두고 선물을 미리 준비하면 합리적인 가격에 좋은 상품을 살 수 있는데, 미루고 미루다 명절이 닥치면 우왕좌왕하다가 원치 않는 선물을 비싸게 사지요. 학년이 올라갈수록 시간과의 싸움입니다. 볼 건 늘어나는데 시간이 부족하죠. 지금은 10만 원짜리 학습지도 고민하지만 아이가 고3 수험생이 되면 100만 원짜리 족집게 과외도 마다하지 않을 겁니다. 소나기는 가뭄 해갈에 도움이 되지 않습니다. 지금부터 미리 촉촉이 적셔줘야 합니다."

다른 시각으로 교육상품을 권하는 것도 얼마든지 가능하다.

"박태환과 댁의 자녀가 수영시합을 할 때 이기는 방법은 하나뿐입니다. 먼저 출발하는 겁니다. 먼저 시작하는 사람을 이기는 방법은 없습니다. 학기 초에 분명 똑같은 교실, 똑같은 교과서, 똑같은 선생님으로 출발하는데 학기말에 가면 1등과 꼴찌가 갈립니다. 왜 그럴까요? 이미 시작이 달랐기 때문입니다. '의욕 충만한 아이 〈 머리 좋은 아이 〈 운 좋은 아이 〈 열심히 하는 아이 〈 먼저 시작하는 아이' 순으로 이기지 못합니다. 다른 부모가 두뇌 탓, 환경 탓, 적성 탓이라며 변명을 늘어놓을 때 지금 하루라도 먼저 시작하는 것이 묘수 아니겠습니까? 미루지 마세요."

　홈쇼핑에서는 타임 마케팅을 아주 많이 사용한다. 방송시간이 끝나가면 일단 쇼호스트가 다급한 목소리로 시간이 얼마 남지 않았다고 외친다. 여기에다 초조감을 더하고자 째깍째깍하는 시계소리를 들려주고 화면에는 남은 시간을 깜빡거리게 해서 고객의 오금이 저리도록 만든다. 실제로 반응도 이때가 가장 좋다. 한 시간 방송을 한다면 통상 마지막 10분 매출이 그 전 50분 동안의 매출보다 높은 경우가 많다. 이것이 바로 '지금'을 강조했을 때 나타나는 힘이다.

　광고 카피에서도 지금을 놓치면 후회한다는 설득 기법을 활용한 것이 많다. 그 예를 들어보자.

- 베네통: **베네통 세일은 순식간입니다.**
- 눈높이: **학기 초를 놓치면 2학기를 놓친다?**
- 비피터Beefeater: **오늘밤 TV쇼는 재방송될 것이다. 당신 인생은 재방송이 없다. 조금 즐기자.**
- Now or Never 페스티벌: **12월은 둘 중 하나다. 후회 or 기회**

트렌드모니터 조사에 따르면 홈쇼핑 구매는 10명 중 9명이 충동구매다. 빌 게이츠도 현역 시절 직원들을 독려할 때 "right now"라는 말을 자주 썼다. 심지어 미국의 대통령이던 리처드 닉슨도 선거유세 때 "그 어느 때보다 지금!Now more than ever!"을 외쳤다.

예전에 투발루공화국의 총리가 전 세계를 향해 긴급 메시지를 보냈다.

"지금 당장 우리를 구해주십시오."

알다시피 수면 상승으로 나라가 서서히 사라지고 있기 때문이다. 매일 지도를 새로 만들어야 하는 이 나라의 설득 메시지에 다음은 없다.

고객을 설득할 때는 먼 미래가 아니라 지금 그 상품이 필요한 이유를 깨우치고 자극해야 한다. 우리의 메시지에도 '다음 이 시간'은 없다. 고객은 다음 날까지 당신을 기억해주지 않는다.

하나투어 세일즈 코칭을 할 때, 나는 고객이 상담만 하고 다음으로 미룰 때를 대비한 멘트를 만들어주었다.

"행복은 저축할 수 없습니다. 그런데 우리는 늘 행복을 저축하려 합니다. 지금은 열심히 일하고 나중에 가자, 노년에 가자, 은퇴하면 많이 놀자 하면서 자기 위안을 하죠. 정작 나이가 들어 여행을 가면 남들이 멋진 풍경을 눈에 담을 때 나는 의자부터 눈에 들어옵니다. 남들이 멋진 풍광에 탄성을 내지를 때 나는 기침만 내뱉습니다. 남들이 설렘에 가슴을 떨 때 나는 다리만 후들거립니다. 남들이 기쁨으로 행복해할 때 나는 지루하고 감흥이 없습니다. 남들이 친구들과 여행의 즐거움을 나눌 때 나는 외로움에 고독만 남습니다. 여행은 지금 가야 합니다!"

고객을 설득할 때는 먼 미래보다 지금 당장을 일깨우고 자극해야 한다. 고객에게 "고객님이 앞으로…… 이렇게 되면" 따위의 말은 꺼내지도 마라. 지금 필요하다고 외쳐야 한다. 우리의 메시지에 '다음 이 시간'은 없다.

Key Point
—

어느 기업이든 마케팅팀과 영업팀이 사이좋은 경우는 별로 못 봤다. 두 부서는 늘 대립하고 싸우는 일이 잦다. 영업 쪽은 당장 매출을 올려야 하고 마케팅 쪽은 브랜드와 기업 이미지 등을 장기적으로 끌고 가야 하는 숙명을 안고 있기 때문이다. 예를 들어 자동차업계에서는 신차 모델이 나오면 출시 전 짧게는 3개월부터, 길게는 1년 전부터 마케팅을 한다. 그러나 영업부는 당장 오늘 매출이 중요하다.

나는 주로 당장 매출을 올려야 하는 영업부서를 많이 도와주지만, 그렇다고 단기 매출만 추구하다가는 브랜드가 무너지고 신뢰를 잃으므로 늘 주의한다. 즉, 나는 파도가 아닌 바다를 보려고 애쓴다. 문제는 지금이 기다려주지 않는 시대라는 데 있다. 그러므로 마케팅이든 영업이든 작전을 짤 때는 고객의 생각을 먼저 선점해버리는 단언기술을 적용해야 한다.

맥락효과Context Effect라는 말이 있다. 이는 가장 먼저 들어온 정보가 나중에 들어오는 정보의 처리 지침으로 자리를 잡아 맥락을 결정짓는 것이다. 이를테면 어떤 사람에게 좋은 인상을 받았을 경우, 나중에 나쁜 얘기를 들어도 대개는 그 사람이 그럴 리 없다며 부인한다. 처음 정보가 이미 머릿속에 깊이 자리 잡아 이후의 정보에 영향을 주는 까닭이다. 반대로 첫인상이 나빴을 때 이후 나쁜 얘기를 들으면 '그럴 줄 알았어'라고 생각한다.

쇼핑몰에서 생애 첫 구매고객을 중요시하는 이유가 여기에 있다. 처음 갈치를 사먹었는데 감동을 받으면 이후 다른 상품에 실망해도 이번엔 실수를 했다 싶어 계속 구매하지만, 처음 사먹은 갈치가 마땅치 않았다면 두 번 다시 무슨 짓을 해도 고객의 마음을 돌리기는 어렵다. 이는 처음의 정보가 이미 특정 기준으로 자리 잡기 때문이다.

이와 비슷한 것으로 주의감소현상Attention Decrement Phenomenon이 있다. 이것은 처음 들어온 정보에 가장 크게 주의를 기울이고 뒤이어 들어오는 정보에는 그 정도가 점차 줄어드는 현상을 말한다. 내가 처음 강의를 하면 다들 호기심에 눈빛을 반짝이지만, 세 시간정도 진행하면 눈빛이 점점 공허해진다. 중요성절감현상Discounting Phenomenon도 맨 처음 들어오는 정보를 가장 중요하게 인식하고 나중에 들어오는 정보일수록 가볍게 취급하는 현상이다. 이러한 심리들을 종합해보면 우리는 단언해야 한다는 결론에 이른다. 단언컨대 단언하시라.

PART 2

하던 짓은
잊어라

역지사지
핫 트렌드
설득 기술

눈낮이

장사꾼 언어가 아닌
고객 언어를 써라

우리가 영업 현장에서 흔하게 볼 수 있는 장면이 바로 '나불어' 씨와 '모라카노' 씨의 대화다. 일본인 고객 모라카노 씨는 뭐라 하는지 통 알아듣지 못하지만 아는 척하며 고개를 계속 끄덕인다. 그러면 영업인 나불어 씨는 고객이 잘 알아듣는다고 착각하면서 의기양양하게 나불나불 떠들어댄다. 시간과 노력만 낭비할 뿐이다.

지식격차를 줄여라

지식격차는 판매자의 지식 전달과 구매자의 지식 수용이 동일하지 않을 때 발생하는 문제다. 한번은 대우증권(현 미래에셋대우) PB

4명이 PT하는 영상을 녹화해 금융투자를 하지 않는 일반인 100명에게 보여줬다. PB들은 자신이 하는 말을 고객이 얼마나 이해했을 것 같으냐는 질문에 평균 70%라고 말했다. 열 마디 중 일곱 마디는 알아들었을 거라는 얘기다. 그런데 영상을 본 일반인에게 PB들이 구사한 용어, 표현 40가지 항목을 조사해보니 실제 이해도는 5%도 안 됐다. 백 마디 중에서 다섯 마디밖에 알아듣지 못했다는 의미다. PB들이 얼마나 큰 착각에 빠져 있는지 한눈에 드러나지 않는가. 문제는 바로 그들이 전문가라는 데서 출발한다.

내 업의 커다란 장점은 한 업종에 국한되지 않고 다양한 상품군을 두루두루 다룬다는 점이다. 보험회사는 보험, 패션회사는 패션, 건강식품회사는 건강식품밖에 모른다. 그렇지만 나는 그들이 각자 자기 영역에서 그들만의 용어, 그들만의 잔치를 벌일 때 외부자의 시선으로 격차를 잡아낼 수 있다. 지식격차는 그들이 그 업에서 전문가인 까닭에 발생한다.

그들은 자사 상품을 누구보다 잘 알고 있고 그 수준이 일반인을 뛰어넘는다. 너무 오랫동안 그 상품을 알아왔고 또 그 품목을 다뤄왔기에 그들은 타성에 젖어 상대(고객)의 지적 수준도 자신과 동일할 것이라 착각하고 어려운 전문용어를 남발하거나 설명을 생략하는 경우가 많다. 내 머릿속에 지식이 들어 있다고 해서 상대방 머리에도 똑같은 지식이 들어 있는 것은 아니다. 그러므로 제대로 전달하려면 눈높이를 맞춰야 한다.

이를 두고 일명 '지식의 저주'라고 한다. 이는 자기 분야를 잘 아는 사람이 그 분야의 용어나 개념을 잘 모르는 소비자의 상태를 헤아리지 못하는 상황을 의미한다. 복잡한 개념과 신제품을 쉽게 설명해주는 기업 커먼크래프트Common Craft 사의 리 레피버Lee LeFever는 이러한 지식의 저주를 조심하라고 경고한다.[7]

우리는 지식의 저주 때문에 실은 고객에게 전달되지 않고 있음에도 불구하고 전달되고 있을 거라는 착각 속에 살고 있다. 아무리 신나게 떠들어도 고객에게 전달되지 않으면 이것은 '꿈속에서 잔치 음식'을 먹는 것과 같다. 그저 혼자만 신이 날 뿐이다. 어느 날 보험 회사 월례회에 특강강사로 갔는데, 내 순서에 앞서 한 임원이 나오더니 열심히 신상품을 홍보했다. 급부니 담보니 하면서 그는 상품이 끝내준다고 열심히 홍보했지만 나와 함께 간 내 직원은 보험을 전혀 모르는 터라 무슨 말인지 아무런 감흥이 없다고 했다.

어떤 업이든 마찬가지지만 자기만의 그라운드에서 그들끼리 쓰는 용어가 있다. 방송 일에 처음 발을 담그면 아시(조명 스탠드), 돕부(top의 일본식 표현으로 신의 첫머리), 게스(신의 마지막 부분), 대마이(화면 앵글 앞쪽에 무언가를 걸리게 두는 것), 하레(안경이 조명에 반사되어 눈이 잘 보이지 않는 현상) 같은 말이 난무해서 좀 어리둥절해진다. 또 홈쇼핑 바닥에 발을 담그면 콜투액션(주문받는 타임), 디테일(쇼호스트가 등장해 설명하는 신), 오프멘트(쇼호스트가 사라지고 제품만 보여주며 쇼호스트 멘트와 오디오만으로 진행하는 신) 등의 말이 쏟아질 때 신입들은 무슨 소리인가 어리둥절해한다.

메아리방에 갇힌 언어 해방시키기

—

커뮤니케이션 용어 중에 메아리방echo chamber이 있는데, 이것은 같은 지식 수준으로 같은 일을 하는 사람들이 모여 자기들만의 목소리가 전부인 줄 알고 그들만의 리그를 벌이는 짓을 말한다. 몇 년 전까지만 해도 어떤 ATM기기에서 현금을 찾을 때 '지금 명세표를 인자 중입니다'라는 헛소리가 나왔다. 인자 중이란 글씨를 쓰고 있다는 말인데 우리는 이 말을 거의 사용하지 않는다.

어느 날 한 포럼에 연사로 초빙을 받아 제주공항에 내려 짐을 찾는데 직원이 계속해서 "수화물 하기 중입니다"라고 반복했다. 하기 중이라니? 그냥 짐을 내리는 중이라고 하면 얼마나 알아듣기 쉬운가.

이런 말이 옳은가 그른가의 판단 기준은 간단하다. 그 말을 우리가 일생생활에서 자주 사용하는가를 생각해보면 답은 금세 나온다. 집에서 엄마가 "애, 뭐하니?" 할 때, 아이가 "네, 지금 일기를 인자 중이에요" 하지 않고, 남편에게 선반 위의 그릇을 하기해달라고 말하는 아내도 없다.

일상적으로 사용하는 언어 수준을 벗어나면 그때부터 이질감이 생긴다. 일상어가 저급하고 가벼워 보여서 그러는가? 염려할 것 없다. 입말은 본래 격식을 갖추지 않은 표준어다. 세상을 바꾼 예수의 산상수훈은 당시 언어로 어린아이도 이해할 정도의 표현이었다.

패션업 종사자들은 절대로 천 혹은 실이라고 하지 않고 원단과

원사라고 말한다. 자꾸 어려운 말을 쓰니 언어적 괴리감, 이질감이 생기는 거다. 엄마가 "실 가져와라" 하셨지 "원사 가져와라" 하시지 않았다. 가령 원사가 150수라고 하면 "150수라는 건 1g의 실을 150m까지 늘릴 수 있다는 겁니다. 이 숫자가 클수록 실이 더 가느다랗겠죠. 그러니 더 쫀쫀하고 더 가볍고 더 보온성 좋고 촉감이 물 스치듯 부드러워집니다. 그래서 보통 120수가 넘으면 고급 실이라고 할 수 있죠."라고 풀어서 쉽게 설명해줘야 오히려 상대를 존중해주는 태도다. 영국이 EU에 잔류할지, 탈퇴할지 결정하는 브렉시트 국민투표 때 투표율이 무려 72%를 넘어섰다. 그런데 개표가 끝난 뒤 영국 구글에서 발표한 검색어 2위 질문이 'EU가 뭐예요?'였다. 이 얼마나 기가 막힐 노릇인가. 더구나 검색어 1위 질문은 'EU를 탈퇴한다는 건 무슨 의미예요?'였다. 이것은 사람들이 제대로 모르면서도 행동할 수 있음을 보여주는 증거다.

요즘 맥주 트렌드는 한마디로 몰트맥주다. 당신이 TV에서 보는 맥주광고는 거의 다 몰트맥주라고 봐도 무방하다. 올 몰트All Malt맥주란 기본 원료인 맥아, 홉hop, 물 외에 다른 첨가물은 전혀 사용하지 않은 100% 보리맥주를 말한다. 한데 중소기업중앙회, 한국섬유산업연합회 참석자 600명을 대상으로 몰트맥주를 아는지 묻자 아는 사람이 거의 없었다. 맥주회사는 TV CF에서 몰트맥주를 열심히 광고하지만 정작 학습 효과는 없는 셈이다.

외래어는 외계어다. 어느 날 신발 매장에 들어가니 여성용 장화가 눈에 들어왔다. 내가 "장화네" 하자 곁에 있던 점원이 "장화가 아니라 레인부츠입니다"라고 또박또박 정정해주었다. 우리가 언제부터 장화를 그렇게 불렀던가. 하긴 요즘은 요리사도 하나같이 세프라고 부른다. 심지어 요리사라고 하면 실례인 듯한 분위기다.

플래그십flagship은 브랜드 내 최고급 라인을 뜻하지만, 플래그십 모델보다 최고급 모델이라고 하는 편이 더 쉽다. 리클라이너보다는 안락의자가, 베이징덕 레스토랑보다는 북경오리전문점이 더 빨리 머릿속에 들어온다. 워터파크와 놀이공원 광고를 보면 하나같이 '굉장한 어트랙션, 새로 선보이는 어트랙션'이라는 문구가 들어 있다. 그냥 놀이기구라고 하면 쉬운데 왜 어려운 말을 골라서 쓰는지 모르겠다. 물론 일부 단어는 외래어가 우리말보다 더 빨리 와 닿기도 한다. 그런 경우를 제외하면 우리말이 훨씬 더 알아듣기 쉽다.

외래어를 무조건 쓰지 말라는 말이 아니다. 일부 외래어는 우리말보다 더 빠르게 와 닿기도 한다. 여전히 '손바꿈'보다는 '리모델링'이 낫고 '본보기집'보다 '모델하우스'가 빠르다. 영화 제목 '구스범스'를 '닭살'이라고 그대로 번역했으면 영화 망했을 거다. 맥도날드는 오토바이 배달원을 구할 때 '라이더 모집'이라고 한다. 이런 경우들은 외래어가 더 낫다. 단, 외래어가 사회성을 갖고 통용되는데는 시간이 걸리므로 나부터 쓰기보단 상용화되어 모두가 인지하는 일상어가 되었을 때 쓰는 게 낫다. 그런 경우를 제외하면 우리말이 빨리 들린다.

SS상품(봄/여름옷), FW상품(가을/겨울옷)이라는 말은 이 세상 모든 옷가게 점원이라면 다 아는 말이다. 이 말을 일반 소비자가 모를 거라는 상상조차 안 한다. 에이랜드 매장 매니저들에게 물었더니 소비자가 100% 아는 말이라고 자신했다. 내 연구소에서 소비자 300명에게 물어본 결과 절반 이상은 몰랐다.

설령 상대가 잘 아는 것일지라도 자세를 낮춰 쉽게 풀어주는 것이 낫다. 안경점마다 붙여놓은 누진다초점렌즈가 무슨 말인지 아는 이는 별로 없다. 그래도 안경점들은 별로 신경 쓰지 않는 모양새다. 롯데하이마트 매장 입구에는 '국내 최대 체험형 가전매장'이라 써 놨다. 내 고객사는 삼성디지털프라자이기에 경쟁사와 차별을 두기 위해 "사시기 전에 실컷 써보셔도 돼요!"라는 쉬운 문구를 내세우라고 조언했다. 후자가 일상어라 잘 들리는 거다.

알고 있는 단어도 '입말'로 풀어라
—

이제는 많이 익숙해졌지만 처음에 나는 재활용쓰레기 '분리배출'이라는 말을 듣고 어안이 벙벙했다. 그냥 '나눠버리기' 하면 간단할 것을 왜 굳이 어려운 말로 정했는지 이해하기 어려웠기 때문이다. 어려운 단어를 쓰면 무언가 있어 보이겠지 하고 생각할지도 모르지만, 실상 고객은 어려우면 눈길도 주지 않는다. 즉, 무심해진다. 무작정 있어 보이는 말을 쓴다고 상품가치가 오르는 것은 아니다.

아웃도어 매장에서도 손님에게 "고어텍스예요"라고 무심히 던지기보다 자세히 설명해주는 것이 낫다.

"고어텍스는 가로·세로 1cm^{2}당 미세한 구멍이 14억 개나 뚫려 있어요. 그건 빗방울 크기의 1만분의 1이죠. 그래서 빗길이나 눈 덮인 산을 다녀도 소재 안으로 못 들어옵니다. 반면 땀방울 크기는 200만분의 1 크기라서 14억 개에 이르는 구멍으로 빨리 빠져나갑니다. 결국 오랜 시간 등산해도 축축하거나 땀 냄새가 나지 않죠. 눈·비는 막아주고 열과 땀은 곧바로 뱉어내니 얼마나 쾌적하겠습니까?"

실제로 아웃도어 브랜드 K2의 워킹화 '옵티멀 브리드'의 홍보 문구를 보면 이렇다.

'신발 바닥까지 고어텍스 원단을 적용한 서라운드 기술과 사다리꼴 모양의 윈드 터널, 신발의 열기를 빼내주는 브리드 플레이트 시스템을 적용했다.'

이게 대체 무슨 말인지 손님들이 알아들을까? 오히려 이렇게 풀어서 말해줘야 받아들이기가 쉽다.

"발의 땀은 발등이 아니라 발바닥에 차지요. 신발 윗부분이 고어텍스여도 발바닥이 그냥 고무면 땀이 찰 수밖에 없습니다. 우리는 신발 발바닥에 바람 길을 만들어놨습니다. 걸을 때마다 발바닥이 시원한 공기를 들이마시니 얼마나 발이 상쾌하겠습니까?"

옷가게 점원은 "피트감이 살아나네요"라고 하기보다 차라리 "와우~ 딱이네요!"라고 하는 게 낫다. 오른쪽 표는 내가 패션기업 코오롱인더스트리 FnC부문의 브랜드 매니저들을 수년간 세일즈 코칭하면서 그들이 많이 쓰는 전문용어를 쉽게 풀어놓은 것이다.

특히 우리가 자주 사는 아이템이 아닐수록 익숙하지 않기에 더

패션 판매자 용어	소비자 용어
원단	천
원사	실
린넨	삼베, 즉 마(麻)
핸드필	촉감
버킷 햇	부드러운 천의 테두리가 있는 모자
헌팅 캡	작은 챙이 달린 모자
반다나	힌디어인데 손수건으로 머리띠, 헤어밴드, 마스크, 스카프 연출이 가능한 패션
드로스트링	졸라매는 끈
인솔	키높이 깔창
방수	물이 원단을 통과하지 못하게 하는
방풍	외부의 찬바람이 들어오지 못하게 하는
발수	원단 표면에서 물이 튕겨나가게 하는
투습, 속건	내부의 땀과 수증기를 외부로 배출하는
레이어링	다양한 옷을 여러 겹 겹쳐 입는 패션
웨지힐	앞굽과 뒷굽이 연결된 하이힐
코튼 팬츠	면바지
벨보텀 팬츠	나팔바지
비스코스	인견
페이즐리	휘어진 깃털모양 무늬
헤링본	청어 뼈라는 뜻 그대로 빗살무늬나 사선무늬 직물로 만든 것

욱 쉽게 풀어서 말해줘야 한다. 한번은 어느 시계 브랜드 회사에서 내게 판매사원들을 위한 표준화된 세일즈 매뉴얼을 만들어달라고 부탁했다. 다음은 시계 판매자들이 일상적으로 쓰는 말을 내가 소

비자 언어로 바꾼 것이다.

시계 판매자 용어	소비자 용어
드레스 워치	정장용 시계
스트랩	시곗줄
무브먼트	시계 작동장치
인덱스	시간 표시 눈금
블루 스틸 핸즈	시곗바늘
베젤	시계 테두리
케이스백	시계 뒷면
크로노그래프	시계 속 스톱워치
모노블록	케이스 접합면 없이 전체가 일체형으로 된 케이스
쿼츠 워치	태엽과 톱니로 움직이는 기계식 시계 대신 수정 진동자와 배터리로 움직이는 디지털시계

이렇게 바꿔놓았더니 현장에서 볼멘소리가 나왔다. 시계 소비자도 그 정도 용어는 다 알고 있다는 것이었다. 나는 곧바로 시계를 두 개 이상 소유한 소비자를 상대로 조사에 들어갔는데, 표에서 왼쪽 용어를 절반 이상 아는 사람이 전체의 5%도 채 되지 않았다. 전문가에게는 쉬운 것이 일반 소비자에게는 생소할 수 있음을 잊으면 안 된다.

2016년 보험개발원은 누구나 의무적으로 가입해야 하는 자동차보험의 보험약관 이해도가 절반(55.6%)에 불과하다고 발표했다. 사실 나는 여기에도 문제가 있다고 본다. 약 절반(45%)은 보험약관을 이해했다는 얘기가 아닌가. 일례로 보험약관에는 뇌출혈이 출혈성 뇌졸중으로, 뇌경색이 허혈성 뇌졸중으로 적혀 있는데 이걸 일반인의 절반이 이해한다는 말인가. 내가 조사한 바로는 절반은커녕 일반인의 5%도 채 보험용어를 알지 못한다. 그들은 보험료와 보험금, 유배당과 무배당조차 헷갈리고 심지어 진단금의 개념도 제대로 알지 못한다. 아래는 보험 용어를 소비자 용어로 바꾼 것이다.

보험 판매자 용어	소비자 용어
보험료	통장에서 매달 빠져나가는 돈
보험금	일이 발생하면 통장에 입금되는 현금
보험계약자	돈 내는 사람
보험수익자	돈 받는 사람
피보험자	다친 사람, 아픈 사람, 죽은 사람
보장자산	내가 사망하면 가족이 받는 현찰
의료비	병원비
통원	병원에 치료받으러 다니기
입원	병원에 누워 치료받기
병원식대	밥값
주택화재보험	가정종합보험
보장	보호

판매자와 구매자 사이에 분명한 간극이 있다는 사실을 간단한 실험으로 증명해보겠다. 다음 멘트를 읽어보라. 같은 말인데 보험설계사와 일반인은 전혀 다르게 느껴질 거다.

"고객님이 병원에 갈 때는 보통 아프거나 다쳤을 경우입니다. 아파서 가는 것을 질병, 다쳐서 가는 것을 상해라고 하지요. 이 두 가지를 보장받으면 완벽할 거라고 생각하세요? 천만에요. 재해가 남아 있습니다. 재해는 상해와 어떤 차이가 있을까요? 상해보험은 우연하면서도 급격한 외래 사고, 다시 말해 피보험자가 위험을 인지한 사고는 제외됩니다. 반면 재해는 우발적인 외래 사고, 즉 피보험자가 위험을 인지한 사고도 보장을 받습니다. 우리 상품은 재해까지도 보장하지요."

이 말을 보험설계사가 들으면 너무 쉽다고 하겠지만 일반인이 들으면 여전히 다 이해하기 어렵다고 할 것이다. 이것이 바로 판매자와 소비자 사이의 지식격차다. 판매자 측에서 아무리 쉽게 풀어준다고 생각해도 알아듣지 못하는 소비자는 분명 있다. 그러므로 자신의 수준에서 재지 말고 늘 최대한 쉽게 접근해야 한다는 사실을 되새기고 또 되새겨야 한다.

증권사 PT 코칭을 가서 애널리스트들에게 비과세를 설명해보라 했다. "세금을 안 내는 거요." 하나같이 대충 답했다. "당신이 돈 주고 산 모든 물건에는 세금이 붙습니다. 마찬가지로 모든 금융상품에도 원칙적으로 세금이 붙습니다. 소비에는 세금만큼 돈이 붙듯 저축에는 세금만큼 돈이 떼입니다. 그게 한두 푼이 아니라 15.3%나 됩니다. 당연히 내 돈인데 보이지 않게 떼인다고 놓칠 수 있나요? 우리가 주서래은헹이 아닌 곳에서 현금인출하면 수수료 1,000원 떼이는 것도 아까워하는데 말이죠. 면세점에서 미친 듯 쇼핑하는 이유가 뭔가요? 세금이 안 붙으니까요. 면세 주유소가 있다고 생각해보시죠. 난리 날 겁니다. 이 상품이 그렇습니다. 면세금융상품이라 보시면 되죠. 한 푼도 세금 안 떼이고 발생되는 모든 이자 수익은 고스란히 당신 겁니다. 이런 걸 비과세 상품이라 하지요." 이 정도로 풀어줘야 한다.

정확히 말하기보다 알아듣게 말하라

쌍용자동차 영업사원들의 세일즈 코칭을 의뢰받았을 때, 나는 코칭 전에 직접 자동차 영업소를 방문해 고객인 척하며 영업맨들이 어떻게 상담을 진행하는지 들어봤다. 그들의 입에서는 출력, 토크, 휠베이스 등의 말이 계속 쏟아져 나왔는데 나는 당최 알아들을 수가 없었다. 이렇게 풀어서 말해주면 얼마나 좋겠는가.

"차의 겉모습에서는 세 가지를 봐야 합니다. 전장은 차의 전체 길이고요. 전폭은 차의 옆 너비, 전고는 차의 높이입니다. 제일 중요한 건 휠베이스인데 이것은 앞바퀴와 뒷바퀴 사이의 거리를 말합니다. 이것이 길수록 실내공간이 넓어 다리 뻗기가 편합니다. 차의 속 모습에서는 엔진을 봅니다. 여기에는 두 가지 기준이 있습니다. 마력과 토크지요. 마력은 출력과 같은 말로 엔진의 힘입니다. 마력이 높으면 속도가 세지요. 한마디로 마력은 스피드를 의미하고 토크는 근육을 뜻합니다. 마력이 높으면 차가 빠르게 달리고 토크가 높으면 언덕길도 힘들이지 않고 잘 올라갑니다. 한국은 지형상 광활한 평지보다 언덕길이 많아 이 부분이 매우 중요합니다."

이렇게 몇 초만 더 시간을 내 쉽게 말해줘도 아마 매출이 쑥쑥 오를 것이다. 나는 설명할 때 '내가 쉽다고 느껴야 고객도 쉽다'는 원칙을 지킨다. 휴대전화의 경우 나는 2G폰부터 시작해 스마트폰으로 넘어가는 격동기를 거쳐 LTE까지 방송에서 쭉 60종 이상의 휴대전화를 팔아봤다. 당연히 판매업자 수준의 지식이 있지만 조금이라도 방심하면 소비자 용어가 아니라 판매자 용어가 나온다는 것을 알기에 늘 조심한다. SK텔레콤에 강의하러 가서 "폰 가입조건은 딱 세 가지뿐입니다. 기기변경, 번호이동, 신규가입이죠"라고 했더니 대리점주들이 그 용어를 모르는 사람이 어디 있느냐고 반문했다. 사실은 이걸 모르는 고객이 부지기수다. 다음 용어를 살펴보자.

휴대전화 판매자 용어	소비자 용어
기기변경	통신사를 바꾸지 않고 폰만 바꾸기
번호이동	폰을 사면서 번호는 그대로 쓰고 통신사만 바꾸기
신규가입	폰 번호도 새로 바꾸고 통신사도 새로 가입하는 최초 고객

고객에게는 "번호이동은 곧 통신사이동이라고 생각하면 됩니다. 번호는 그대로고요"라고 쉽게 풀어줘야 한다. 자칫 잘못하면 아예 번호를 바꾸는 것이라고 생각할 수 있기 때문이다.

실제로 이동통신사는 지난 10년간 10조 원이라는 돈을 홍보와 마케팅에 쏟아부었다. 그러면 그만큼의 광고비 효과가 나타났을

까? 만약 효과가 있었다면 일반 고객이 LTE의 변천사를 모두 꿰고
있어야 옳다.

LTE의 변천사
LTE → 광대역 LTE 또는 LTE - A → 광대역 LTE - A →   광대역 3밴드 LTE - A → 기가LTE →

직장인 500명을 대상으로 조사하자 이 순서를 알고 있는 사람이
다섯 명도 채 되지 않았다. 그토록 오랫동안 TV 광고를 봤으면서
도 개념조차 이해하지 못했으니 기억을 못하는 건 당연한 일이다.
다음은 KT가 기가LTE를 출시하면서 2015년 6월 17일자 주요 일
간지 전면광고에 내보낸 내용이다.

'세계 최초 GIGA LTE 상용화! 마침내 GIGA WiFi와 LTE가 만
나 하나가 되었습니다. 최대 1.17Gbps의 가장 빠른 속도로 5G
세상까지 앞서가겠습니다.'

이 문구가 전부다. 부연설명이나 쉬운 추가설명은 없다. 이게 무
슨 말인지 아는 사람이 대체 몇 명이나 될까? 여전히 모르는 사람
이 더 많을 것이다.

"LTE는 국내 상용화 시점이 2011년 7월이고 다운로드 기준 최
고 속도는 75Mbps입니다. 총 다섯 번의 속도 발전으로 나온 기가
LTE는 상용화 시점이 2015년 6월로 다운로드 기준 최고 속도는
1170Mbps입니다."

이제 좀 알겠다 싶은 사람이 몇 명이나 될까? 아마 모르는 사람

이 더 많을 것이다. 정확한 정보를 줘봐야 얼마나 무의미한지 알겠는가? 소비자에게는 무조건 알아듣기 쉬운 언어를 써야 한다.

"LTE라는 게 속도가 엄청 빠르잖아요. 그런데 기가LTE는 LTE보다 무려 15배나 더 빠릅니다. 만약 홈쇼핑에 전화했는데 15초 동안 기다리자면 무척 짜증이 나겠죠? 이걸 쓰면 1초 만에 전화를 받는 겁니다. 얼마나 속이 시원하겠습니까?"

물론 이 설명에는 허점이 있지만 핵심은 정확히 말하기보다 알아듣게 말하기가 더 중요하다는 점이다. 하이트진로는 일본의 기린맥주를 수입해서 판매하는데, 2015년 신사동 가로수길에 있는 팝업스토어에서 홍보를 했다. 여기서 기린은 동물원의 기린이 아니라 한국의 해태처럼 고대신화에 나오는 상상 속 동물이다. 그런데 기린맥주 팝업스토어 점장이 사람들에게 기린을 알고 있느냐고 물었더니 아는 이가 거의 없었다. 그럼에도 기린맥주는 기린의 정체를 올바로 알리기보다 차라리 동물원의 귀여운 아기 기린 캐릭터를 티셔츠, 쿠키, 볼펜에 새겨 팔아 큰 호응을 얻었다.

이것은 정확한 것보다 친숙한 것으로 승부를 본 사례다. '정확히'보다 '이해하도록' 혹은 '기억하도록' 하는 것이 제대로 알리는 방식이다.

소비자가 쓰는 말을 배워라

결혼정보회사들은 중매를 매칭, 결혼식을 본식, 웨딩사진 찍는 것을 리허설이라고 부른다. 누가 알아듣겠는가? 그들만의 용어이지 고객의 입장은 생각하지 않는 태도다. 우리는 소비자의 수준에서 용어를 써야 한다. 즉, 판매자의 언어가 아닌 소비자의 언어를 써야 한다. 가령 DSLR을 설명할 때 이미지 프로세서를 카메라의 심장이라고 하면 쉽게 알아듣는다.

요즘 종편채널에서 '유의미한'이라는 말을 자주 쓰는데 사실 이 것은 논문 용어다. 그냥 쉽게 '의미 있는'으로 하는 것이 맞다. 또한 '전수조사'보다는 '전부 조사한다'라는 말이 더 이해하기가 쉽다.

한국은 밥보다 커피를 더 즐기는 커피공화국이다. 한국인 성인은 매주 커피를 열두 번 마시고 쌀밥은 일곱 번 먹는다고 한다. 이처럼 밥보다 커피를 더 먹는 한국인은 과연 커피를 잘 알고 있을까?

당연히 잘 알겠지 하면서 접근하는 것은 큰 실수다. 한 중견기업이 커피전문점 사업에 뛰어들 준비를 하면서 내게 마케팅 컨설팅을 의뢰했을 때, 한 가지 재미난 실험을 함께 진행했다. 대학생들이 많이 다니는 동작구 흑석동과 어르신들이 많이 다니는 종로구 관철동 두 군데의 기존 커피숍 매장 자리에 안테나숍(임시 테스트 매장)을 설치하고 석 달간 운영한 것이다. 이때 카페 메뉴판 옆에 또 하나의 메뉴판을 붙여놓았다.

커피 주문 전 알아두세요. 이 세상 모든 커피는 이렇게 만들어집니다.			
Americano or Black	에스프레소+물	Caramel Macchiato	에스프레소+ 캐러멜시럽+스팀우유
Macchiato	에스프레소+우유거품	Con Panna	에스프레소+휘핑크림
Caffe Latte	에스프레소+우유거품 +스팀우유	Vienna	에스프레소+ 휘핑크림+우유
Caffe Mocha	에스프레소+우유거품 +스팀우유+초콜릿	Affogato	에스프레소+ 바닐라아이스크림
Cappoccino	에스프레소+우유거품 +스팀우유+계피가루	Breve	에스프레소+우유거품 +스팀 하프 앤 하프

이 메뉴판의 의도는 커피를 알기 쉽게 풀어주는 데 있다.

"아주 진한 커피 원액 있죠? 그걸 에스프레소라고 하는데 거기에 물을 타면 아메리카노고요. 우유거품을 넣으면 마키아토입니다."

또한 매장을 운영하면서 번외로 커피 주문고객을 대상으로 객관식과 주관식 설문을 돌렸다. 첫 번째는 '커피를 주문할 때 열 가지의 기본적인 커피조합을 이미 알고 있다'에 ○와 ×를 표기하는 것이었다. 그런데 놀랍게도 겨우 2%만 완전히 알고 있다고 대답했다. 그토록 많이 커피를 마셨으면서도 자신이 마시는 커피가 무엇으로 만든 것인지도 모르고 마셨다니 정말 놀랍다. 두 번째는 매장에서 이처럼 쉽게 설명해주는 것을 어떻게 생각하느냐는 주관식 설문에 86%가 주문에 도움을 준다고 답했다. 이 메뉴판을 걸어놓고 임시 매장에 생긴 변화 중 하나는 예전 매장들보다 메뉴 선택이 다양해졌다는 점이다. 즉, 고객은 이해하고 받아들이는 만큼 지갑을 열었다.

내가 코오롱인더스트리의 세일즈 컨설팅을 맡았을 때, 나는 일을 수락하고 나서야 브랜드가 20개도 넘는다는 것을 알았다. 공교롭게도 브랜드의 상품 PR 문구는 하나같이 어려웠다. 누가 만들었는지는 몰라도 다음은 이들 브랜드가 실제로 걸어놓은 문구다. 왼쪽은 브랜드고 오른쪽은 그 상품 설명이다.

클럽캠브리지	이번 시즌 오파츠 팬츠는 면 스판 리버시블 원단에 워싱 가공 밑단을 턴업하여 린넨 혼방의 슬럽 및 잔잔한 조직감의 쿨한 터치감의 솔리드 컬러셔츠 그룹으로 내추럴함이 포인트이다.
HEAD	3M 디테일과 벤틸레이션 기능을 하는 2중 지퍼 부착으로 후드 부분의 패커블이 스트링 디테일로 핏 조절이 용이하며 프런트 사이드와 바스트 지퍼 포켓 벨크로 디테일로 실용적이며 버블라이트 솔을 사용해 가볍고 함벨밸트 방식의 미니멀한 갑피와 착화감을 제공하는 난지스 재봉으로 편안함을 제공한다.

대체 뭐라고 하는 것인지 알아듣겠는가. 그야말로 소비자를 'out of 안중'으로 보는 격이다. 보험의 경우 보험상품 이름에 CI보험이라는 것이 아주 많다. 원래 이름은 Critical Illness(중대한 질병)이지만 고객은 알지 못한다. 중대한 질병, 중대한 수술, 중대한 화상이라고 풀어서 설명을 해도 알까 말까 하지 않는가. 소비자의 입장에서 풀어서 설명하라.

"보험에 가입하는 진정한 이유는 내 스스로 감당하기 힘든 큰 짐을 누가 대신 져주기 때문입니다. 감기에 걸렸을 때 병원비와 약값 몇천 원 돌려받는 것이 중하겠습니까? 작은 돈은 내 스스로 해결할 수 있지요. 내 능력으로는 도저히 감당할 수 없는 버거운 일을 해결하기 위한 수단으로 보험에 가입하는 것입니다. 내 어깨로 지탱할 수 없는 짐을 대신 져주는 보험, 암이나 뇌, 심장에 큰 문제가 생겼을 때 큰돈을 먼저 고객님께 주어서 해결하시라고 도와주는 보험이 CI보험입니다."

Key Point
—

학창 시절 많이 아는 선생님보다 친구의 설명이 더 이해가 쉬웠다. "알기 쉽게 풀어서 설명하자면"이라는 말은 고객을 배려 및 존중하는 좋은 표현이다. 이 눈낮이 멘트를 들으면 고객은 설명을 들을 준비를 한다. 우리는 상품 설명에서 '친절한 ○○씨'로 불려야 한다. 고객이 지금 당신의 말에 고개를 끄덕이고 있을지라도 실은 알아듣지 못할 수도 있다.

음식은 소화돼야 의미가 있다. 말은 상대의 머릿속에 녹아들어야 의미가 있다. 잊지 말 것. 고객은 납득하기 전엔 절대 지갑을 열지 않는다.

02
가치부여

바꾸고 편집하고 빼고
더하고 조합하라

2만 원에 낙찰된 라파엘로의 그림

—

한국표준협회에서 중소기업 CEO들을 대상으로 마케팅 강의를
할 때, 나는 시작하기 전에 연필로 간단히 그린 여자 초상화를 슬
라이드로 보여주고 경매에 들어갔다.

"중학교 2학년생이 그린 그림입니다. 원하는 분에게 경매가
로 팔고 가겠습니다. 2,000원부터 시작합니다. 이유는 제조원가
가 2,000원이기 때문입니다. 도화지 한 장 1,000원, 연필 한 자루
1,000원으로 합이 2,000원입니다. 자, 불러보시죠!"

여기저기에서 2,000원, 5,000원, 1만 원 하며 가격이 올라갔고 결국 한 기업 대표가 2만 원을 불러 낙찰됐다. 내가 곧이어 말했다.

"2만 원에 낙찰되었습니다. 대표님은 이제 부자입니다. 라파엘로가 그린 '뮤즈의 두상Head of a Muse'으로 현재 시세가 560억이 넘습니다. 누구는 2만 원에 사겠다는 걸 누구는 수백억에 샀습니다. 제조원가는 2,000원에 불과한데 말이죠. 그 이유가 뭘까요?"

그림을 가치로 봤기 때문이다. 가치부여기술은 이처럼 간단한 비교만으로 쉽게 설명이 끝난다. 예를 들어 내가 당신에게 두 장의 지폐를 주는데 당신이 그중 한 장을 가질 수 있다고 해보자. 한 장은 은행에서 갓 나온 빳빳한 신권 5,000원짜리고, 다른 한 장은 낡아빠진 5만 원짜리다. 당신이 어느 것을 가질지는 빤한 일이다. 왜 우리는 5만 원짜리를 선택하는가? 그것은 종이의 표면적인 질과 상태가 아니라 돈의 가치를 보는 까닭이다.

상품에도 가치를 부여해야 한다. 고객이 상품의 표면적인 기능과 스펙만 보고 물건을 사는 것은 아니다. 고객은 그 물건에 담긴 가치를 보고 소중한 돈을 지불한다. 행여 5,000원짜리를 들고 빳빳한 종이의 질과 예쁜 문양처럼 팩트 위주의 설명만 한다면 얼마나 한심하겠는가? 가치부여기술은 그 5,000원으로 당신이 얼마나 행복해질 수 있는가를 그려주는 일이다.

정보에는 두 종류가 있는데 머리로 받아들이는 정보와 가슴으로 느끼는 정보를 말한다. 대부분의 정보는 전자에 속하며 대표적으로 뉴스, 날씨, 교통 정보가 있다. 한마디로 이런 정보는 지나고 나면 쓰레기통으로 들어간다. 어제 날씨가 우리에게 아무 의미가 없듯 이러한 정보는 지나고 나면 그냥 쓰레기다. 미국의 레이건 전 대통령은 "사실fact이란 멍청한 물건"이라고 말했다. 이는 정보란 쓰레기라는 뜻이다. 실제로 오용과 왜곡에 취약한 정보 자체는 멍청할 수 있다. 다시 말해 물리적 정보 자체는 아무런 의미도 생산하지 못한다.

인지도를 높여 이기고 시작하라

물리적 차이와 인식상의 차이 중 무엇으로 승부를 봐야 할까? 한양대학교 경영학과 홍성태 명예교수는 인식상의 차이라고 잘라 말한다. 물리적 차이로만 승부를 보려 한다면 동화약품 비타 1000은 광동제약 비타 500을 이겨야 한다. 하지만 비타 1000이 졌다. 수입맥주 하면 어느 나라가 떠오를까? 독일맥주라고? 관세청 수출입 통계를 보면 2016년 한국인이 가장 많이 소비한 맥주는 일본맥주로 독일맥주의 두 배에 해당한다. 이는 물리적 승리는 일본맥주지만 인식상 승리는 독일맥주라는 의미다.

모양, 엔진, 색상이 완전히 똑같은 두 대의 차가 있는데 한 대는 터키산이고 또 한 대는 스위스산이라면 당신은 어느 차를 사겠는가? 고민 없이 스위스산을 선택하셨다. 안 봐도 안다. 두 나라 모두 자동차를 생산하지 않는다. 그럼에도 불구하고 무작정 스위스를 선택하는 이유는 인식상으로 스위스가 승리하고 있음을 뜻한다. 그 인식의 승리를 보여주는 증거가 있다. 매년 3월 스위스 제네바에서 열리는 모터쇼다. 완성차 업체가 하나도 없고 자동차 공장 하나 없는 스위스로 미래 자동차 기술을 가진 유명 자동차 브랜드들이 몰려들어 경연을 펼친다.

차를 사는 사람은 차의 기능보다 그 차가 풍기는 매력을 먼저 고려한다. 한번은 내가 직접 3억 원을 호가하는 스포츠카를 타봤는데 지붕이 낮아 허리가 아프고 땅의 요철이 주는 충격이 그대로 온몸에 전해져 불편하기 짝이 없었다. 대체 왜 비싼 돈을 주고 그런 차를 살까 싶었다. 사람들은 차의 기능보다 그 차에 타고 있을 때 타인이 던지는 시선에 으쓱할 때의 자기만족감과 자존감 때문에 그 값을 치르는 것이다. 한마디로 가치가 지갑을 열게 한다.

2016년 금융연수원에서 강의를 할 때 나는 500명의 청중에게 두 벌의 양복을 보여주고 어느 것이 더 비싼 건지 알아맞혀보라고 했다. 한쪽은 백화점에서 파는 65만 원짜리 바쏘, 다른 쪽은 인터넷에서 파는 4만 원짜리 지오지아였다. 결과는 재밌게도 가격이 열다섯 배 이상 싼 4만 원짜리 지오지아 슬림핏을 선택한 사람이 70%였다. 우리가 이 실험을 진행한 이유는 한국소비자원이 2016년 여름 열 개의 남성 정장 브랜드 품질을 비교해보니 바쏘 제품이 마찰계수, 인장강도 등에서 다른 더 저렴한 브랜드보다 품질 기준에 미치지 못하는 것으로 나타났다고 발표했기 때문이다.[8] 브랜드와 가격을 떼고 같이 팔면 우스운 상황이 정말 많이 발생한다.

인간의 소비심리는 경제공식과 따로 논다. 수학공식대로라면 멕시코의 삼겹살이 국내산 삼겹살보다 비싸야 한다. 위치가 지구 반대편이라 운송비, 수입 통관비, 수입 마진 등을 고려할 경우 수입산이 경북에서 트럭으로 두 시간 만에 올라온 국내산보다 훨씬 비싸야 맞다. 그럼에도 불구하고 가격 역전 현상이 생기는 것은 국내산이 훨씬 더 맛있다는 인식상의 승리가 크게 작용하는 탓이다.

이처럼 인식상의 승리는 매우 중요하지만 많은 기업이 기술적 과시에만 관심을 집중한다. 대표적으로 홈쇼핑 쇼호스트들을 보라. 제품의 특징만 나열하고 있다. 옷을 소개하면 단추 하나, 실밥 하나까지 설명하느라 정신이 없다. 그것 때문에 옷 사는 것이 절대 아닌데도 말이다. 혹시 당신도 상품을 판매할 때 죽어라고 물리적 차이만 강조하고 있지 않은가? 다시 말해 다른 브랜드보다 무엇이 뛰어나다, 무엇이 좋다, 이런저런 기능이 있다 등을 나열하고 있는가? 경쟁 브랜드에 비해 월등하게 앞서는 제품이라 기술력에 큰 차이가 있는 초격차 제품이라면 당연히 그래야겠지만 그런 제품은 생각보다 많지 않다.

고객이 무언가를 필요로 할 때 떠올리는 브랜드가 되려면 팩트로만 팔아서는 안 된다. 데이비드 아커는 브랜드 자산의 총합을 브랜드 에쿼티equity라고 했는데 그 바탕은 브랜드 인지도, 충성도, 브랜드 연상 등이다. '이러저러한 걸 하려고 하는데 뭐가 좋지?'라는 질문이 나왔을 때 '○○이 있잖아!'라는 대답이 튀어나올 정도로 인식을 심어주려면 상품에 무엇을 담아야 할까? 정답은 가치다.

살 땐 '가격'을 보고, 쓸 땐 '가치'를 본다

—

광화문에 유명한 삼계탕집이 있는데 평소에 여기서 삼계탕을 먹으려면 30분을 기다려야 한다. 그럼 경기가 어려워질 경우에는 얼마나 기다려야 할까? 한 시간이다. 이는 사람들이 불황일수록 돈을 더 가치 있게 사용하려 하기 때문이다. 주머니가 두둑할 때는 아무데나 돈을 써도 무방하므로 가치에 둔감하다. 반대로 주머니가 얇아지면 돈을 한 번 써도 제대로 가치 있게 쓰려고 한다.

말로 먹고사는 우리는 말에 가치를 부여해야 한다. 말로써 숨은 가치를 꺼내 보여주면 숨어 있던 고객의 구매욕이 솟아오른다. 예를 들어 헤어스프레이를 구체적 특징부터 시작해 고객에게 줄 수 있는 최종가치까지 서서히 끌어올려보자.

- 구체적 특징: **펌프형이다. 적절한 양을 분사한다.**
- 기능적 편익: **머리카락을 단단히 고정해준다.**
- 심리적 편익: **원하는 스타일을 연출할 수 있다.**
- 수단적 가치: **남들 앞에서 돋보이도록 매력을 높여준다.**
- ☐ 최종가치: **나 자신이 멋져 보여 마음에 든다. 어디를 가도 당당한 내 모습에 자존감이 살아난다.**

이처럼 단계를 밟으면 고객에게 가장 중요한 것은 분사형이라는 특징이 아니라 최종가치를 누리는 일임을 알 수 있다. 또 다른 예를 들어보자. 보청기의 가치는 무엇인가?

- 팩트(성능): **1초당 100회 주변의 소리 탐색**
- 중간가치: **대화 이해도 30% 향상**
- □ 최종가치: **삶의 활력**

오티콘 보청기를 성능으로 팔려면 '1초당 100회 주변의 소리 탐색'으로, 가치로 팔려면 중간가치는 '대화 이해도 30% 향상'으로 최종가치는 '삶의 활력'으로 해야 한다. 그렇다면 영어의 가치는 무엇일까? 기술적 나열은 알파벳의 조합이지만 우리는 영어를 가치로 팔아야 한다. 부모에게 영어란 '영원한 동경'이고 아이에게는 '세상을 보는 창'이라 할 수 있다.

몽블랑 만년필은 매우 비싸다. 행동경제학 측면에서 보면 모나미 볼펜을 사는 것이 이성적 행동이지만 사람들은 비싼 돈을 주고 소모성 상품을 구입한다. 왜 그럴까? 몽블랑 만년필을 쓴다고 필체가 좋아지는 것은 아니지만 기업 대표의 멋진 수트 안주머니에 꽂힌 몽블랑 만년필에는 '성공의 상징'이라는 가치가 있다. 사람들은 돈을 주고 만년필을 사는 것이 아니라 가치를 산다.

교육상품을 팔 때도 가치를 일깨워줘야 한다.

"2010년 11월 영국 런던에서 열린 경매에서 18세기 중국 화병이 7000만 달러(약 840억 원)에 낙찰되었습니다. 값싼 진흙도 어떻게 빚느냐에 따라 엄청난 가치를 얻습니다. 자녀가 아직 진흙 같은 상태라면 그 자녀를 멋지게 빚을 도예가는 부모님입니다. 자녀의 가치는 부모님의 관심과 지원으로 무궁무진하게 올라갑니다."

고객과의 10분 상담은 그저 팩트일 뿐이지만, 그 10분 상담에 가치를 담으면 얘기는 달라진다.

"교육상담은 한마디로 김장김치와 같습니다. 김장김치를 먹으려면 배추를 씻고 절이고 양념을 버무리는 땀과 노력, 수고로움, 정성 그리고 잘 익을 때까지 기다리는 인고의 시간이 필요합니다. 그걸 돈으로 사는 거죠. 김장김치를 붕어빵처럼 틀에 넣고 찍어낼 수 없듯, 이 소중한 상담도 한 번에 100명씩 앉혀놓고 녹음기를 들려주는 것이 아니라 단 한 명의 고객에게만 집중해서 정성을 쏟는 귀중한 작업입니다. 시간은 연료와 같아서 한 곳에 모두 쓰면 다른 곳에는 쓸 수 없습니다. 제가 고객님과 함께하는 시간은 그처럼 고객님만을 위한 소중한 것입니다. 제 여생을 시간으로 환산할 수 있다는 점에서 제게 시간은 생명입니다. 누군가에게 돈을 주는 것은 제 일부를 주는 것이지만, 시간을 주는 것은 제 전부를 주는 것입니다. 생명 같은 소중한 10분 상담으로 아이의 100년 미래가 바뀔 수 있습니다."

교육상품에 '실용'이라는 가치를 담아 전달하고 싶다면 이런 사례가 좋다.

"지식이 전부는 아닙니다. 자동차의 작동 원리를 다 안다고 해서 훌륭한 운전자가 되는 건 아니듯, 지식은 제대로 사용하지 않으면 거의 가치가 없습니다. '우리 집에 공구세트가 있어'와 '공구세트를 사용할 줄 알아!'는 전혀 다릅니다. 진정한 지식 소유자는 지식을 마음껏 사용할 줄 압니다. 굿모닝이 아침인사인 건 누구나 알지만 외국인을 만났을 때 실제로 미소를 지으며 자연스럽게 굿모닝이라고 할 줄 알아야 진정한 지식 소유자입니다. 만약 당신이 직원을 뽑는다면 아이큐 숫자가 높은 사람과 실용적 지능이 높은 사람 중 누구를 뽑겠습니까? ○○의 가치는 실용입니다."

카메라의 가치는 어떻게 일깨워주는 것이 좋을까?

"사람의 인생은 사진으로 시작해서 사진으로 끝난다고 해도 과언이 아닙니다. 지금은 태어나기도 전에 이미 뱃속 초음파 사진으로 내 존재를 알리기 시작해 죽은 뒤 영정사진으로 남습니다. 기록은 기억을 지배합니다. 당신의 인생 전부를 기억하는 건 결국 사진입니다. 당신의 손에 이 카메라가 있으면 더 많은 인생 기록이 생깁니다."

우리는 물건을 파는 게 아니라 지혜와 이해력을 팔아야 한다. 보험은 증서가 아니라 가족의 슬픔을 줄이는 가치를, 나이키는 신발이 아니라 스포츠맨의 전율과 활력을, 스타벅스는 커피가 아니라 그 문화를 누리는 행복을, 여행사는 여행상품이 아니라 재미와 낭만을 팔아야 한다.

만약 당신이 건강식품 오메가-3를 판매한다면 그 표면적 이유는 혈행 개선이지만, 여기에 가치가 담긴 이유를 던져야 한다.

"무슨 이유로든 입원하면 환자는 혈압을 재고 혈액검사를 합니다. 혈압을 측정해 우선 혈관 상태를 알아내고 혈액검사로 기초적인 질환 정보를 찾아야 하니까요. 건강의 기본은 혈액입니다. 세월이 지나도 변치 않는 건강 기준은 혈행이지요. 혈액이 잘 돌아 만

사혈통해야 만사형통합니다. 문제가 생긴 뒤에 수습하기보다는 미리 관리하는 것이 최선입니다. 오메가 - 3를 드십시오."

가치를 제대로 부여하면 가격은 그리 중요치 않다. 우리 회사에서 여의도까지 서류 한 장을 우편으로 보내려면 300원(5g 미만 기준)이 들고 퀵서비스로 보내면 3만 원이 든다. 그 100배의 차이에도 불구하고 우리는 편리함, 정확성, 시간 절약이 주는 가치에 기꺼이 돈을 더 지불한다.

덴마크의 가구 디자이너 프리츠 헤닝센의 의자는 거의 700만 원에 육박한다. 나는 앙상한 나뭇가지 같은 받침과 손잡이에 가죽조각을 얹어놓은 게 전부인 그 의자를 직접 보고 기겁을 했다. 퇴근 후 지친 몸을 함부로 털썩 내던졌다가는 곧바로 주저앉게 생기질 않았는가. 사람은 접근 금지고 겨우 곰 인형이나 올려놓을 법한 의자가 700만 원이나 하다니. 나라면 7만 원에 사라고 해도 거절하게 생긴 그 의자는 실제로 잘 팔린다. 왜냐하면 덴마크의 디자인 거장이 생전에 마지막으로 디자인한 유작이라는 특별한 가치가 담겨 있기 때문이다.

한번은 면세점 직원들을 대상으로 세일즈 코칭을 하는데, 향수를 파는 시범을 보이라고 하자 하나같이 "뿌려보라"고 권했다. 나는 이렇게 코칭을 했다.

"향수는 뿌린다고 하지 않고 입는다고 하죠. 그만큼 향수는 하나의 패션입니다. 어울리는 멋진 옷을 입는 것처럼 내게 어울리는 멋진 향을 입는 것도 중요합니다."

뿌리면 소모품이지만 입으면 가치가 담긴다. 내가 당신에게 커피 한 잔을 툭 놓고 가면 심심하지만 거기에 가치를 담으면 커피 한 잔도 달리 보인다.

"커피 한 잔을 만들려면 물 1000잔이 필요합니다. 유럽연합 시범 기준에 따르면 125㎖짜리 커피 한 잔을 만드는 데 물 132ℓ, 즉 1050잔이 필요하다고 합니다. 그만큼 커피 한 잔은 귀합니다."

뽑아낼 수 있을 때까지 뽑아내라

나는 로댕의 작품 '생각하는 사람'을 보면 마음이 안쓰럽다. 턱을 괸 오른쪽 손목은 꺾여 있고 오른쪽 팔꿈치를 왼쪽 무릎에 기댄 그 자세는 정말 불편하다. 그와 똑같이 자세를 취해보면 몇 분도 버티기 힘들 만큼 불편한 자세다. 어쩌면 생각하는 것은 그 정도로 번뇌와 고통이 따르는 힘든 일인지도 모른다.

그 힘든 일이 바로 내 직업이다. 내 일의 요체는 생각과 묵상이다. 식사가 흡입운동이 아니라 음미하는 데 의미가 있듯이 의뢰받은 기업의 상품도 표면적으로 팩트만 보는 것이 아니라 곱씹고 되씹으며 묵상해야 한다. 그래야 좋은 가치를 계속 뽑아낼 수 있다.

아이디어를 내려면 어떻게 해야 할까? 다소 힘 빠지는 대답일 수 있지만 많이 생각해야 한다. 나는 상품을 의뢰받으면 정말 오래 생각한다. 화장실에서도 밥을 먹으면서도 오로지 그 상품만 생각한다. 무슨 생각을 하느냐고? 대체 어떤 가치가 있을까! 그 가치 있는 속성을 끝없이 뽑아내려 하는 것이다.

그렇다고 무턱대고 가치를 뽑아내려 애쓰다 보면 지치고 만다. 이럴 때 포모도로 기법Pomodoro Technique을 활용하면 효과 만점이다. 일단 알람을 30분으로 맞춰놓고 30분 동안 무슨 말이든 좋으니 당신 상품의 장점을 마음껏 늘어놓아보라. 가급적 여러 측면에서 속성을 뽑고 다양한 의미로 대입하라. 스스로 생각해도 와?! 싶은 훌륭한 가치가 번뜩일 때까지 무엇이든 메모를 한다. 한 번에 번뜩이는 좋은 세일즈 포인트가 나오지 않는다면 5분 쉬고 또다시 해본다. 그러면 시간을 알뜰하게 쓰면서도 지치지 않고 높은 집중력을 발휘할 수 있다. 물론 이것은 말처럼 쉬운 일은 아니다.

기업들도 이런 것을 한다. 월마트에는 조직원들이 머리를 맞대고 근본부터 고민하는 '풀뿌리Grass Root'라는 것이 있다. CJ오쇼핑의 '학습조직' 역시 여럿이 머리를 맞대고 자유로이 의견을 내면서 끝없이 고민해보도록 회사에서 지원하는 프로그램이다. 광고대행사 HS애드에는 아이디어 헌팅Idea Hunting이 있는데, 이 시간에 직원들은 영화를 보는 등 마음껏 돌아다니며 아이디어를 찾는다. 3M에는 연구개발부서 직원 전체가 자신의 업무와 상관없는 프로젝트에 업무시간의 15%를 쓸 수 있는 '15%룰'이 있다. 이 시간에 그들은 고민하며 아이디어를 찾는 데 몰입한다.

대상에 대한 몰입은 대상을 향한 애정이다. 내가 먼저 그 상품을 좋아해야 한다. 내가 감동받지 못하면 남을 감동시킬 수 없다. 누군가에게 감동을 주려면 사물의 한 속성에서 무한한 가치를 뽑아내는 훈련을 해야 한다.

　나태주 시인은 〈풀꽃〉이란 시에서 "자세히 보아야 예쁘다. 오래 보아야 사랑스럽다"라고 했다. 이것은 하찮은 풀꽃도 오래도록 보면 예쁜 구석이 드러난다는 말인데, 우리가 상품을 보는 시각도 똑같다. 급히 보면 모르고 천천히 봐야 예쁘다. 또 오래 봐야 가치가 보인다. 오랫동안 관찰하고 곱씹고 여기저기 대입해보고 용도를 전환하고 편집하고 빼보고 더해보고 새로 조합하고 고민해야 자꾸만 가치가 쏟아져 나온다. 그만큼 가치를 뽑는 데는 정성, 노력, 시간이 필요하다.

　더 이상 나올 것이 없다고? 천만에! 돌에서 금도 뽑아내지 않던가. 아무리 질 좋은 광석도 1톤에 들어 있는 금은 10그램 이하다. 그렇지만 그 작은 존재는 큰 가치로 빛난다. 버려진 폐가전에도 귀한 금이 숨어 있다. 실제로 스마트폰 한 대에는 약 30mg의 금이 들어 있다. 애플은 한 해에 버려지는 아이폰, 아이패드, 맥북에서 1톤이란 놀라운 양의 금을 뽑아낸다.[9] 돌이나 폐품처럼 무가치하고 쓸모없어 보이는 대상에도 가치는 반드시 존재한다. 마케팅 포인트가 없다는 것은 그 제품에 정말 매력이 없는 것이 아니라 생각하기를 멈춘 것이다. 끝없이 고민하면 무한히 뽑아낼 수 있다.

　강의를 하다가 마시던 생수병 뚜껑을 들고 학생들에게 여기서 가치를 뽑아보라고 하면 물이 새는 것을 막아준다, 가볍다, 재활용된다, 다른 병과 호환이 된다 같은 표면적인 팩트만 나열한다. 내가 다시 진정한 가치는 한 모금의 물이 주는 휴식과 기분전환 등이라고 하고 다시 물어도 역시 몇 마디밖에 나오지 않는다. 더 이상 나올 가치가 없는 것일까?

사실 특허청에 들어가 보면 지난 20년간 병뚜껑에만 150건이 넘는 특허가 있었음을 알 수 있다. 반도체도 아니고 그 조그만 병 뚜껑에 그렇게 많은 특허가 숨어 있다는 얘기다. 모든 상품에는 수 많은 가치와 속성이 반드시 숨어 있으므로 그걸 뽑아내야 한다.

예를 들어 누군가가 읽고 버린 신문지 한 장을 주워도 거기서 다 양한 가치의 속성을 뽑아낼 수 있다. 이를테면 칼을 갈 때, 튀김할 때, 야채를 보관할 때, 감자의 싹이 나는 것을 방지할 때, 폐식용 유를 버릴 때, 두부의 물기를 뺄 때, 신발장의 냄새를 없앨 때, 옷 장의 습기를 없앨 때, 유리를 닦을 때, 방풍막으로 쓸 때 등 신문의 가치는 끝이 없다.

Key Point
—

우리 회사 직원들은 초기에 상품 의뢰가 들어오면 샘플과 상품 기술서를 살피며 고시 공부하듯 또는 과학수사대처럼 분석했다. 한번은 직원들에게 종이컵을 주고 내게 팔아보라 했다. 그들은 설 거지가 필요 없다, 저렴하다, 편하다, 가볍다, 여러 번 사용이 가능 하다 등 많은 장점을 뽑아냈다. 정작 그 종이컵을 사용할 때 사용 자가 느낄 느낌에는 접근하지 않았다.

하루 일과를 마치고 가을 국화차 한 잔을 마실 때 마음속에 찾아오는 평온, 여름에 시원한 얼음을 넣은 매실차 한 잔을 마실 때의 쾌감과 활력, 봄 향기가 가득한 창밖을 보며 녹차 한 잔을 마실 때의 행복, 운동 후 집에 돌아와 들이키는 생수의 활력이야말로 진정 종이컵이 주는 가치의 종착지다.

가치 있는 속성을 끝없이 뽑아내는 훈련이 상품 컨설팅의 고수가 되는 지름길이다.

03

히스토리

그때부터 최초 vs.
지금부터 최초

충남 부여에 있는 정관장 인삼창 공장을 촬영차 방문했는데, 방문 소감을 그야말로 한 줄로 표현하는 것이 가능했다.

"여긴 알바도 최소 30년이야!"

인삼을 씻는 아주머니들은 그 일만 30년 넘게 했고 인삼을 찌는 아주머니들은 그 일만 40년이나 해왔단다. 이쯤 되니 햇볕에 인삼을 말리는 사람은 옥상에서 빨래를 너는 아주머니가 아니라 엄청난 내공을 갖춘 무림의 고수로 보였고 호칭도 자연스레 아주머니에서 선생님으로 바뀌었다.

식당을 선택할 때 우리는 '이곳에서 30년긴 김치찌개 하나만'이라는 간판을 보면 그냥 믿고 들어간다. 세월이 곧 믿음이다. 겉모습이 썩 탐탁지 않아도 그 상품의 대단하고 멋진 히스토리를 밝혀 주면 다시 보인다. 상품의 숨은 비밀, 굉장한 매력, 몰랐던 정성 등을 캐내 소비자에게 어필하는 것이 히스토리기술이다.

최고最古가 최고最高
—

무조건 오래되었다고 연혁만 밝히는 것이 장땡은 아니다. 오래 돼서 뭐가 어쨌다고? 이러면 할 말이 없다. 첫 TV(1966년), 첫 냉장고(1965년), 첫 전화기(1961년)는 모두 LG가 만들었다. 그렇지만 "나는 삼성TV, 삼성냉장고, 갤럭시폰이 좋아"라고 하면 대꾸할 말이 없다. 혜화동의 보성문구사는 45년째 그 일을 해온 가게로 간판에 여전히 교련복을 판다고 적혀 있다. 이제 교련복은 효용가치가 없다. 오래되었다고 무조건 좋은 것은 아니며 유행에 뒤처지고 시대에 어울리지 않는다는 단점도 있다.

언젠가 70년 역사의 장충동 태극당 빵을 몇 개 사서 포장을 뜯은 뒤 파리바게트 빵들 사이에 섞어놓고 대학생 몇 명에게 주고는 유심히 지켜봤다. 그때 "앗! 그저 그런 빵들 사이에 놀라운 맛의 빵이 숨어 있어!"라고 알아채는 학생은 1명도 없었다. 또 한국외식산업연구원에 참석한 요식업 대표 5명에게 100년 역사를 자랑하는 종로의 이문설렁탕과 최근 론칭을 준비 중인 설렁탕을 놓고 블라인드 테스트를 실시했다. 물론 두 가지 모두 이번에 론칭할 설렁탕이니 품평해달라고 속이고 물어봤다. 재밌게도 둘 다 잔인한 혹평이 쏟아졌다. 하나는 100년간 한국인의 사랑을 받아온 설렁탕인데도 말이다.

왜 사람들은 전통과 역사를 중요시하는 걸까? 실제로 소비자들은 오래되었다는 사실에 목을 맨다. 일단 오래되었다면 무조건 좋은 것으로 알고 안심한다. 심지어 맹목적인 충성을 보이기도 한다.

소주 하면? 진로지! 맥주 해도? 진로지! 왜냐고? 하이트진로는 소주사업 92년, 맥주사업 83년을 맞는 국내 최고最古 주류기업이니까. 이러면 대부분 수긍한다.

사조참치와 동원참치 중 어느 것이 더 맛있을까? 이것은 사람의 입맛에 따라 다르지만 "동원참치는 1982년 12월 첫 출시 이후 시장점유율이 70%를 넘는다"라고 말하면 동원을 고를 가능성이 크다. 역사가 깊어 많은 사람이 선택한다고 하면 일단 안심하기 때문이다.

김치냉장고는 어느 회사 제품이 좋을까? "당연히 대기업이 만든 거지"라고 말하는 사람에게 "김치냉장고는 대기업마다 다 만들지만 딤채는 1995년 출시 이후 줄곧 1등이야"라고 하면 딤채를 선택할 가능성이 크다. 안마의자는 어느 회사가 만든 것이 좋을까? 파나소닉이지. 왜? 80년간 안마의자 기술을 갈고닦아왔으니까. 된장은 어느 회사가 만든 것이 맛있지? 샘표지. 실제로 샘표는 이렇게 말한다.

"샘표의 70년 콩 발효기술로 찾아냈습니다. 집 된장 본연의 깊은 맛! 콩을 제일 잘 아니까, 발효를 제일 잘 아니까."

교촌치킨은 브랜드 옆에 'kyochon 1991'이라고 적어 1991년 부터 닭을 튀겨왔다고 역사를 어필한다. 1991년 경북 구미에서 열 평 남짓한 가게로 시작한 이들은 25년이 지난 지금 1000개 매장을 자랑한다. 서울대병원은 1885년 제중원으로 출발해 현재에 이르 는 가장 오래된 병원이라 자랑한다. 버버리는 160년 전통을 내세 우고 로에베Loewe는 170년 역사의 스페인 가죽 명가라고 하니 우 리는 그들을 그냥 믿는다. 페라가모는 1920년 이탈리아의 구두 명 인 살바토레 페라가모가 창립한 이래 100년 역사라 하니 믿고 신 는다. 몽블랑 만년필은 1906년 독일에서 탄생해 그 세대 인간이 다 죽었어도 제품은 건재하기에 명품 만년필이다. 스타벅스 코리 아는 1999년 7월 이화여대 앞에 1호점을 시작으로 현재 전국 850 개 매장을 직영으로 운영 중이다. KFC는 1984년 서울 종로에 1호 점을 오픈한 이래 고객의 꾸준한 사랑으로 성장해왔다고 말한다.

역사를 강조할 때는 꼭 한마디를 곁들여야 한다.

"이 약육강식 시장에서 오랜 세월 꾸준히 사랑받았다는 것 자체 가 시간의 시험을 통과했음을 입증합니다."

한 유통회사에서 상품 의뢰가 들어와 첫 미팅에 갔는데, 나에 대 한 사전 정보가 없었는지 다들 '이 양반이 잘할 수 있을까' 하고 미 심쩍어하는 듯한 눈빛이었다. 나는 강력한 첫마디로 그 눈빛을 안 도의 눈빛으로 바꿔놓았다.

"이 바닥에서 유통 밥만 20년 이상 먹었습니다."

사연 있는 물이 더 맛있다

—

호빵이나 송편, 만두는 깨물기 전에는 속에 무엇이 들어 있는지 알지 못한다. 그러다가 딱 깨물었을 때 자기가 좋아하는 맛이 들어 있으면 괜히 횡재한 듯한 기분이 든다. 이처럼 상품을 일일이 깨물어볼 수는 없으므로 속을 열었을 때 대단한 것이 들어 있다는 것을 알려야 한다.

과자는 인스턴트 식품이라 생각한다. 하지만 히스토리를 밝히면 인식이 달라지는데 오리온 초코파이는 5일간 숙성시킨 다음 출고되며 해태제과 맛동산은 반죽을 20시간 동안 숙성시킨다. 마켓오 리얼브라우니는 초콜릿을 8주간 숙성시켜서 맛이 진하고 식감도 쫀득해지게 한다. 마치 오래 발효하여 깊은 맛을 내는 슬로우푸드 라는 인식을 준다.

새우깡은 겉봉투 뒷면에 한 봉투당 생새우가 네 마리나 들어 있다고 써놨다. 물론 손바닥만 한 새우인지, 아니면 멸치만 한 새우인지 밝히지 않고 네 마리가 들어 있다고 하니 조금 논리가 어설프긴 하지만 소비자는 밀가루 과자가 아닌 해산물을 먹는 것으로 인식한다. 오리온 포카칩은 그동안 포카칩에 들어간 감자만 18억 개라고 밝혀 역시 과자 따위가 아닌 농산물을 먹는 것이라는 인식을 준다.

단순히 무엇이 오래되었다고 말하기보다 말의 맛을 살리는 것이 중요하다. 예를 들어 "중앙고속은 고속버스 중 가장 오래된 곳입니다"라는 설명은 밍밍하다. 그보다는 "중앙고속은 1971년 경부고속도로 개통과 함께 설립됐습니다. 당신이 경부선을 타고 달릴 때 중앙고속이 그 길과 역사를 함께했음을 잊지 말아주세요" 하는 것이 낫다. "인산죽염은 좋습니다"보다 "화학적으로 만든 정제염보다 자연의 바다에서 얻은 천일염이 좋다는 건 알고 있을 겁니다. 천일염 간수를 1년 동안 빼면 맛이 쓰고 2년간 빼면 제 맛이 나고 3년간 빼면 달다고 합니다. 3년 된 천일염을 소나무 장작불에 아홉 번 구운 후에야 비로소 탄생하는 것이 인산죽염입니다"라고 히스토리를 밝혀야 품격이 상승한다.

니콘은 "지금까지 우주로 가장 많은 카메라를 보낸 회사는 어디일까요? 바로 나사의 레퍼런스 카메라 브랜드인 니콘입니다"라고 설명한다. 아니, 우주에서 쓰는 카메라가 우리와 무슨 상관이 있단 말인가? 카메라는 지구에서 쓰도록 만든 것이지만 이처럼 우리가 몰랐던 히스토리를 밝히면 왠지 기술력이 더 있어 보인다.

맹물도 숨은 히스토리를 밝혀주면 느낌이 달라진다.

"제주삼다수에는 여타 생수회사와 다른 점이 하나 있죠. 신기하게도 제주도에는 정수 공장이 없습니다. 대신 400m짜리 천연필터가 있지요. 제주도 땅은 현무암층과 송이층으로 이루어져 있는데 400m에 이르는 그 층이 천연필터 역할을 합니다. 빗물이 그 두꺼운 층을 서서히 통과하면 자연 필터링이 이뤄져 깨끗하면서도 미네랄이 살아 있는 신선한 물로 바뀝니다. 그 물은 원수가 워낙 깨끗해 별도로 정수 처리를 할 필요가 없으므로 제주도에 정수 공장이 없는 겁니다. 자연에 가장 가까운 깨끗하고 좋은 물을 드십시오."

출시 한 달 만에 라면 시장 2위까지 올라섰던 농심 짜왕은 불 맛을 살린 짜장을 개발하다가 태워 먹은 프라이팬만 100개가 넘는다고 한다. 오뚜기 진짬뽕은 최고의 짬뽕 맛을 찾기 위해 전국에서 내로라하는 짬뽕 맛집 80곳을 돌며 맛본 뒤, 그 맛을 뛰어넘는 맛을 만들었다고 한다. 그만큼 공과 정성이 숨어 있음을 밝히면 소비자가 받는 느낌은 달라진다.

숨은 비밀은 적극 공개할 필요가 있다. 피죤의 친환경 살균세정제 '무균무때'는 제품개발에만 무려 17년이 걸렸다고 홍보한다. 정말로 17년간 거기에만 매달려 연구했는지는 모르겠지만 뭔가 대단한 것이 들었을 것만 같다. 아무튼 숨은 매력은 적극 알려야 한다.

사람들은 다이소가 워낙 싸다 보니 당연히 중국산일 거라고 생각한다. 또 빤한 제품일 거라고 인식한다.

"다이소는 70%가 국산입니다. 일본 회사라 생각하지만 일본 다이소가 투자했을 뿐 100% 한국 기업이고요. 오히려 일본 다이소에 연간 2000억씩 수출하는 효자 기업이지요. 제품 디자이너가 80명에 이를 정도로 디자인에도 신경 쓰는 기업입니다. 다이소는 매일 발전합니다. 하루에 20개씩 신제품이 나오지요."

이러면 '아, 몰랐네. 사실은 괜찮은 제품이구나' 하면서 제품을 바라보는 시선이 달라진다. 비슷한 예로 라면은 서글픈 조사를 혹처럼 달고 다닌다. 우리는 흔히 "라면'을' 먹을까?" 하지 않고 "라면'이나' 먹을까?"라고 말한다. 천대받는 조사가 꼬리표처럼 붙는 것이다. 이것은 라면을 먹고 싶진 않으나 딱히 먹고 싶은 것도 없으니 몸에는 좋지 않지만 '건강 죄책감'을 딱 한 번 버리고 꿩 대신 닭이라도 먹자 하는 의미다. 그 인식의 중심에는 합성조미료만큼이나 몸에 좋지 않은 것으로 알려진 라면수프가 있다. 그러나 히스토리를 밝히면 얘기는 달라진다.

"신라면 수프는 그해에 생산하는 버섯, 고추 등 산지에서 선별한 신선한 농산물 쉰 가지를 배합해서 만듭니다. 라면 한 그릇으로 한 번에 쉰 가지의 영양이 들어간 농산물을 먹는 셈입니다."

김밥 역시 라면만큼이나 서글픈 동사를 꼬리표처럼 달고 다닌다. 즉, 우리는 김밥을 "먹는다"고 하지 않고 김밥으로 "때운다"라고 말한다. 김밥을 바빠서 한 끼를 대충 때울 때 먹는 저렴한 음식으로 인식하는 탓이다. 실제로 중요한 손님과 식사할 때 메뉴로 김밥을 선택하는 경우는 거의 없다.

나는 김밥이 프리미엄임을 알리고 싶다는 어느 김밥 체인점 사장에게 벽면에 김밥의 전통을 알리는 문구를 붙여놓으라고 조언했다.

"김밥은 우리 선조 때부터 전해내려 온 음식입니다. 김은 1300년대 이미 해의海衣라는 단어로 알려졌고, 1819년 한양의 연중행사를 기록한 《열양세시기》에 따르면 밥을 김에 싸먹는 것을 복을 싸먹는다는 의미로 복쌈이라 불렀다고 합니다. 오랜 전통 음식 김밥의 가치를 더욱 높인 프리미엄 김밥입니다. 김밥 한 줄에는 밥 한 공기와 일곱 종의 반찬이 들어갑니다. 완전한 한 끼 식사로 충분하지요."

별거 아닌 거 같아도 해부하듯 속살을 매력적으로 벗겨 보여줘야 한다. 누구나 스마트폰은 내부에 복잡한 부품들로 이루어진 대단한 기술력이 있을 거라고 생각한다. 껍데기(케이스)에는 별 관심을 안 둔다. "갤럭시 S7의 케이스는 다른 스마트폰들과는 태생적으로 다릅니다. 대부분의 스마트폰은 플라스틱 케이스라서 몇 번만 떨어뜨려도 깨지고 내부의 배터리, 반도체에도 악영향을 줍니다. 그래서 갤S7 뒷면 케이스는 금속을 쓰는데, 이 금속은 잠수함용 금속과 똑같은 금속입니다. 그것도 1시간 동안 가공해서 나옵니다. 케이스 하나의 무게가 15g인데, 이 하나를 얻기 위해 아주 비싼 고강도 알루미늄 덩어리 300g을 깎아 버려야만 합니다. 게다가 앞면은 이 세상에 현존하는 가장 강력한 강화유리를 썼습니다." 별거아니었던 외부가 이 정도면 내부는 얼마나 더 대단할까 생각이 드니 폰 전체가 달리 보이게 된다.

1998년 론칭한 토종 커피전문점 할리스 커피는 2014년부터 모든 커피를 열대우림연맹Rain Forest Alliance 커피만 쓴다고 어필한다. 열대우림연맹은 청개구리가 살 정도의 깨끗한 친환경 농법 생태계에서 안정적인 삶을 보장받는 농부의 손으로 키워낸 농작물에만 부여하는 인증 마크다. 몰랐던 커피의 내막을 알려주니 믿고 기분좋게 마시라는 메시지다.

한번은 우리 연구소에서 백화점 프로모터들 교육을 진행했는데, 그때 우리는 재미난 현상을 체크했다. 우선 무쇠주물냄비 르쿠르제 3종을 진열한 다음 사람들을 두 그룹으로 나눠 A그룹에게는 "색깔이 예쁘다"라는 말만 했다. B그룹에게는 "이 냄비의 비밀을 아세요? 이 냄비는 표면에 에나멜을 입히는 작업이 생명입니다. 르쿠르제는 덧칠 작업을 30년 이상 경력의 장인이 하기 때문에 일반 냄비와 다르죠"라고 히스토리를 알려줬다. 그런 다음 몰래 다른 직원이 체크했는데 A그룹 교육생은 세 개 제품을 평균 0.7회 만졌고, B그룹은 평균 2.3회 만졌다. 더 꼼꼼히 더 자주 만진 것이다. 실제로 숨은 히스토리를 꺼내 보여주면 매력도가 올라간다.

역사적 의미나 어원의 뜻을 밝히는 것도 히스토리기술이다. 생선 한 마리를 팔아도 "오늘 대구가 싱싱해요"보다는 "이 '대구' 하나 때문에 영국과 아이슬란드가 세 차례나 전쟁을 벌였지요. 그만큼 귀한 생선입니다"라고 하면 상품가치가 달라 보인다.

착한 마케팅은 없다

브리칭breaching이란 고래가 물 밖으로 나와 물을 때리는 것을 말한다. 무게가 150톤이 넘는 흰수염고래가 거대한 산 같은 몸집을 드러내며 물 밖으로 나와 물을 때리면 사람들은 탄성을 내지른다. 이처럼 고래도 물 위로 올라와야 고래인 줄 안다. 고래가 물속에 있으면 이놈이 큰지 대단한지 멋진지 우리가 어찌 알겠는가? 지금은 브리칭 시대다. 파는 이가 스스로 알려야지 가만히 있으면 알아주는 고객은 없다.

알고 있을지도 모르지만 한때 LG전자의 겸손한 마케팅, 착한 마케팅이 화제로 떠오르기도 했다. 그러나 그러한 기사들마저 알렸기에 고객이 알아준 것이 아닐까? 정작 LG전자의 한 과장은 이렇게 말하며 한숨을 내쉬었다.

"일부러 마케팅을 하지 않는 것이 아니냐고 묻는데, 이 말은 곧 나태하고 무능하다는 의미 아니겠습니까? 소비자들이 지적한 부분은 사실 모두 홍보했지만 홍보비, 광고비가 적어서 묻혀버린 포인트들이에요."

세상에 겸손하고 착한 마케팅은 존재하지 않는다. 춘향이의 전략을 생각해보라. 그녀는 집에 틀어박혀 있지 않고 일부러 눈에 띄는 드넓은 야외에서 속옷을 나풀거리며 이몽룡을 꼬드기지 않았던가? 당시처럼 보수적인 시절에 대낮에 속옷을 보이며 노천에서 그네를 타는 것은 상당히 도발적인 일이다. 이처럼 스스로 어필해야 알아준다.

CJ에 근무할 당시 내가 신상품 CJ맛밤을 먹어보니 달달하기에 "설탕을 많이 넣었나보네" 하자 담당자가 즉각 사실을 알려주었다.

"설탕을 전혀 넣지 않았어요. 품종 자체가 달달한 것이고 밤 외에는 아무것도 넣지 않았어요."

그런데 겉포장 어디에도 그 장점을 알리지 않아 안타까웠다. 근래에 와서야 겉포장에 '아무것도 넣지 않은 자연의 햇밤 그대로'라고 숨은 속성을 밝혔다. 애초부터 밝혔어야 하는 장점이다.

음식도 알고 먹는 것과 모르고 먹는 것에는 커다란 차이가 있다. 2014년 10월 신세계푸드는 여의도에 올반이라는 한식뷔페를 열었다. 외식산업연구원에서 수년간 외식업 CEO들을 대상으로 강의를 해온 나는 관심이 많아 시장조사에 나섰다. 한데 그곳은 아쉽게도 고객에게 친절한 설명을 하지 않았다. 예를 들어 밥을 그냥 퍼가게 하지 말고 옆에 작은 POP나 낱말카드로 이렇게 설명하면 밥이 얼마나 달라 보이겠는가.

'우리 올반의 밥은 강원도 철원 오대미를 매장에서 직접 도정해 짓습니다. 갓 도정한 쌀로 지은 밥을 여기 말고 드실 수 있는 식당이 또 있을까요?'

손두부도 그냥 손두부가 아니라 '국내산 중에서도 특히 알아주는 경기도 파주 장단콩을 매장에서 직접 갈아 만들었습니다'라고 하면 고객의 반응이 훨씬 더 좋을 것이다. 그것이 길다면 '여기서 갈아 만든 손두부', '지금 갈아 만든 손두부', '파주 장단콩으로 만든 손두부'라는 설명카드라도 붙여놓으면 더 좋았을 텐데 싶다.

고추장 가마 삼겹살 구이 메뉴에도 '가정에서는 결코 낼 수 없는 화력, 화산석으로 만든 가마에서 500도 이상 고온으로 고기를 구워 기름을 쪽 빼고 어디서도 맛볼 수 없는 담백한 삼겹살을 맛볼 수 있다'라고 써놓으면 좀 좋은가. '제대로 식혜'라는 메뉴는 이름부터 잘못 지었다. 차라리 '매장에서 직접 가정식으로 만들어 고객님께 대접합니다. 그래서 이름도 여기서 만든 식혜입니다'라고 하는 것이 좋지 않을까? 정성을 들이고도 고객에게 제대로 어필하지 못하는 것 같아 안타까웠다. 작은 카드에 메뉴의 원산지와 숨은 비밀을 알려주고, 직원들도 음식을 서빙하기만 하는 것이 아니라 한마디라도 거들면 고객의 반응은 달라진다.

어느 날 나는 잠실새내역의 한 식당에 들어가 쌈밥을 시켰는데, 젊은 아르바이트생이 쌈장을 내놓으며 "열여덟 가지 한약재로 만든 특제 쌈장이에요"라고 했다. 된장 비슷한 것이라 평소 같으면 쳐다보지도 않았을 텐데 나는 그 말에 혹해 남김없이 싹싹 퍼먹었다.

히스토리만 있으면 누구나 최초가 된다
—

우리 회사를 찾아오는 고객사는 보통 신제품을 들고 오는데, 그들 중 신생기업은 히스토리가 거의 전무하다. 걱정 마시라. 없는 히스토리도 만들어주는 것이 우리 회사가 하는 일이다. 물리적 잣대로 따지면 가장 오래된 회사나 제품은 하나뿐이어야 한다. 하지만 최초라는 것은 기준을 어디에 두느냐에 따라 얼마든지 달라질 수 있으므로 그 근거만 마련하면 그만이다. 이는 모든 면에서 최초인 경우는 드물다는 명제를 활용하는 전략이다.

예를 들면 소화제는 1897년 궁중 선전관이던 민병호 선생이 임금이 먹던 궁중비방을 토대로 개발해 지금까지 118년간 84억 병을 판매하고 시장점유율 70%를 차지하고 있는 까스활명수가 모든 면에서 최초다. 이는 네 가지 면에서 최초라고 할 수 있다. 국내 최초 제약회사에 국내 최초 제조회사인 동화약품이 만들었고 국내 최초 등록상품(활명수)이며 국내 최초 등록상표(부채표)다. 그러나 이 각각의 면에서도 최초를 외칠 기준은 얼마든지 존재한다.

최초의 제약회사 동화약품은 1897년 동화약방으로 출발한 '국내 최초' 제약기업이다. 그런데 희한하게도 유한양행 역시 '국내 최초' 제약기업이라고 외친다. 1926년 창립한 유한양행은 당연히 동화약품보다 한참 늦지만 근대적 제약공장을 '국내 최초'로 세웠다고 말한다. 또 제약회사로서 연 매출 1조 원을 '국내 최초'로 달성했다는 점에서 최초라고 내세운다.

손목시계의 최초는 어디일까? 손목시계의 역사는 꽤 오래됐다. 휴대용 시계의 첫 시작은 1510년 독일 뉘른베르크 열쇠 수리공 페터 헨라인Peter Henlein이 만든 시계인데 너무 무거워 손목에 찰 수는 없었다. 그러다 1571년 영국 여왕 엘리자베스 1세가 애인 로버트 더들리 백작에게 선물로 받은 것이 손목시계의 기원이자 시작이다. 하지만 이후 많은 시계 브랜드가 최초를 외쳤다. 135년의 역사를 자랑하는 세이코도 더 오래된 시계 브랜드에 밀렸다. 그래서 세이코는 1969년 쿼츠 시계를 '세계 최초'로 내놓았고 2012년 GPS 시계를 '세계 최초'로 출시했다고 말한다.

신한은행은 자사가 최초의 은행이라고 말한다. 1897년 한국 최초의 은행인 한성은행으로 시작해 동일은행, 조흥은행, 신한은행, 신한금융지주로 이어져왔다는 얘기다. 그보다 2년 늦은 우리은행도 자사가 최초 은행이라고 말한다. 1899년 대한천일은행으로 시작해 한국 역사상 최초의 '민족자본' 은행을 설립한 1호 은행이라는 점에서 최초라고 강조한다. 고종황제도 저축한 은행(황실자금을 맡겼다)이고 100년 이상 튼튼했으며 앞으로도 100년 이상 튼튼할 것이라며 최초란다.

그럼 최초의 보험회사는? 한화생명이라 해도 맞고 메리츠손해보험이라 해도 맞다. 한화생명은 1946년 설립된 최초의 생명보험사 대한생명이 전신이고 메리츠손보는 1922년 조선화재해상보험사로 출발한 최초의 손해보험사다. 그러나 기준을 다른 것에 두면 둘 다 최초가 아니다. 현존하지 않는 보험사까지 포함하면 지금은 폐업했으나 1921년 설립된 조선생명이 진정 최초다.

최초의 홈쇼핑을 따질 때 GS홈쇼핑과 CJ오쇼핑이 서로 최초라고 한다. 그것이 어떻게 가능할까? 1995년 대한민국에 최초로 홈쇼핑이 개국했을 때 시험방송은 GS가 먼저 했고 본방송은 CJ가 먼저 했다. 그러니 그 기준에서 서로 자신이 최초라고 말하는 것이다.

결혼정보회사 1위 하면 듀오가 떠오르지만 가연도 1위라고 광고한다. 왜 1위가 두 개일까? 가연은 결혼정보 분야 5년 연속 1위라며 '1위'를 크게 광고하면서 그 밑에 작은 글씨로 '단, 랭키닷컴 기준'이라고 속삭이듯 써놓았다. 그 밑에는 훨씬 더 작은 글씨로 '랭키닷컴 순위란 최근 12주간의 랭키 툴바 6만 명 패널의 인터넷 사용 정보를 자료로 기준한 순위입니다'라고 보험약관처럼 써놓았다.

에르메스 향수보다 더 오래된 향수 브랜드는 아주 많다. 그러면 에르메스는 다른 측면에서 히스토리를 담아 이를 극복할 수 있다.

"만약 지금 50년 전의 구식 옷을 입고 다닌다면 이상한 사람으로 보일 겁니다. 옷을 시대 트렌드에 맞게 입듯 향수도 같습니다. 에르메스는 1951년부터 그 시대 최고 조향사(향수 제조자)와 작업해오고 있습니다."

하이트진로의 맥스는 1516년을 강조한다. 언뜻 그때부터 만든 맥주 같아 보이지만 그렇지 않다. 다만 독일의 빌헬름 4세가 1516년 공포한 맥주 순수령 전통을 그대로 따르는 맥주일 뿐이다. 당연히 올해 만든 맥주지만 술은 오래될수록 귀한 것으로 여겨지는 효과를 대입한 셈이다. 오비맥주가 가만히 있을 리 없다. 그들은 "오비맥주의 '프리미어 OB'는 오비맥주의 80년 양조기술력을 집약해 만든 정통 독일식 필스너 맥주입니다"라고 강조한다. 무슨 말인지는 모르지만 그냥 전통이 느껴지니 대단한 듯 보인다.

불스원 하면 자동차 부자재가 떠오르지만 그 불스원이 향수 브랜드 센틀리에Scentlier를 론칭했다. 이는 스타벅스 커피가 브랜드에서 '커피'를 떼어내고 스타벅스만 살려 자사 매장이 커피만 파는 곳이 아니라 문화를 누리는 곳이라며 영역을 확장한 것과 맥락을 같이한다. 페라리도 향수를 만들어 파는데 불스원이라고 향수를 못 만들 이유는 없다. 흥미롭게도 창립한 지 4년밖에 안 되는 센틀리에는 브랜드 밑에 1533년이라는 표기를 하고 이런 설명을 곁들였다.

"1533년 파리 아틀리에에서 여왕만을 위한 향을 만들던 프랑스 황실 조향사 레나토 비앙코. 한 사람만을 위한 향을 담아 선사하는 열정과 정성은 아무도 모방할 수 없는 그의 향기 철학입니다. 500년을 이어온 조향 비밀과 함께 진심과 열정을 담아 당신만의 향기로 다시 태어났습니다."

한 사람을 위한 한 방울이란 컨셉을 이렇게 언어포장하니 굉장히 오랜 역사가 느껴진다.

코치|Coach|는 탄생 연도를 따서 '코치1941'을 만들었는데 이는 무언가 오래됐다는 인상을 준다. 한번은 미국의 한 제조업 사장이 불과 2년밖에 되지 않은 자사 제품을 소비자에게 어필하기가 힘들다고 내게 호소했다. 나는 제품 라벨을 최대한 품위 있고 고풍스럽게 만들고 그 밑에 'Since 1492'를 붙이라고 조언했다. 1492는 탐험에 나선 콜럼버스가 신대륙에 처음 발을 내디딘 해다. 물론 콜럼버스가 신대륙을 발견했다는 것은 유럽식 관점이고 그곳에는 이미 사람이 살고 있었지만, 라벨을 보면서 그런 걸 따지는 사람은 없다. 나중에 그 회사의 제품을 보니 고급스러우면서도 수백 년은 묵은 것처럼 보였다.

신생 패션 브랜드는 이런 방법을 많이 쓴다. 수십 년 전 디자이너나 유명인, 스포츠스타의 이름을 빌려 쓰면서 그가 활동하던 당시의 연도를 마치 제품 역사인 양 갖다 쓰는 것이다. 가령 '1950년 이탈리아 명품 가방 수석디자이너의 정신을 계승하여 어쩌고저쩌고' 하면 신생회사일지라도 소비자는 1950년부터 존재해온 브랜드로 착각한다.

지금부터 최초가 아니라 '그때부터 최초!'

—

히스토리기술을 적용할 때는 다음 원칙을 기억해야 한다.

'그때부터 최초' : 약

'지금부터 최초' : 독

과거부터 지금까지 존재해왔다는 것은 분명 큰 이점이다. 반면 지금 최초로 출시했다고 하는 것은 오히려 마이너스일 수 있다. 많은 마케팅 서적에는 "사람은 늘 새로운 것을 추구하기에 최초를 좋아한다"라고 쓰여 있지만, 전혀 그렇지 않다. 구매와 관련해 소비자는 마루타가 되고 싶어 하지 않는다. "아직 검증되지는 않았지만 한번 써볼래?" 하면 당신은 쓰고 싶은가?

나는 이미 1990년대에 라식수술을 받았는데 그때를 생각하면 지금도 등골이 오싹한다. 라식수술을 국내 최초로 시도한 그 의사가 누워 있던 내게 던진 첫마디는 이랬다.

"제가 아직 경험이 없고 당신이 처음 수술을 받는 환자라 자신할 수는 없지만……."

내가 속으로 얼마나 두려움에 떨었을지 상상이 가는가. 안경을 벗는다는 기쁨은 사라지고 혹시 심봉사가 되는 것은 아닌가 싶어 얼마나 걱정을 했는지 모른다.

'처음이다', '미숙하다' 같은 말은 겸손이 아니라 상대에게 불안감을 조성하는 독극물 멘트다. 설령 시작한 지 얼마 되지 않았어도 고객의 문의를 받으면 '10년째입니다', '20년째 그쪽을 전담해왔습니다'라고 해야 한다. 부동산중개업을 하는 사람들도 절대 자격증을 딴 지 얼마 되지 않았다고 말하지 않는다. 누가 아마추어에게 자신의 재산을 맡기려 하겠는가?

그렇다고 '지금부터 최고'가 무조건 나쁜 것은 아니다. 비교를 위해 삼성드럼세탁기 '애드워시'와 청호나이스의 커피 정수기 '휘카페'를 생각해보자. 휘카페는 세계 최초로 만든 커피가 나오는 정수기지만 '최초'라는 말을 쓰는 것은 위험하다. 반면 애드워시는 세탁 중에 추가로 세탁물을 넣을 수 있는 작은 창이 달린 제품으로 세계 '최초'라는 타이틀을 내세워도 좋다. 전자의 경우 물을 마시는 것과 커피를 마시는 것은 다른 개념으로 봐야 한다. 정수기는 커피머신과는 사용 목적이 본래 다른 제품군이라 정수를 목적으로 구매하는 사람에게 커피도 마시라는 모험을 권하는 셈이지만, 후자는 빨래라는 동일한 목적 내에서 단지 삶의 불편함을 해소해주는 기능을 덧댄 확장성 개념으로 봐야 한다. 다시 말해 일방적 최초는 독이 될 수 있지만 확장성 최초는 그 반대다.

불스원의 사각지대 해소 미러 불스원 미러도 '지금부터 최초'지만 확장성 개념이다.

"1886년 카를 벤츠가 휘발유 자동차를 처음 발명한 이후 1900년 미국 전역에 등록된 자동차는 8000대뿐이었습니다. 지금 전 세계에 등록된 자동차는 15억 대이며 잘 닦인 도로는 수천만 킬로미터에 달합니다. 더불어 자동차의 성능이 찬란하게 진보해왔으나 자동차 역사 130여 년간 사각지대는 해결하지 못한 숙명적 과제였습니다. 이제 이를 없앤 미러가 세계 최초로 등장했습니다."

이 경우 '지금부터 최초'지만 미러를 교체한다고 고객이 추가적으로 모험을 할 필요는 없으며 단지 삶의 불편함만 없앴다는 점에서 최초라는 말을 써도 무방하다.

Key Point
—

횟집의 수족관 전문 제작업체 돌고래해양은 오랜 경험과 노하우를 바탕으로 특별한 수족관을 개발해 '수아수'란 브랜드로 특허출원을 냈다. 기존의 수족관은 대개 기포기를 넣어 인공산소를 투입한다. 그런데 드넓은 바다에서 뛰놀던 물고기들이 좁은 공간에 들어와 인공산소를 마시면서 스트레스를 받자 선도가 떨어지는 것은 물론 쉽게 죽었다.

수아수 수족관은 자연산소를 넣는 방식이라 용존 산소량이 높아져 물고기들이 숨쉬기가 좋고 활동량이 늘어나 육질이 뛰어나다. 여기에다 물속의 노폐물을 효율적으로 배출해 물이 깨끗하기 때문에 추가로 항생제를 넣을 필요도 없고 물고기들이 잘 죽지도 않는다(바닷가에 인접한 횟집이 아니면 바닷물이 귀해 물을 교체하기보다 수족관에 항생제를 넣는 경우가 많다).

한데 이 수족관을 개발한 사장은 뛰어난 기술력을 갖추고도 전혀 홍보를 하지 않는다. 회를 먹으러 온 손님들이 이상하게 회가 맛있다고 입을 모아 칭찬하는데도 말이다. 수족관 앞에 스티커로 '항생제를 넣지 않고 자연산소로 가동하며 늘 깨끗하게 정화하는 수족관입니다'라는 한 문장만 붙여놓아도 얼마나 좋겠는가? 내가 적극 알리지 않으면 알아줄 이는 없다. 나만의 숨은 히스토리를 밝혀야 한다.

중국인 '워따써' 씨는 물건을 하나 샀는데 제대로 쓰지를 못하고 있다. 물건을 제대로 활용하는 데 필요한 정보가 없어서다. 이처럼 지금은 정보가 지나치게 밀려들어 숨이 꼴깍꼴깍 넘어갈 지경이라고 하지만 정작 고객들은 자신이 구매한 물건을 제대로 알지 못한다. 가전제품을 구매하면 그 제품의 기능을 절반도 이용하지 못하고, 건강식품을 구매하면 그것이 무엇으로 만든 것인지도 모르면서 먹는다. 화장품도 그 내용물의 정체를 모르면서 그냥 바른다. 우리가 더 많은 정보를 줘야 하는 이유가 여기에 있다.

아이러니하게도 요즘 소비 트렌드는 '정보 목마름'이다. 정보를 마시는 것은 바닷물을 마시는 것과 같다. 마실수록 갈증이 더 심해진다는 점에서 그렇다. 정보가 난무하다 보니 혹시 내가 다른 좋은 정보를 놓치고 있는 것은 아닐까 하는 정보 강박증과 정보 불안증에 시달리기 때문이다. 어쩌면 지금 이 순간에도 끝없이 스마트폰을 들여다보며 정보를 흡수하려 할지도 모른다.

정보 목마름 시대에는 정보로 적셔주어야 그 정보에서 기인한 상품에 자연스레 관심을 기울인다. 여기서 포인트는 상대가 모르는 정보를 들려줘야 한다는 점이다. 오염된 저질 정보가 넘쳐나기에 양질의 좋은 정보를 소개하면 오히려 고객에게 지적 호기심도 생기고 경청 의지도 커진다.

가치 있는 정보는 분명 고객의 구미를 끌어당긴다. 고객에게 유용한 정보를 얻었다는 기쁨을 주려면 고객의 입에서 '어, 그래? 난 몰랐네!' 수준의 지적 관심을 유발하는 반응이 나오도록 정보를 비축해야 한다. 고객이 미처 모르던 탐스러운 정보를 던져주어 고객을 혹하게 만드는 것이 꿀팁기술이다.

우선 독자를 위해 팁 하나를 드리자면, 마트에 장보러 가면 안 되는 요일이 있다는 것을 아는가? 일요일은 피하는 것이 좋다. 마트에 가면 과일, 채소, 축산 같은 신선식품도 사는데 모든 마트는 월요일부터 토요일까지만 상품을 입고한다. 그래서 토요일에는 일요일 판매량까지 감안해 물건을 2배로 들여놓는다. 이 말은 일요일에 파는 식품은 마트 뒤편의 보관창고에 있던 하루 묵은 재고란 의미다. 이런 팁을 던져주면 고객은 상대를 단순 세일즈맨이 아니라 정보 제공자로 보고 고마워한다.

옷은 언제 사는 게 제일 좋아요? 많이 묻는다. 물론 여름에 겨울 옷이 싸고 겨울에 여름옷이 싸다. 이런 걸 역시즌상품이라 한다. 하지만 그렇게 사는 옷은 다음 계절까지 묵혀놔야 한다. 그래서 꿀팁을 드리자면 그해 시즌상품이 깔리자마자 먼저 사는 게 싸다. 예를 들어 여름 의류는 봄 정기 세일 마지막 주에 사는 게 제일 좋다. 의류업체는 물류비용을 줄이려 하고 백화점은 세일 끝나고 매출이 확 꺾이는 걸 막기 위해 할인도 늘리고 상품권도 주기 때문이다. 마찬가지로 겨울 신상품을 사려면 가을 정기세일 마지막 주가 가장 저렴하다.

홈쇼핑에서는 첫 론칭(상품 첫 출시) 때 사는 이들이 제일 바보다. 추가구성을 해주거나 혜택을 많이 주는 것처럼 보이지만 사실은 그렇지 않다. 몇 주만 지나보라. 즉각 혜택이 올라간다. 홈쇼핑 상품의 기승전결을 소개하자면 론칭으로 시작해 일정 시간이 지나면 그다음 단계로 슬슬 무언가를 끼워준다. 이를 추가구성이라고 말한다. 추가구성 효과가 떨어지면 가격을 건드린다(업계에서는 가격을 흔든다고 말한다). 가격 꺾기는 3단계로 이뤄지며 가격할인, 가격세일, 가격인하 순으로 들어간다(신유통에서 세 가지는 모두 다른 용어다). 가격인하까지 시행하면 마지막으로 그 상품의 시즌오프나 절판(유통업자끼리 '아도 찍는다'고 표현한다)을 단행하면서 온갖 혜택을 다 주고 상품을 끝낸다. 바로 이때, 즉 상품의 가장 끝물에 사는 것이 제일 좋다. 이후 기업은 조금 변형한 신제품을 본래 가격이나 그 이상으로 다시 시장에 내놓는다. 이것이 신유통 상품의 흥망성쇠다.

잘하면 30만 원짜리 옷을 500원에 살 수도 있다. 땡처리 매장에는 보통 90% 세일이라는 문구가 붙어 있다. 땡처리 매장에서 파는 그런 옷은 엉망이겠지 생각하지만 의외로 그렇지 않은 경우가 있다. 불과 2년 전에 백화점에서 정품으로 팔던 옷일 수 있다.

가령 30만 원짜리 옷을 백화점에서 정가로 최초 판매했다면 3개월 뒤 정기세일을 한 번 하고, 다음 계절에 다시 세일을 한 번 더 한다. 이때 그 옷은 벌써 15만 원으로 내려간다. 그다음 아울렛이나 인터넷쇼핑몰로 가서 가격이 더 내려가고 옷은 계속 떠돌다가 결국 땡처리 매장(유통업자들 용어로 '까대기 매장')에서 단돈 1만 원까지도 내려간다. 그래도 팔리지 않는다면? 무게로 달아 1kg당 500원에 동남아 등 제3세계로 팔려간다. 이것이 의류 유통 구조다. 싸다고 꼭 나쁜 옷은 아니므로 기회가 있다면 벌크 판매대를 열심히 뒤져보시라.

그냥 지나칠 것도 한 번 더 돌아보게 만들어라
—

정보를 주는 행동은 사행성을 배제한 듯한 느낌을 주기 때문에 고객은 비교적 쉽게 마음을 연다. 고객이 귀를 기울이게 만드는 꿀팁기술은 다양하게 활용할 수 있다.

"저는 달걀을 먹지 않습니다. 평생을 겨우 손바닥만 한 좁은 공간에 갇혀 옴짝달싹못하고 밤에도 환한 불빛과 시끄러운 음악에 시달리느라 온갖 스트레스를 받으며 자란 닭이 낳은 달걀입니다.

한마디로 달걀은 스트레스를 받은 닭이 낳은 스트레스 덩어리죠. 그럼 어떤 달걀을 먹어야 할까요? 한 가지 좋은 팁은 무조건 '동물복지'를 기억하는 겁니다. 농림축산식품부 마크에 동물복지animal welfare라는 인증을 받은 달걀이 있어요. 이건 괜찮습니다. 유일하게 농림축산식품부 기준에 따라 농장에서 자유롭게 뛰어논 닭이 낳은 달걀이란 뜻이거든요. 이 마크가 붙은 달걀은 전체 중 겨우 0.7%에 불과합니다. 하지만 브랜드 달걀과 가격에 별 차이가 없습니다. 다닥다닥 붙어 지낸 닭들은 AI에 단체로 감염되어 수천만 마리가 죽었으나 동물복지 닭들은 전혀 영향이 없었어요. 꼭 이 마크가 있는 것으로 드세요."

축산물 살 때 무항생제 인증마크가 붙은 고기가 있다. "그거 아세요? 무항생제라고 붙어 있으니 이 고기는 항생제를 안 썼을 것 같죠? 천만에요. 모든 축산물은 도축하기 전에 며칠 동안 법으로 항생제 사용이 금지됩니다. 그래야 오줌, 똥으로 다 항생제가 배출되니까요. 이것을 휴약기간이라 하는데요. 무항생제 고기는 이 기간이 일반 축산물보다 단지 2배 더 길다는 것뿐입니다. 일반 고기가 도축하기 전 7일간 항생제 사용이 안 된다면 무항생제 인증마크 붙은 고기는 키우는 동안 펑펑 항생제 주입하다가 도축 14일 전부터만 항생제를 안 쓰면 어이없게도 무항생제 축산물이 되는 겁니다. 그러니 일반 축산물과 똑같은데 가격만 훨씬 비쌀 뿐이죠. 그러니 이런 인증마크에 헷갈리지 마시고 그저 싱싱한 고기 사 드시는 게 좋습니다."

우유 중에는 칼슘이나 DHA 같은 영양소가 더 들어 있다고 광고하는 프리미엄 우유가 있다.

"일반 우유보다 훨씬 비싼 프리미엄 우유의 진실을 아십니까? 일반 우유는 원유 100%지만 강화우유는 절대 원유 100%일 수가 없습니다. 영양소를 인위적으로 넣으면 우유와 섞이지 않지요. 그래서 영양소와 함께 낯선 10여 가지 첨가물을 넣습니다. 그것은 유화제, 산도조절제처럼 몸에 해로운 화학물질입니다. 몸에 좋다고 해서 더 비싸게 산 우유가 실은 화학물질 범벅인 격이죠. 프리미엄 우유는 안 드시는 게 오히려 더 건강합니다."

모든 식품포장 뒷면에 있는 영양성분표를 이해하는 소비자는 거의 없다. 그러므로 그 정보를 팁으로 알려주는 것도 좋다. 식품라벨에는 원료, 영양성분, 용량, 유통기한 등 그 식품의 족보가 모두 들어 있다. 1962년부터 식품표시제도를 시행했으니 우리는 평생 식품라벨을 보아온 것이지만 여전히 무슨 말인지 알지 못한다. 그걸 고객에게 알려주면 고객의 눈이 번쩍 빛난다.

아황산나트륨은 식품 색이 변하지 말라고 넣는 표백제다. 황색 0호는 식품의 색을 살리기 위해 넣는 착색료다. 소르빈산은 식품이 오래가라고 넣는 방부제(보존료)다. MSG는 맛이 더 좋게 느껴지라고 넣는 향미증진제다. 식품 코너에 가면 저지방, 고칼슘, 무설탕이란 문구를 쉽게 볼 수 있다. 한마디로 이건 웃긴 얘기다. 무설탕이라고 써놓은 식품의 진실을 아는가? 무설탕은 맞다. 다만 설탕 대신 당도가 설탕의 200배에다 비만을 유발하는 합성감미료 아스

파탐을 넣는 게 함정이다. 요즘은 한 술 더 떠 타가토스, 알룰로스 같은 일반인은 무슨 말인지도 모르는 합성감미료를 넣는다. 이런 팁을 주면 고객은 고마움마저 느끼며 우호적으로 변한다.

"흔히 백설탕은 건강에 나쁘고 흑설탕은 더 자연 상태에 가까워 건강에 좋다고 생각하지만 사실은 그 반대입니다. 사탕수수에서 최초로 정제한 것이 백설탕이고, 거기에서 한 번 더 인위적으로 검은 시럽을 섞고 공장에서 공정을 거치면 흑설탕이 됩니다. 흑설탕이 백설탕보다 더 인공적이고 더 나쁩니다."

"바나나, 파인애플, 망고 같은 수입과일에는 바코드 스티커가 붙어 있습니다. 그 스티커의 숫자에는 중요한 비밀이 있는데 숫자만 볼 줄 알아도 과일의 재배방법을 알 수 있습니다. 그 숫자는 과일의 재배방법을 알려주는 PLU price look up 코드지요. 가령 숫자가 네 자리이고 3 또는 4로 시작하면 농약으로 키운 과일이란 뜻입니다. 숫자가 다섯 자리고 8로 시작하면 유전자 변형 과일입니다. 9로 시작하면 유기농 과일입니다. 9로 시작하는 걸 먹어야 안전합니다."

"샴푸를 보면 천연, 친환경, 무독성, 5無제품 등으로 광고합니다. 하지만 진실은 이렇습니다. 환경부가 기준을 정해 인증한 환경표지마크 제품은 1만 7,000가지에 이릅니다. 정부의 인증 없이 기업이 자체적으로 친환경, 무독성이라고 해도 현재 법으로는 아무 문제가 없습니다. 천연성분이 얼마만큼 들어가야 천연이라 쓸 수 있는지 규정한 법도 없지요. 0.1%만 천연성분을 넣고도 대문짝만하게 천연클렌징이라 광고해도 합법이죠. 어떤 화장품은 '메칠이소치아졸리논' 같이 페인트에 들어가는 치명적 독성 화학방부제를 넣고도 천연제품이라 써놓습니다. 시중의 모든 샴푸 문구는 믿을 만한 게 거의 없습니다."

"천연화장품이란 말이 얼마나 기만적인지 아시나요? 천연 원료가 단지 1%만 들어 있어도 천연화장품이라는 말을 맘껏 쓸 수 있습니다. 아직 법적 규정이 없어서 그렇습니다. 이런 법의 허점을 악용해서 천연 성분은 1% 정도만 넣고 천연제품이라고 광고하는 기업들을 일컬어 일명 그린워싱greenwashing이라고 부릅니다. 친환경도 아니면서 녹색경영을 하는 듯 세탁하는 친환경 사기꾼을 말하죠. 정말로 천연화장품을 사려면 '유기농화장품'이라 명시한 것을 사야 합니다. 정부에서 2015년 7월 1일부터 법으로 가이드라인을 정했는데 둘 중 하나에 해당하면 유기농화장품이라 부를 수 있습니다. 첫째, 병 안에 든 전체 성분 중 95% 이상이 천연성분이고 그중 10% 이상이 유기농 성분이어야 합니다. 둘째, 물을 제외한 나머지 성분 중 70% 이상이 유기농 원료여야 합니다. 유기농화장품은 화학성분이 많아야 5% 이하인 화장품입니다."

"카페에서 사먹는 커피 원가는 400원입니다. 물론 스타벅스는 최상급 원두를 쓴다고 하지요. 그럼 편의점 커피는 저급일까요?

CU의 1,000원짜리 커피 역시 콜롬비아, 탄자니아의 최상급 원두를 씁니다. 어디서나 똑같은 400원짜리를 커피전문점에서 원가보다 10배나 더 주고 4,000원 넘게 사먹는 겁니다. 결국 스타벅스 커피 한 잔을 테이크아웃할 때는 그 커피브랜드의 매장운영비, 본사마진, 인테리어비, 직원 4대보험까지 대신 내주는 셈입니다."

"추어탕 한 그릇을 비울 때 그 안에 들어간 추어탕이 국내산인지 중국산인지 궁금하죠? 간단한 구별법이 있습니다. 식당 벽에 추어요리협회 소속임을 알리는 문구가 붙어 있으면 믿고 먹어도 됩니다. 100% 국내산 미꾸라지만 쓰는 집이거든요."

"맥도날드에서 버거세트를 시킬 때 '감자튀김은 소금을 빼주세요'라고 하세요. 그러면 묵혀놓은 눅눅한 감자가 아니라 새 감자를 튀겨줍니다. 더구나 소금 섭취도 줄일 수 있지요."

정보를 제공하면 판매자가 공정하고 자신의 상품을 객관적으로 바라본다는 인상도 준다. 예를 들어 보험설계사가 자사 보험만 좋다고 얘기하는 것이 아니라, "이 상품이 좋은지 아닌지 고객 스스로 판단할 수 있는 팁이 있습니다. 보험회사마다 의무적으로 홈페이지에 그 상품의 모든 것을 알려주는 전자공시를 합니다. 다른 보험사 홈페이지에 들어가면 이 상품보다 진단금을 더 주는 상품이 있는지 한눈에 비교할 수 있을 겁니다"라고 말해주면 더욱더 신뢰가 간다.

건강식품의 경우 빛에 의한 산화를 예방하기 위해 주로 병에 담는데 하나같이 유리병이 아니라 플라스틱 병을 사용한다. 유리병을 쓰면 내용물보다 병 값이 더 비쌀 수 있어서다. 그만큼 건강식품 내용물의 원가는 싸다.

홈쇼핑의 가전은 백화점보다 훨씬 싸지만 사람들은 백화점과 홈쇼핑 가전은 다르다고 생각해서 구입을 망설인다. 사실은 똑같은 제품이다. 한번은 내가 삼성전자 TV를 방송하며 이렇게 말하기도 했다.

"대한민국에서 TV를 가장 잘 파는 판매사원도 저보다는 못 팝니다. 백화점 사원이든 할인양판점 사원이든 하루 종일 팔아야 몇 대일 겁니다. 저는 한 시간 생방송 중에 2,000대를 팝니다. 당연히 삼성전자는 하루에 몇 대를 파는 백화점보다 한 시간에 수천 대를 파는 홈쇼핑에 훨씬 싼 가격으로 납품하겠죠. 모델번호가 다르다고요? 그건 제조사의 마케팅입니다. 백화점과 동일한 모델번호로 홈쇼핑에 공급하면 백화점에서 더 비싸게 산 고객들이 백화점에 엄청나게 항의하겠지요. 요즘은 인터넷으로 모델번호만 치면 최저가 판매처가 바로 뜨니까요. 사양과 성능이 똑같은 제품도 일부러 백화점 모델과 홈쇼핑 모델을 마지막 끝자리를 다르게 해서 컴플레인을 막는 겁니다. 백화점 직원들은 홈쇼핑 상품을 믿지 말라고 말하지만 실상 똑같은 모델입니다. 여기서 더 싸게 사십시오."

지금까지 잘 모르던 팁을 알게 되었는데 기분이 어떤가? '세상에

믿을 놈 없구나' 싶을지도 모른다. 아무튼 소비자는 이런 팁을 주는
사람에게 고마워하며 그를 아군으로 여긴다.

"이 양반, 장사를 참 인간미 있게 하네"
—

우리는 물건만 팔아서는 안 되며 그 값에 상응하는 정보도 팔아
야 한다. "제가 좋은 것 하나 알려드릴게요"라고 말하면 고객은 더
호의적으로 바뀐다. 만약 마트에서 행사 프로모터가 이렇게 말하
면 당신도 그에게 호감을 느낄 것이다.

> "콩나물은 포장지에 습기가 맺힌 건 오래된 거예요. 그런 것은
> 사지 마세요."
> "사 먹는 된장의 뒷면 원료성분에 밀(소맥분)이 들어간 것은 사지
> 마세요. 찌개를 끓이면 텁텁해요."
> "무는 흰 부분보다 초록색이 많은 걸로 고르세요. 달큼하고 쓰임
> 새가 많은 건 초록색 부분이에요."
> "한우 샤브샤브는 부채살, 차돌박이, 채끝을 쓰세요. 돼지고기보다
> 쌀 때가 많아요. 버섯을 꼭 넣고요. 버섯에는 단백질 분해효소인 프
> 로테아제가 많이 들어 있어서 고기랑 같이 먹으면 소화가 잘되지요."
> "생선을 고를 땐 살짝 눌러보세요. 원래대로 탄력 있게 올라와야
> 선도가 높은 거예요. 항문 쪽을 눌렀을 때 내장이 흘러나오는 것은
> 꼭 피하시고요."

꿀팁을 주면 고객은 판매자가 물건을 파는 데만 혈안인 것이 아니라 활용도까지 염려해준다고 여겨 그에게 호감을 보인다. 식품을 방송할 때 내가 가장 듣기 싫어했던 말은 쇼호스트들이 하나같이 엄지를 치켜세우며 식상하게 "맛있어요" 하고 외치는 것이었다. 궁리 끝에 나는 좀 다르게 했다.

"맛을 느끼는 혀의 미뢰는 수천 개인데 사람마다 맛을 감지하는 정도가 다릅니다. 그러니 각자 미각에 따라 더 짜다고 혹은 싱겁다고 느끼겠죠? 현재 염장 정도는 기본으로 했지만 일단 한 마리 먹어보고 좀 짜다 싶으면 쌀뜨물이나 우유에 10분만 담갔다가 조리하세요. 조금 싱겁다면 자반 속에 천일염을 한 번 가볍게 흩뿌리고 20분만 두었다가 드십시오."

언젠가 나는 프랑스 파리 쁘렝땅 백화점 지하 1층에 무료화장실이 있어서 들렀다가 생각지도 않게 루이비통 가방을 선물용으로 구매했다. 판매원이 가방을 소개하는 것에 그치지 않고 잘 사용하도록 생활 꿀팁을 엄청나게 많이 알려주었기 때문이다.

"가죽가방은 플라스틱 상자 안에 보관하지 마세요. 가죽은 습기가 잘 스며들기 때문에 곰팡이가 필 수 있습니다. 보관 시 다른 물건과 접촉하는 것도 피해야 합니다. 변색과 질감 손상의 원인이 되니까요. 가죽가방 안에 신문지를 구겨 채우지도 마세요. 얼룩이 되묻거나 염료가 이염될 수 있습니다. 가죽은 여름철엔 직사광선에 오래 노출되는 것을 피하고 겨울철엔 자동차 실내 라디에이터 앞에 두지 마세요. 가죽에 균열이 일어나거나 주름이 생길 수 있거든요."

팔면 그만이라는 자세가 아니라 제품을 오랫동안 잘 사용하기를 바라는 마음까지 느껴지니 어찌 판매원에게 고마움이 앞서지 않겠는가. 이처럼 꿀팁기술은 정보를 주고 고마운 마음을 받는다.

예를 들어 당신이 여행사에 전화했다가 이런 얘기를 듣는다고 가정해보자.

"12~2월 초까지는 연중 동남아 여행이 가장 비쌀 때입니다. 날씨가 춥다 보니 당연히 따뜻한 동남아가 인기죠. 이 시기에 인기 휴양지 리조트 상품은 보통 100만 원이 넘습니다. 이때는 피하세요."

당장 '이 양반, 장사를 참 인간미 있게 하네'라는 생각이 들면서 고마울 것이다.

자동차 선팅을 하러 갔는데 이렇게 말하면 역시 고맙다.

"자동차를 선팅할 때 밖에서는 안이 보이지 않고 안에서는 밖이 잘 보이는 특수필름이란 말을 들어보셨죠? 그런 건 없습니다. 전문가들도 그런 필름은 없다고 입을 모읍니다. 그저 명암 차이가 빚어내는 착각일 뿐이지요. 차 안은 어둡고 밖은 환하니까 그렇게 보이는 것이죠. 차 안이 밝고 밖이 어두우면 그 반대가 됩니다. 그러니 특수필름을 써서 비싸다는 말에 속지 말고 적당한 거 쓰세요."

화장품을 고를 때도 정확한 꿀팁을 주면 마음으로부터 고마움이 우러난다.

"화장품 매장에서 손등에 발라보고 코를 대고 킁킁거린다고 화장품 성분이 어디서 왔는지, 무슨 역할을 하는지 알 수 있나요? 괜한 짓일 뿐입니다. 발림성과 제형감만 느낀 거죠. 화장품 뒷면 라벨의 전성분표시를 보는 것이 정답입니다. 제가 몇 가지만 알려드 릴게요."

아래는 화장품 성분표시와 관련된 몇 가지 팁이다.

부틸렌글라이콜	거의 모든 보습용 화장품에 들어 있는 성분. 알코올 계통의 우수한 보습 성분.
글리세린	야자수 열매 추출 성분. 건조함 방지, 공기 중의 수분을 끌어당겨 피부를 촉촉하게 해주어 보습제로 사용. 방부 작용을 한다.
사이클로펜타실록산	실리콘이 들어 있어서 발림성을 돕는다. 제품 변성을 막고 보습제 역할을 한다.
디메치콘	식물성 오일을 대체하는 합성 오일로 실리콘의 일종. 거품 형성 방지, 피부 보호, 피부 수분 증발 차단.
하이드로제네이티드폴리데센	피부 유연화제, 피부 컨디셔닝, 모발 컨디셔닝제 역할.
베헤닐알코올	천연지방알코올 성분으로 코코넛과 팜 오일에서 얻는다. 화장품의 점도 조절, 화장품의 불안정한 유화 상태 안정화.
알란토인	상수리나무, 사탕나무 싹에서 추출한 천연물질. 괴사 조직 제거작용, 세포 증식작용, 피부 트임 방지, 매끄러운 피부.
베타인	사탕수수 추출 보습 성분. 피부기능 정상화, 유·수분 균형.
소듐하이알루로네이트	히알루론산. 수분 결합 능력이 뛰어나 촉촉하고 생기 있는 피부 유지. 공해나 자외선 등 트러블의 원인물질로부터 피부 보호.
폴리소르베이트20	계면활성제 성분. 클렌징이나 스킨케어 제품에서 유화제 역할.
바이오사카라이드검-1	소르비톨에서 유래한 발효검 성분. 피부결을 부드럽고 매끄럽게 해주고 건조한 피부에 수분막을 형성한다.
메도폼씨드 오일	천연토코페롤 성분. 피부 산화 방지를 돕고 피부 표면의 윤활 작용으로 매끄럽고 윤기 나는 피부 관리.

하이드로제네이티드레시틴	콩에서 유래한 레시틴에 수소를 첨가한 성분. 부드러운 피부 유지. 피부 컨디셔닝 작용.
세테아릴알코올	하얀색의 고체 왁스 제형. 야채나 열매에서 추출. 보습제로 사용하며 피부를 매끄럽게 가꿔준다.
세테아릴글루코사이드	피부 건조 예방. 피부를 부드럽고 촉촉하게 유지해준다.
소듐폴리아크릴레이트	피막 형성. 피부와 모발을 감싸 메이크업이나 모발을 고정한다.
트로폴론	화장품 변질, 부패 등을 방지하는 방부제 역할.
디메치콘올	화장품 제조 시 거품이 생기는 것 방지.
피이지-100스테아레이트	클렌징제, 계면활성제, 헤어·향수·스킨케어 제품에 들어간다. 화장품 유화제 역할.
카프릴릴글라이콜	항균 역할. 무방부제 화장품 성분.
알지닌	우리 몸에서 합성이 가능한 성분. 향료나 모발, 스킨컨디셔닝제에 쓰인다.
페녹시에탄올	기존의 파라벤 대신 방부제 역할을 한다.
디소듐이디티에이	화장품의 유통기한 내 부식, 세균감염, 침전물 발생 방지. 보통 유통기한 3년 이상인 거의 모든 화장품에 들어간다.
디포타슘글리시리제이트	감초 뿌리에서 나온 천연활성 성분. 피지조절 효과, 표피장벽 손상 회복.
티타늄디옥사이드	자외선 차단제 성분. 백탁 현상을 일으킨다.

꿀팁의 종착역은 반드시 내 상품으로!

꿀팁만 던지고 끝내면 안 되며 그 팁을 내 상품과 연관지어 어필해야 한다.

"여행용 가방을 홈쇼핑 방송에서 사는 건 바보짓입니다. 연휴시즌을 앞두고 홈쇼핑은 여행용 가방을 많이 방송합니다. 특히 명절

연휴나 황금연휴, 방학시즌에는 더 하지요. 방송을 하면 보통 한 번에 수천 개가 팔려 나갑니다. 연휴시즌이 오면 공항에 내 가방과 똑같은 가방들이 넘쳐납니다. 헷갈려서 가방이 바뀌기라도 하면 어쩌려고요. 그러니까 유니크한 우리 신상 가방을 권합니다."

상조 서비스를 설명할 때도 먼저 팁을 주고 내 서비스를 슬그머니 권해야 한다.

"사망신고도 제때 하지 않으면 과태료를 낸다는 것을 아십니까? 주민센터에 사망신고를 해야 합니다. 특히 자연사가 아니고 사고사면 사망진단서와 검사지휘서를 함께 제출해야 합니다. 세상에 사망을 연습하는 사람은 없죠. 그래서 우리는 결혼식 절차는 잘 알아도 장례 절차는 잘 모릅니다. 일단 사람이 사망하면 수시, 발상, 설전, 부고, 염습, 입관, 성복, 발인, 운구, 하관 순서대로 진행을 합니다. 이걸 다 기억해 나중에 두고두고 후회 없는 마지막 길이 되도록 처리할 자신이 있나요? 아마 없을 겁니다. 장례는 인생의 마지막 의식이자 반드시 치러야 하는 의식입니다. 상조 서비스에 가입하십시오. 법적 자격증을 갖춘 전문가가 이 모든 것을 알아서 진행해드립니다."

순수보장형 보험을 소개할 경우 다음의 사례를 참고하는 것도 좋다.

"보험에는 두 종류가 있습니다. 내 돈을 다시 돌려주는 만기환급금과 보험사가 꿀꺽하는 순수보장형이지요. 가급적 만기환급금은 가입하지 마세요. 실제로 보험사에 30년 넘게 다닌 사람에 따르면 보험 만기에 만기환급금을 찾아가는 고객은 1,000명 중 한 명꼴이라고 합니다. 더구나 만기환급금은 보장이 약한 반면 순수보장형은 보장이 크지요. 간혹 순수보장형을 오해하는데 이건 돌려받지 않는 순수보장형이지요. 해지환급금이 있어서 일부는 다시 돌려줍니다. 예를 들어 보험기간 20년 만기일 때 19년 동안 보험을 이용하고 만기가 1년 남았을 때 해지환급금을 신청하면 2,000만 원 낸 것 중 800만 원을 돌려받습니다. 3분의 1은 돌려받지요. 그럼 나머지는 손해냐고요? 보험기간 동안 보장을 받았잖아요. 그 돈까지 더하면 실제 이익은 더 큽니다. 또한 보험에 들었을 때의 안정감과 든든함은 돈으로 환산할 수 없는 이익이지요. 그러니까 보험은 순수보장형에 드는 게 답입니다."

하루는 하이마트에서 어머니 휴대전화를 샀는데 판매원에게 받은 명함을 보니 여느 명함과는 달랐다. 흔히 앞면은 한글, 뒷면은 영문인데 그의 명함 뒷면에는 친절하게도 기본적인 폰 사용법이 상세히 적혀 있었다. 어머니는 아직도 그 명함을 간직하고 있는데 다음에 폰을 바꿀 때 그 판매원을 찾아갈 가능성이 크다. 바로 이런 것이 꿀팁의 힘이다.

나 역시 불스원 컨설팅을 진행하며 알게 된 사실인데 차와 관련해 사람들이 잘 모르는 팁이 있다. 그럼 두 가지 질문을 하겠다. 첫째, 지금 당신이 소유한 차의 사이드미러에 열선이 있는지 알고 있는가? 어렴풋이 짐작할 뿐 아마 이 질문을 보기 전까지는 거기에 열선이 있는지 없는지 생각조차 하지 않았을 것이다. 내가 자가 운전자 300명을 대상으로 설문조사하자 90%는 모르고 있었다. 답을 말하자면 2000년 이후 생산한 차종은 모든 사이드미러에 열선을 기본적으로 장착하고 있다.

둘째, 그 열선을 켜는 방법을 알고 있는가? 내 조사에 따르면 대다수가 모르고 있었다. 후방창문 성에 제거 스위치를 누르면 사이드미러 열선도 같이 켜진다. 따라서 여름에도 비가 오면 뒷유리 열선 스위치를 누르고 달려야 사이드미러에 물방울이 맺히지 않는다. 비가 올 때면 우리는 옆 차의 창문이 스르르 열리면서 하얀 휴지로 사이드미러를 얼른 닦고 다시 닫는 모습을 자주 본다. 비올 때 버튼만 누르면 거울이 깨끗해지는데 말이다.

Key Point
—

고객이 몰랐던 사실을 일깨워줘라. 고객에게 맛있는 정보(좋은 정보)를 먹이면 당신은 고객에게 외면당하지 않는다. 고객에게는 늘 정보가 풍부할 것 같지만 사회 시스템이 워낙 다변화하고 상품군의 영역도 넓다 보니 여전히 상품과 서비스 활용에 무지한 면이 많다.

지금 이 순간 당신의 휴대전화 화면 위에 있는 LTE라는 글씨가 무엇을 의미하느냐고 물으면 대답하지 못하는 이가 많을 것이다 (Long Term Evolution이다). 많은 사람이 자동차 핸들에 적힌 ABS를 오토 브레이크 시스템인 줄 안다(Anti Lock Brake System이다). 매일 수백 개씩 만나는 CCTV의 약자를 아느냐고 물으면 대부분 대답하지 못한다(Closed Circuit Television이다).

영화관에 외부 음식 반입을 허용한 지 10년이 되어가지만 아직도 죄인처럼 숨기고 들어가는 안타까운 관객이 많다. 매일 휴대전화로 전화를 걸면서도 010을 입력하지 않아도 걸린다는 걸 모르는 사람이 수두룩하다. 냉장고에 자석을 붙여놔도 전기료가 더 나가지 않는다는 사실과 승강기 닫힘 버튼을 누른다고 전기료가 더 발생하지 않는다는 것을 모르는 이들도 많다.

익숙해서 그냥 살지만 그 내막을 제대로 알지 못하는 사례가 굉장히 많다. 판매자는 판매에만 관심이 있고 구매자는 사용방법에만 관심이 있다. 그러니 소비자 입장에 서서 당신의 상품과 관련된 꿀팁을 줘라. 사람들은 실용적이고 훌륭한 지혜를 여전히 좋아한다.

05

정리

고객 머릿속을
서랍장처럼 만들어라

시행착오 없이 숙련도를 높이는 법

―

정리된 말과 정리되지 않은 말에는 하늘과 땅만큼의 차이가 있다. 우리 회사에서는 세일즈 매뉴얼을 만들기도 하는데 이것은 쉽게 말해 매장, 지점, 점포, 업소에서 고객을 응대하는 화법지다. 이러한 매뉴얼을 전국의 가게에 비치하면 그 브랜드를 세일즈하는 모든 판매직원이 일관성 있게 표준화된 목소리로 고객을 응대할 수 있다.

고객은 이 매장에서는 이런 말, 저 매장에서는 저런 말을 들을 일이 없으니 그 브랜드를 더욱더 신뢰하게 된다. 신입 판매원 역시 매뉴얼을 바탕으로 업무를 빠르게 습득해 곧바로 고객을 응대할 수 있다. 즉, 오랜 시행착오와 경험을 거치지 않고도 숙련도를 높이는 것이 가능하다.

이러한 매뉴얼을 만들 때 우리는 정리기술을 많이 활용한다. 하는 말이 산만하면 듣는 귀도 어지러운 법이다. 반면 정리해서 말하면 듣는 귀도 쉽게 정리를 한다.

정리기술 쓰는 법① 넘버링을 하라

—

귀가 쉽게 정리하도록 돕는 가장 좋은 방법은 바로 넘버링이다. 숫자로 1, 2, 3을 이어가거나 첫째, 둘째, 셋째를 매겨가며 정리하는 것이다. 다음 예시를 살펴보자.

"소로 끓인 뜨끈한 탕에는 세 종류가 있습니다. 곰탕, 설렁탕, 국밥이지요. 예로부터 소를 잡으면 양반가는 사태, 사골, 양지 등 고급 부위를 넣고 국을 끓였습니다. 이것이 양반이 먹던 곰탕입니다. 평민은 양반이 남긴 소머리, 잡뼈, 내장으로 국물을 냈습니다. 이것이 평민이 먹던 설렁탕입니다. 천민은 그 국물에 우거지를 넣고 빨간 양념을 풀어서 끓였습니다. 이것이 천민이 먹던 장터국밥입니다. 당신은 귀한 곰탕을 먹는 겁니다."

"추어탕은 크게 남원, 원주, 서울, 경북 추어탕 네 가지로 나뉩니다. 가장 흔한 남원추어탕은 된장에 미꾸라지를 갈아 넣고 우거지와 함께 걸쭉하게 끓이죠. 원주추어탕은 고추장에 감자, 수제비 등을 넣고 끓입니다. 서울추어탕은 미꾸라지를 통째로 넣고 육개장처럼 얼큰하게 끓이지요. 경북추어탕은 여러 민물 생선을 갈아 시래기를 넣고 끓입니다. 종류가 다양한 추어탕을 알고 먹으면 더 맛있게 즐길 수 있습니다."

"조미료에는 세 종류가 있습니다. 발효조미료, 복합조미료, 자연조미료지요. 글루탐산나트륨으로 가공한 발효조미료는 미원, 미풍, 2.5입니다. 여기에 식품 원료를 혼합한 복합조미료는 다시다, 맛나, 감치미, 진국다시지요. 자연 원료만으로 제조한 자연조미료는 산들애, 맛선생, 연두입니다."

"등산에는 여섯 가지 효과가 있습니다. 첫째, 살이 빠집니다. 둘째, 혈관 속 때가 쫙 빠집니다. 셋째, 깨끗한 공기 속에서 푸르른 녹색과 먼 풍경을 보니 시력이 좋아집니다. 넷째, 만병의 근원인 스트레스가 사라집니다. 다섯째, 심장이 튼튼해집니다. 여섯째, 산을 오르다 보니 근력이 생깁니다. 이 바람막이 점퍼 하나만 준비하면 이렇게 건강이 골고루 좋아집니다. 그 건강을 돈으로 바꾼다면 이 점퍼 가격을 뽑고도 남습니다."

"간은 500가지 이상의 많은 일을 합니다. 그중 중요한 여섯 가지만 언급하면 해독작용, 알코올분해, 혈압조절, 지방대사, 항체생성, 1000가지 효소생산입니다. 집에서 키우는 화초나 개도 애지중지 관리하면서 무엇과도 바꿀 수 없는 당신의 귀중한 간을 관리하는 데 한 달에 얼마를 씁니까? 한 달 5,000원으로 간 건강을 지켜주는 밀크시슬을 드십시오."

"가격이 저렴한 노브랜드 바디 제품의 세 가지 문제를 아십니까? 첫째, 유화작용인데 피부에 바르면 값싼 화학물질이 피부 세포막을 녹입니다. 둘째, 침투작용인데 녹은 세포막 안으로 화학물질이 거침없이 침투합니다. 셋째, 잔류작용인데 그 화학물질이 장기간 피부와 피부 속 조직에 잔류해 여러 가지 해를 끼칩니다. 입다 버릴 옷, 쓰다 버릴 폰은 싼 것을 사도 괜찮지만 영원히 간직해야 할 내 피부에 투자하는 건 믿을 수 있고 검증된 브랜드 제품을 쓰십시오."

우리가 매일 쓰는 세제도 대부분은 뭐가 뭔지 모르면서 쓴다. 이 간단한 한마디만 있어도 정리가 되는데 말이다.

"세제의 종류를 아십니까? 간단합니다. 1종, 2종, 3종이 있습니다. 3종 세제는 식품을 가공하는 기기를 닦을 때 쓰구요. 2종은 일반적인 식기, 그릇 닦을 때 씁니다. 1종 세제는 과일이나 채소 씻을 때 쓰는 가장 안전한 세제죠. 구별은 어떻게 하냐구요? 모든 세제통 겉면에 몇 종인지 표시돼 있습니다. 그러니 앞으로는 집안 설거지용이라면 1종이라고 쓰여 있는 세제를 사서 쓰십시오."

만약 세탁업을 하고 있다면 고객에게 이렇게 정리해줄 수 있다.

"옷의 오염은 세 가지로 나눌 수 있는데 일반오염, 특수오염, 악성오염입니다. 일반오염은 계란, 피, 커피, 화장품, 립스틱 등이 묻는 것이고 특수오염은 카레·페인트·순간접착제 같은 것이 묻는 겁니다. 특히 3대 악성오염이 있는데 돼지기름, 식용유, 볼펜자국이 묻는 것을 말합니다. 보통은 화학 물질이 잔뜩 들어가서 섬유를 변형시키는 물티슈로 닦아냅니다. 큰일 납니다. 그러다 옷 아예 망칩니다. 각각의 경우 지우는 방법이 다릅니다. 그러니 동네 세탁소가 아니라 시스템에 따라 분류·처리하는 세탁전문숍에 맡기세요."

가령 본죽에 손님이 들어와 "어느 죽이 맛있어요?"라고 물으면 "다 맛있어요"라는 말만 듣게 되고, "뭐가 잘 나가요?" 그러면 "골고루 다 잘 나가요"를 듣게 된다. 이렇게 답한다면 그 죽집의 품격이 달라진다.

"한국에서 먹는 죽의 종류는 144가지에 이릅니다. 죽은 상황, 기호, 계절에 따라 어울리는 것이 다르죠. 우리 가게에서는 그중 계절에 가장 잘 어울리는 서른 가지를 취급합니다. 지금은 6월이고 손님은 남성이니 제가 몇 가지만 추천해드릴까요?"

이 멘트를 소리 내어 다시 한 번 읽어보라. 아마 15초도 걸리지 않을 것이다. 몇 분 동안 선택하지 못해 고민할 시간에 차라리 이런 정리 매뉴얼을 만들어 매장에 비치하고 직원들과 함께 암기하라.

홈쇼핑에서 일할 때 나는 8년 동안 정관장 방송을 혼자 진행했다. 그 누구도 내 방송을 대신할 수 없었기 때문이다. 우선 내가 계절마다 인삼밭에 나가는 것부터 홍삼 공장을 답사하는 것까지 다 하다 보니 업자 수준 이상으로 정보력이 늘어났다. 그런데 시간이 흘러 PD, MD가 바뀌자 홍삼 제품에 관해 아는 게 없어서 오랫동안 전담해온 내게 전적으로 의지했다. 홍삼 홍보영상을 만들 때도 아는 게 없는 작가를 쓰는 것이 의미가 없어서 내가 대본까지 쓰다 보니 정리기술이 많이 늘었다.

"홍삼을 먹기까지 홍삼의 이름이 몇 번 바뀐다는 것을 아는지요? 인삼을 밭에서 막 캐낸 상태를 수삼이라고 합니다. 그 수삼을 물에 깨끗이 씻으면 세척삼이라 하지요. 세척삼의 껍질을 벗기고 햇볕과 바람에 건조하면 백삼이 되고, 그것을 쪄서 말리면 홍삼입니다. 그 과정을 거쳐 얻은 홍삼을 젓는 것을 교반이라 하고 숙성하면 비로소 홍삼농축액이 되지요. 이것은 오랜 정성을 들인 귀한 식품입니다."

아래는 내가 어느 베개 회사의 세일즈 컨설팅을 진행하며 정리를 해준 내용이다.

"만약 수면의 질이 좋지 않다면 다음 4가지 중 하나가 아닌지 살펴보세요. 첫째 취면장애로 불을 끄고 누웠지만 쉽게 잠들지 못해 한동안 초조한 증상. 둘째 숙면장애로 전날 여덟 시간 이상 잤는데도 낮 시간 내내 피곤한 증상. 셋째, 중도각성으로 잠이 들긴 했는데 자다가 한밤중에 반짝 깨어나 좀처럼 다시 잠들지 못하는 증상. 넷째, 조기각성으로 알람시간보다 한두 시간 먼저 눈이 떠져 조금만 더 자고 싶어도 잠이 오지 않는 증상. 이 네 가지 증상 모두 단

하나가 원인일 수 있다는 사실을 아시는지요? 바로 베개입니다. 아침에 눈을 떠보니 베개에서 머리가 굴러 떨어져 있거나 베개를 어딘가로 밀쳐놓았다면, 가장 편안해야 할 수면시간 동안 베개 때문에 나도 모르게 몸에 힘이 들어갔고 근육의 긴장도가 뇌를 활성화시켜서 깊은 수면 상태로 들어가지 못한 채 긴장 상태로 얕은 잠을 자게 되었던 것입니다. 그러니 하루 종일 어깨와 목이 뻐근하고 곰이 한 마리 올라앉아 있는 것 같은 느낌이 드는 것도 무리가 아니죠. 당장 기능성 베개로 바꿔보세요. 이 모든 증상이 씻은 듯 사라질 것입니다."

정리를 하면 고객의 이해력이 높아질뿐더러 우리의 전문성을 인정받기도 수월하다. 보험설계사의 경우 고객에게 먼저 이렇게 말해보자.

"고객님에겐 7가지 자금이 필요합니다. 첫째, 살아가면서 써야 할 생활자금. 둘째, 가족이 생활할 주택자금. 셋째, 자녀의 교육자금. 넷째, 자녀의 결혼자금. 다섯째, 은퇴 후 긴 노후기간 중 써야 할 은퇴자금. 여섯째, 아프고 다치면 써야 할 치료자금. 일곱째, 가장이 사망하면 소득이 끊긴 가족이 문제없이 살아갈 사망자금입니다. 이 7가지 필수자금이 반드시 필요하고 또 이것을 준비해야 한다는 것에 동의하나요?"

고객이 '네' 하는 순간 그 앞에서 계산기를 꺼내 금액을 두드려 보여주며 말한다.

"이만큼이나 필요하군요. 지금부터 이 금액을 모으기 위해 어떤 준비를 해야 할까요?"

금융상품을 설명할 때도 정리기술이 필요하다.

"금융상품 가입에는 순서가 있습니다. 복리, 비과세, 주식과 채권, 부동산 순입니다. 늘 그렇듯 부동산 투자가 마지막입니다. 고객님도 당장 현금화할 수 없고 거래할 때마다 많은 세금을 내야 하는 부동산보다 현금을 늘리길 원하는 것이 아닙니까? 그렇다면 제 금융 상품이 해답입니다."

이제 패션업으로 가보자. 내 독자는 남성 독자님이 많으시니까 우선 패션잡화 중 남성 가방부터 정리해본다.

"남성 가방은 총 6가지로 나뉩니다. 백팩, 메신저백, 클러치백, 슬링백, 토트백, 브리프케이스입니다.

1. 백팩. 군용가방에서 출발해 대중화된 가장 기본적인 가방으로 양쪽으로 메는 가방이죠. 1970년대 미국 대학생들 사이에서 군용백이 유행하는 것을 보고 이스트팩이 최초로 일반용으로 만든 양쪽으로 메는 가방입니다.

2. 메신저백. 어깨끈을 길게 해서 한쪽 어깨에 두르거나 대각선으로 가로지르게 메는 가방으로 과거 우편배달부messenger들이 멨다고 해서 이름 그대로 붙어진 백입니다. 몸에 밀착돼서 편리하고 출퇴근용부터 여행용까지 용도도 광범위하죠.

3. 클러치백. 손잡이 없는 납작한 사각 가방입니다. 클러치clutch란 말은 움켜쥐다는 뜻이죠. 손잡이 없이 간단한 서류 정도 담아 손으로 들고 다니는 손가방인데요. 원래는 여성들이 이

브닝드레스에 드는 손가방이었는데 최근에는 아이패드나 간단한 서류를 담아 들고 다니는 손가방으로 남녀 모두의 일상용이 되었습니다.

4. 슬링백. 어깨끈이 한 줄로 돼서 가로로 어깨에 두르는 작은 가방을 말합니다. 슬링sling은 느슨하게 멘다는 뜻이기도 하고 어깨에 메는 끈을 뜻하기도 하죠. 주로 어깨끈이 한 줄로 돼서 몸에 착 붙는 스타일이고 어깨끈 가운데 버클 있어 벗고 메기 편합니다. 해외여행 시 보조가방으로 쓰거나 자전거 탈 때 좋죠.

5. 토트백. 손잡이가 있어서 손으로 들거나 팔목에 걸고 다니는 가방입니다. 토트tote는 나르다, 휴대하다, 들고 다닌다는 뜻이죠. 서류가방보다 긴 손잡이가 있어서 손으로 들거나 팔목에 걸고 다니는 백입니다.

6. 브리프케이스. 일명 007가방이죠. 일반적으로 손잡이가 있는 서류가방인데 과거에는 007가방으로 딱딱한 사각 형태였으나 요즘은 가죽, 천 등 부드러운 소재가 많습니다.

손님은 어떤 용도를 원하십니까?"

무엇을 판매하든 잘 정리해주면 고객을 더 많이 끌 수 있다. 넘버링을 하면서 좀 더 깊이 있고 일목요연하게 정리해주자.

정리기술 쓰는 법② 기준을 제시하라

몸무게 하면 우리는 당장 킬로그램 단위를 떠올린다. 우리가 아무 생각 없이 쓰는 1킬로그램이라는 단위는 물 1리터를 기준으로 정의한 국제단위다. 일단 그렇게 기준을 정하면 우리는 그 틀 안에서 생각하며 살아간다.

심리학자 대니얼 카너먼은 이를 기준점 효과라 부른다. 그는 "8×7×6×5×4×3×2×1은 얼마인가? 1×2×3×4×5×6×7×8은 얼마인가?"라는 문제를 각각 다른 피험자 군에게 주고 5초 안에 값을 추정토록 했다. 그런데 8로 시작하는 문제를 받은 집단의 평균 추정치는 2,250이었고, 1로 시작하는 문제를 받은 집단의 평균 추정치는 512였다. 첫 번째 질문처럼 더 큰 숫자부터 출발하면 그 기준점이 커 보여서 예상되는 답도 커진 것이다. 기준을 중심으로 생각한다는 것이다.

따라서 정리기술에서 쓸 수 있는 또 하나의 방법은 기준anchor을 제시하는 것이다. 이는 고객에게 먼저 기준을 정해주는 것으로 단순 넘버링보다 고급 기술이다. 고객의 머릿속을 정리해주는 것을 넘어 그 기준을 중심으로 판단하도록 할 수 있기 때문이다. 이것은 학교 운동장에서 줄을 세울 때 기준을 하나 정하고 좌우로 정렬을 외치듯, 하나의 기준점을 정해주면 그 중심축을 기준으로 사고하고 판단하는 인지처리 방식이다. 좁은 의미로는 인지심리학에서 말하는 스키마(Schema : 지식의 추상적 구조) 방식이다.

우리는 두부를 고를 때는 원산지를 보고 우유를 고를 때는 유통 기한을 따진다. 그리고 TV를 고를 때는 몇 인치인가를 고려한다. 이것이 기준인데 이처럼 기준을 제시하면 고객의 머릿속은 깨끗이 정리된다. 예를 들어 신발을 고를 때는 그 회사가 보유한 라스트 (Last : 신발의 발 모양 틀) 개수를 보라는 말이 있다. 어떤 회사는 몇 백 개에 불과하지만 명품 신발은 수만 개의 라스트를 보유해 최상의 편안한 신발을 만들어낸다. 거의 모든 유형의 발 모양 틀을 갖추고 있기 때문이다.

퓨전 짬뽕집 니뽕내뽕에 가면 매운 맛을 5단계로 조절해서 메뉴를 주문할 수 있다. 1단계가 얼마나 매운 것인지 모를 때는 웨이터가 말해준다.

"매운 맛 1단계는 딱 신라면 수준입니다."

아주 쉬운 기준이 아닌가. WHO의 권고에 따르면 성인은 매주 가벼운 운동은 두 시간 반 정도, 격렬한 운동은 한 시간 반 정도 하라고 조언한다. 하지만 뭐가 가볍고 격렬한 것인지는 설명이 없고 이것을 아는 이도 없다. 헬스 트레이너는 격렬한 운동을 간단하게 정의해준다.

"기준은 이렇습니다. 운동을 하면서 땀이 나는 정도면 가벼운 운동이고, 대화를 나누며 운동할 수 없을 정도면 격렬한 운동입니다."

만약 당신이 미국산 소고기를 판다고 해보자. 소비자는 '미국산=저급'으로 보는데 어떻게 팔 것인가? 우선 앞에서 배운 넘버링을 한다.

"소고기는 한국은 5단계로 미국은 8단계로 등급을 매깁니다. 한우는 1^{++}등급, 1^{+}등급, 1등급, 2등급, 3등급으로 5단계죠. 미국산은 프라임, 초이스, 셀렉트, 스탠더드, 커머셜, 유틸리티, 커터, 캐너로 8단계입니다. 그동안 미국산이 맛없다고 느낀 이유는 스탠더드 이하를 먹어서 그렇습니다. 한우로 치면 2등급 이하를 먹은 겁니다. 이 제품은 프라임인데 한우로 치면 1^{++}등급으로 최고급 레스토랑에서 쓰는 등급입니다. 한우보다 맛이 더 좋죠!"

문제는 늘 최고 등급만 팔 수는 없다는 데 있다. 만약 등급이 떨어지는 고기를 팔아야 한다면 어떻게 해야 할까? 이럴 때는 한 단계 더 나아가 기준을 제시하는 방법을 쓴다.

"한우든 미국산이든 세상 모든 소고기의 등급을 매기는 기준은 간단합니다. 마블링 차이죠. 즉, 소고기 등급은 고기 질의 좋고 나쁨이 아니라 마블링이 많은가 적은가의 기준으로 정합니다. 그런데 요즘 마블링이 건강에 좋지 않다는 보도가 나오고 있지요. 그렇다면 등급이 좋다고 건강에 좋은 것이 아니라 오히려 지방을 많이 섭취해 체내 콜레스테롤이 높아질 수도 있습니다. 건강을 생각하는 사람들은 등급이 높지 않은, 즉 마블링이 덜 들어 있는 것을 선호합니다. 따라서 진정 소고기를 판단하는 기준은 마블링이 아니라 입속에서 혀로 느낄 때의 기준을 적용해야 합니다. 3가지인데요. 1) 입 안에서 느껴지는 풍미, 2) 고기가 얼마나 연한가 보는 연도, 3) 입안에서 육즙이 얼마나 풍부한가 보는 다즙성입니다. 이 풍미, 연도, 다즙성이 10점 만점에 가장 점수 높은 고기를 고르는 것이 진짜 맛있는 고기 고르는 비법이죠."

공기청정기를 판매할 때도 분명한 기준을 제시하면 고객은 쉽게 이해한다.

"좋은 공기청정기를 제대로 고르는 3가지 기준을 알려드리죠. 첫째, 집안 면적에 맞는 걸 고르세요. 집안 면적보다 처리 용량이 작으면 공기정화 기능이 떨어집니다. 둘째, 소음 체크는 필수입니다. 고요한 밤에 침실에서 웅~하고 소음이 나면 곤란하죠. 셋째, AS 능력입니다. 다른 가전과 달리 공기청정기는 필터 교환, 청소, 관리가 계속 필요하므로 제조사의 AS를 꼭 따져봐야 합니다. 이 세 가지 기준으로 따져봤을 때 우리 ○○제품이 최고입니다."

주얼리숍에서 고객이 다이아몬드를 고를 때 기준을 세워주면 제품의 우수성이 더욱 돋보인다.

"다이아몬드의 품질 기준은 4C인데 컷, 투명도, 색상, 중량을 말합니다. 우리는 여기에 기준 하나를 더 추가합니다. 외관이라는 다섯 번째 항목을 적용해 다이아몬드의 광채, 섬광, 분광을 보다 심층적으로 평가하지요. 우리 제품이 우수한 광채를 자랑하는 이유가 여기에 있습니다."

사실 소비자는 아무리 눈을 부릅뜨고 쳐다봐도 어느 다이아몬드가 더 좋은지 알 수 없다. 다이아몬드와 큐빅도 구별하지 못하는데 같은 다이아몬드 중에서 어떤 것이 더 좋은지 어찌 알겠는가? 이럴 때 기준을 정해주면 고객이 기준점부터 생각하게 만들어 그들의 머릿속을 점령할 수 있다.

여행업 종사자가 기준을 제시하는 것은 간단하다.

"미주여행에는 크게 2가지 방식과 2가지 테마가 있습니다. 두 가지 방식은 '푹 쉬다가 올까, 신나게 관광하다 올까'이고 두 가지 테마는 '자연을 즐길까, 도심을 즐길까'입니다. 어느 쪽을 선호하는지 말씀하시면 제가 맞춤상품을 제안하겠습니다."

침구류라면 이렇게 기준을 제시해 정리할 수 있다.

"매트리스 고르시는 요령 하나만 알려드릴게요. 이 백화점 어디를 돌아다니셔도 아주 유용한 팁이 될 겁니다. 매트리스는 사실 안전 등급이 있습니다. 이 기준만 보시면 됩니다. 유럽섬유환경인증시스템Oeko-tex Standard 100이란 게 있는데 이 인증은 4단계입니다. 커튼 같은 일반 가구 인테리어 등급은 클래스 4입니다. 가장 낮은 단계죠. 36개월 신생아가 물고 빨아도 안전한 수준이 클래스 1로 최고 좋은 등급입니다. 우리 매트리스가 클래스 1입니다. 우리 매장 아니라 다른 매장도 둘러보시겠지만 등급이 얼마인지 확인해보신다면 결국 다시 우리 매장으로 돌아오시게 될 거라 자신합니다."

Key Point
—

기준이 없다면 직접 만들어도 좋다. 예를 들어 당신이 식품사업을 한다면 다음 빈칸에 당신의 상품을 넣어보라.

"세상에는 두 가지 블랙홀이 있습니다. 내 방구석과 ○○을 먹는 내 위장."

이처럼 기준은 만들기 나름이다. 정리기술은 산만하고 불필요한 잡동사니를 말끔히 치운 몇 단짜리 서랍장을 고객의 머릿속에 들여놓는 것과 같다. 일단 고객이 물건을 고를 때는 번호를 매겨 설명하고 뭐든 선택 기준을 제시해야 한다.

"고등어 살을 바르듯 깨끗이 분해해 제가 깔끔하게 정리해드리겠습니다."

이 말에서 고객은 이미 판매원에게 신뢰를 보내고 기대감도 늘어난다.

PART 3

해제시키고
역으로 친다

부지불식 OK시키는
언어 포장 기술

01
자각

권하지 마라,
깨닫게 하라

여기 재미난 실험이 있다. 현대해상 직원 400명에게 평범한 사람의 사진을 보여주며 "이 사람의 머리가 가발일까요? 아닐까요?"라고 물었더니 무려 70%가 가발이라고 답했다. 멀쩡한 머리를 대머리로 만들어버리는 건 일도 아니었다. 단지 의심의 씨앗을 심어주기만 하면 게임 끝이다. 마찬가지로 고객이 삶의 문제와 불편함을 깨닫게 해서 의심과 이슈를 만들어내는 것이 자각自覺기술이다. 쉽게 말해 없는 문제도 만들어내는 것이 자각기술이다.

의심 많은 고객 심리 역이용하기
—

자각기술이 필요한 이유는 요즘 소비자에게 의심이 아주 많아졌기 때문이다. 한마디로 그들은 카그라스 증후군(Capgras Syndrome : 가족이나 친구처럼 가까운 사람조차 쉽게 믿지 못해 주위 사람들에게 피해를 주는 정신질환) 환자다. 이 증후군을 보이는 사람은 똑같은 대상을 보고도 그 대상이 가짜라고 의심한다. 예를 들면 어느 날부터 배우자를 보고 닮긴 했지만 내 배우자가 아니라고 부인하는 의심병이 있다. 심지어 명확한 증거인 결혼사진을 보여주고 자식들이 증언까지 해도 믿지 않는다. 머릿속 논리로는 생김새나 목소리가 내 배우자랑 똑같다고 인정하면서도 감정상으로는 가짜라고 생각하는 충돌이 일어나는 거다.

물건 앞에서 의심하는 소비자도 그와 같다. 바야흐로 지금은 명백한 원산지 표기를 보고도 믿지 않고 명확한 품질보증서를 보고도 의심하는 의심의 시대다. 초창기 홈쇼핑에서는 뭐든 잘 팔렸다. 돌을 방송해도 잘 팔려 나갈 정도였다(방송에서 수석을 팔기도 했다). 지금은 의심부터 앞서는 터라 뭐를 팔아도 쉽지가 않다.

물론 그 원인을 제공한 쪽은 전적으로 판매자다. 소비자가 한 번, 두 번 당하면서 마음의 문을 닫아버린 것이다. 알고 있다시피 홈쇼핑에서는 늘 특집을 외친다.

"열 마리 구성 마지막!" 내일부터 12마리 주니까 마지막은 맞는 말이다. "이 가격 마지막!" 내일부터 할인 들어가니까 맞는 말이다.

또 "오늘 세 마리 추가!" 하고 외치는 걸 뜯어보면 전체 원물 사이즈가 줄어들었다는 함정이 도사리고 있다. 이런 저질 마케팅과 배신감에 이제는 소비자가 진실까지도 진실로 받아들이지 않고 일단 의심부터 한다. 가령 백화점 매장에서 파는 구찌 백은 진품이지만 기획 상품전에 나온 구찌 백은 진품이 아니거나 뭔가 하자가 있을 거라고 의심한다. 즉, 눈으로는 아무리 봐도 똑같지만 감정상으로는 '믿지 않을 테야!'라고 외치는 충돌이 일어나는 거다.

그런데 자각기술은 이러한 의심병을 역이용한다.

'맘껏 의심하시라!'

단, 그 의심을 세일즈에서 고객 자신에게로 옮겨놓는다. 다시 말해 그들이 느끼는 삶의 불편함과 문제를 의심하게 만든다.

자각기술 사용법① 불편함을 인식시켜라, 대안을 제시하라
—

마케팅의 핵심은 실제로는 필요치 않은 것도 필요하다고 믿게 만드는 데 있다. 이를 위해서는 현재 고객의 삶에 문제가 있음을 강조하고 내 상품이 그 문제의 해결책 또는 대안임을 어필해야 한다. 때론 무작정 감정에 호소하며 읍소하는 경우도 있다.

"요즘 너무 힘들어. 보험 하나만 들어줘~."

하지만 구매에는 순서가 있다. 생각은 감정을 낳고 감정은 행동을 낳는 법이다. 그렇다면 감정이 생기기 전에 이 물건을 사야 하는 이유와 논리부터 머릿속에 심어주는 것이 앞서야 한다. 결국 자각기술은 상품을 본격적으로 소개하기 전의 밑작업이라 할 수 있다. 쉽게 말해 자각기술로 고객의 삶에 문제와 불편함이 있음을 일깨우고 이어 내 이야기에 귀를 기울이게 하는 2단계 접근방식이다.

'당신의 삶에 이러저러한 문제가 있는데 모르셨나요? 이 상품이 그 문제를 해결해줍니다.'

| 자각기술 | 1단계 : 고객이 삶의 문제와 불편함을 인식하게 하라 |
| 2단계 | 2단계 : 그 문제의 대안으로 내 상품을 제안하라 |

가령 결혼정보회사라면 미혼남성에게 "회원가입하면 미모가 뛰어난 여성 스무 명을 소개받고요. 어쩌고저쩌고"가 아니라 왜 가입해야 하는지 그 당위성을 먼저 인식시켜야 한다. 예를 들어보자.

"주말엔 무얼 하며 시간을 보냅니까? 언제까지 시커먼 남자들하고만 어울릴 겁니까? 이번 여름휴가 때 모두가 즐거운 탄성을 지르는 동안 혼자 한숨만 내쉴 건가요? 혼자 먹는 밥은 건강에도 좋지 않다고 뉴스에 나오던데……. 그래서 말인데요, 결혼정보회사에 회원가입만 하세요."

이런 순서로 가는 게 맞다. 그런데 예를 들어 선팅업체 매장에 가면 "열 차단율이 좋고 투과열이 어쩌고" 하면서 자기네 제품의 기능적 우수성을 웅변하느라 정신이 없다. 그럴 때 소비자는 '다른 브랜드 역시 자기네 제품이 가장 좋다고 하겠지?' 등 오만 가지 의심을 품고 "더 알아보고 올게요"라며 매장을 나가버린다. 뭐가 문제일까? 어렵게 생각할 것 없이 내 상품, 즉 2단계부터 제안하는 바람에 카그라스 증후군을 유발한 탓이다. 내 제품이 좋다고 떠벌리기 전에 항상 1단계부터 건드려야 한다.

"선팅을 하지 않으면 전면, 측면, 후면 유리창 4면에서 강한 자외선이 쏟아져 들어와 피부에 그대로 침투합니다. 매일 피부 노화의 주범인 자외선이 얼굴을 공격한다고 생각해보세요. 더구나 여름에는 뜨거운 열까지 피부를 망가뜨리죠. 운전을 많이 하는 사람은 손등도 빨리 늙어요. 얼굴은 그나마 자외선차단제를 바르고 선바이저로도 햇빛을 차단하지만 손등은 그대로 노출돼 쪼글쪼글해지죠. 그렇다고 장갑을 끼고 운전을 하면 김 여사 소리를 듣거나 초보운전자로 무시당하기 십상이고요. 특히 선팅을 하지 않으면 고객님 같은 여성은 주차장에서 범죄의 표적이 되기 쉽고 길에서는 난폭 운전자들에게 하대당할 확률이 높습니다. 내 피부보호, 생명보호, 인격보호를 위해 선팅은 꼭 해야 합니다!"

이렇게 문제를 만들어주면 세상에 못 팔 상품이 없다. 북극에 냉장고도 팔 수 있다. 북극 가정의 문제점을 찾아내서 부각시키기만 하면 된다.

"냉동식품은 이미 많이 먹겠지만 얼리지 않고 1~4℃ 유지해야 하는 음식, 가령 저온숙성이 필요한 생연어나 생메로를 그동안 얼렸다가 해동해서 먹느라 맛을 놓친 당신의 혀에게 미안하지도 않습니까?"

이렇게 문제를 짚어준 다음 2단계로 냉장 기능을 어필하면 성공 확률이 높다. 한번은 화장품업체에서 내게 컨설팅을 의뢰했는데 주요 상품이 선크림이었다. 사실 한국 소비자들은 자외선차단지수 SPF가 50은 되어야 한다고 생각하지만 그 제품은 15 정도로 매우 낮았다. 내 조언은 이랬다.

"사무직 직장인을 목표로 합시다. 그들은 거의 실내에서만 생활하기 때문에 햇볕 자체를 쬘 일이 거의 없지요. 즉, 강한 자외선 차단 효과 니즈는 매우 약합니다. 반면 스마트폰과 PC 모니터의 블루스크린은 거의 하루 종일 쳐다봅니다. 출퇴근할 때는 지하철 안에서 스마트폰 빛, 회사에서는 모니터 빛, 퇴근 후에는 TV 빛에 노출됩니다. 이 블루스크린에서 나오는 자외선도 피부 노화에 영향을 준다는 문제점을 짚어줍시다. 더구나 머리 위로 쏟아지는 햇빛과 달리 스마트폰과 PC 모니터의 빛은 직접 얼굴에 쬐는 것이므로 더 나쁩니다. '실내 활동만 하는 당신도 자외선차단제는 늘 발라야 합니다'로 갑시다."

현재 이 제품은 '실내전용 자외선차단제' 컨셉으로 준비 중이다.

일단 소비자가 느끼는 불편함에 집중한 다음에는 대안을 제시해야 한다. 하나투어 세일즈 컨설팅을 맡았을 때 나는 전국 지점 매니저들에게 해외여행을 갈지, 국내여행을 갈지 고민하는 고객에게 국내여행을 가도록 권해보라고 제안했다. 그때 열이면 열 모두 국내여행의 장점만 늘어놓았다. 이럴 때 자각기술을 활용하면 해외여행의 불편함을 짚어줘 반대급부로 국내여행을 늘리는 효과를 거둘 수 있다.

"일단 해외여행은 말이 통하지 않아 불편하고 바가지를 쓰기 십상이죠. 또 음식이 입에 맞지 않아 고생하고요. 시차적응도 매우 힘듭니다. 외교부 홈페이지에 들어가 보세요. 여행을 계획할 때 주의해야 할 지역이 쫙 나와 있습니다. 그 지역을 흑색, 적색, 황색, 남색 4단계로 나누는데 발 뻗고 잘 곳이 거의 없습니다. 심지어 인도양의 낙원이라 불리는 몰디브의 몇몇 섬조차 여행 자제를 뜻하는 황색 딱지가 붙어 있지요. 세상에 테러와 총이 없는 나라는 한국이 거의 유일합니다. 외국인들이 한국에 와서 놀라는 것 중 하나는 젊은 여성과 아이들이 밤에도 돌아다니는 겁니다. 그만큼 안전한 국내여행으로 다녀오십시오."

요즘 미러리스 카메라 시장이 맥을 못 추고 있다. 스마트폰 카메라가 2000만 화소까지 지원할 만큼 워낙 고성능이라 소비자들이 굳이 돈을 내고 따로 카메라를 살 필요를 느끼지 못하기 때문이다. 이 경우 미러리스 카메라는 스마트폰 카메라의 문제점을 짚어주어야 한다.

"사진은 빛을 다루는 작업입니다. 빛의 방향과 명암을 이용해 사진가의 감각으로 마무리하는 감성적인 작업이죠. 렌즈가 크면 그만큼 빛을 많이 받아 질 좋은 사진을 담아내고 렌즈가 작으면 빛을 조금밖에 흡수하지 못해 답답한 사진만 나옵니다. 휴대전화 카메라의 조그만 렌즈에는 이런 한계가 있습니다. 스마트폰 렌즈로는 야간사진 하나 제대로 건지기 어렵죠. 가령 가로등 밑의 운치 있는 장면이나 불꽃축제 광경은 제대로 담아내지 못합니다. 청계천 빛

축제에 가도 아쉬움만 남기고 돌아서야 하지요. 또 찍은 사진을 폰으로 볼 때는 좋지만 제대로 현상하기가 어렵습니다. 사진은 현상이 제 맛인데 말이죠. 폰은 늘 휴대하는 물건이라 편하게 찍을 수는 있으나 그 안의 디지털 파일은 영원하지 않습니다. 고객님 휴대 전화 속 사진은 사라질지 몰라서 불안하잖아요. 편리함이 늘 편안함을 가져다주는 것은 아닙니다."

이렇게 기존의 문제를 짚어주고 그 대안으로 내 제품을 설명해야 한다. 대표적으로 KT 올레 기가인터넷 광고는 기존 LTE보다 열다섯 배 빠른 속도라는 장점을 바로 보여주기보다 느려서 겪는 기존의 불편함에 집중하고 있다. 인터넷 쇼핑을 하려니 상품 이미지가 늦게 뜨고, 영화를 다운받느라 하염없이 기다리며, 게임이 도중에 멈추고, 파일 업로드 속도가 속 터지는 수준인 모습을 보여주고 그 대안으로 기가인터넷을 제안하는 것이다. 먼저 문제를 짚어주고 그 다음으로 대안을 제시하는 방식은 다양하게 활용할 수 있다.

"침대를 오래 쓰면 그 어떤 침대도 피해갈 수 없는 네 가지 문제가 생깁니다. 꺼짐, 소음, 빈틈, 흔들림이지요. 그런 문제를 획기적으로 개선한 것이 ○○침대 하이브리드 테크 매트리스입니다."

"아이들 사고 1위는 놀랍게도 낙상입니다. 그중에서도 대표적인 것이 침대 낙상 사고입니다. 그래서 아이 침대는 성인 침대보다 15cm 낮고 안전 바가 있는 이 제품이 좋습니다."

자각기술 사용법 ② 권하지 마라, 깨닫게 하라

—

설득을 위한 스토리텔링에는 순서가 있는데 흔히 그 순서를 무시하고 다짜고짜 일단 상품부터 권한다. 진리는 이것이다.

'권하지 마라. 깨닫게 하라!'

고객에게 권하기 전에 먼저 그가 자신의 문제를 충분히 깨닫게 해야 한다. 고객이 자신의 문제를 인식하면 구매의지는 저절로 불타오르고 그다음에는 굳이 팔려고 애쓰지 않아도 알아서 구매한다. 예를 들어 공기청정기를 판매한다고 해보자. 백화점, 할인점, 양판점 등 어디를 가도 판매원은 하나같이 제품 기능만 설명한다. 기능은 그냥 설명서를 보거나 인터넷을 뒤져보면 금방 알 수 있다. 소비자가 오프라인에서는 구경만 하고 정작 구매는 온라인에서 하는 일은 왜 발생하는가? 스스로 매장까지 찾아왔다는 것은 고객이 자신의 문제를 어느 정도 자각하고 있음을 의미한다. 그때는 니즈가 살아 있는 상태이므로 그 부분을 더 찔러 고객이 충분히 깨닫게 해야 한다. 그럼 우리 눈에 보이지 않는 멀쩡한 공기에 어떤 문제가 있는지 짚어보자.

"공기 중에는 눈에 보이지는 않지만 바이러스, 대장균, 살모넬라균, 슈퍼박테리아, 황색포도상구균, 폐렴균, 녹농균, 곰팡이, 장염비브리오균, 바실러스균이 있습니다. 이 나쁜 균들은 지금 이 순간에도 고객님의 코와 입을 통해 몸속으로 들어갑니다. 미세먼지는 모공의 10분의 1 크기고 초미세먼지는 30분의 1 크기지요. 그 정도면 코 점막이나 코털이 거르지 못해 논스톱으로 폐까지 도달합니다. 그 초미세먼지에 이런저런 나쁜 균들이 들러붙어 폐까지 들어가서 염증을 일으키지요. 그리고 혈관을 따라 온몸을 돌면서 여기저기에 미생물, 곰팡이균, 중금속, 바이러스를 뿌립니다. 결국 우리 몸은 서서히 병이 듭니다. WHO의 발표에 따르면 매년 전 세계 사망자 여덟 명 중 한 명이 대기오염으로 사망한답니다. 한 해 전 세계 사망자의 12%인 700만 명이 대기오염으로 사망하지요. 대기오염은 보이지 않는 살인마입니다. 2016년 중앙암등록본부의 자료를 보면 국내에서도 암 발병률 1위는 위암이지만 암 사망률 1위는 일단 걸리면 다섯 명 중 네 명이 죽는다는 폐암입니다. 폐암은 초기, 중기에 증상이 없다 보니 병원을 찾은 환자 절반이 수술이 불가능한 전이성 폐암으로 진단을 받습니다."

문제를 좀 더 가볍게 건드려도 괜찮다. 고객이 문제를 충분히 자각한 듯할 때 고객의 주의를 곧장 내 제품으로 돌리면 효과적이다.

"가끔 병원에서 병을 고치지 못한 암환자가 산에 가서 나았다는 얘기를 듣지 않나요? 의학적으로 설명하기 힘든 이런 사례는 사실 자연의 효과입니다. 깨끗한 공기가 암을 낫게 한 것이죠. 깨끗한 공기는 무병장수의 기본입니다. 주말에 교통체증이 빚어내는 매연을 실컷 마셔가며 교외로 나들이를 가는 것도 잠깐이나마 깨끗한 공기를 마시자고 하는 짓인데, 왜 많은 시간을 보내는 집을 청정쉼터로 만들 생각은 하지 않습니까? 우리 제품은 꼭 필요합니다."

건강식품을 팔 때도 이 방법은 마법처럼 통한다. 일단 멀쩡해 보이는 몸의 어디가 좋지 않은지 자각하게 한 뒤 내 제품을 설명하는 것이다. 만약 갱년기 증상을 개선해주는 건강식품이 있다면 '내 나이가 어때서?'라며 평소에 먹을 생각조차 하지 않던 고객에게 나이 자체를 문제 삼는다.

"여성은 서른다섯 살부터 여성호르몬 분비량이 급격히 줄어듭니다. 지금 같은 장수시대에도 여성의 평균 폐경 나이는 고작 쉰다섯 살입니다. 100세 시대에 인생의 절반이 갱년기인 셈이죠. 생리활성 기능 건강식품 ○○을 드셔야 하는 이유가 여기에 있습니다."

누군가에게 건강하냐고 물어보면 하다못해 갈수록 겨울이 더 춥게 느껴진다는 말이라도 듣는다. 그러면 얘기는 간단하다.

"기상청에 따르면 지난 10년간 겨울 평균 기온은 더 낮아지지 않았습니다. 계절에 저항하는 당신의 몸이 더 약해진 것뿐이지요. 건강식품을 먹어야겠어요."

감기에 걸리면 사람들은 보통 "요즘 감기는 어찌나 독한지 잘 낫지 않아"라는 말을 한다.

"건강보험심사평가원에 따르면 지난 10년간 사람들이 한 번 감기에 걸려 병원을 찾은 평균 내원일수는 비슷합니다. 그저 당신의 몸이 약해진 것뿐이지요. 건강식품을 먹어야겠어요."

고객의 문제는 스스로 깨닫게 하는 것이 가장 바람직하다. 예를 들어 고객이 와이셔츠를 사러 가게에 들어왔다고 해보자. 이때 점원은 흔히 사이즈를 묻고 일단 입어보라고 권한다. 여기에는 이유도 논리도 없다. 대체 왜 고객이 입어봐야 한단 말인가? 고객이 가게에 왔다는 것 자체가 이미 기존 와이셔츠가 수명이 다했거나 옷에 문제가 있다는 의미가 아닌가? 새 옷을 권하기 전에 이것을 깨닫게 해야 한다.

"와이셔츠는 면이라 통상 수명이 1년입니다. 수명이 다한 와이셔츠는 목, 겨드랑이, 손목 부분이 약해지지요. 더구나 매일 입는 옷이다 보니 음식물, 손때, 기름때에 오염되기 십상입니다. 며칠만 빨지 않으면 땀, 신체에서 나온 때 등으로 누렇게 황변이 일어나지요. 결국 와이셔츠는 매일 세탁해야 하는데 수돗물의 염소 성분 때문에 쉽게 상합니다. 또 강한 자외선은 탈색의 한 원인이지요. 한마디로 와이셔츠는 소모품입니다. 옷이 후줄근하면 품위도 후줄근해져 사람의 품격이 떨어지지 않을까요?"

또 다른 예로 신발가게에 편한 신발을 찾는 고객이 들어왔다고 해보자. 이때 점원은 "찾는 게 있나요?"라고 무미건조한 질문을 던지지 말고 고객의 문제부터 적절히 깨우쳐주어야 한다.

"발은 열아홉 살에 성장이 멈추지만 발 모양은 죽는 날까지 계속 변한다는 사실을 아십니까? 더구나 발은 양쪽의 모양이 다르기 때문에 신발은 양쪽 모두 신어봐야 합니다. 그러니 신발을 인터넷으로 사는 건 바보짓이죠. 우리 매장에 잘 오셨습니다. 발에 알맞지 않은 신발을 신고 장시간 생활하면 무릎이 아프거나 엉덩이가 뻐근하고 요통, 두통이 오기도 합니다. 또한 다리근육이 줄어들고 힘줄이 짧아져 발, 발목, 종아리, 무릎, 척추까지 손상이 옵니다. 낯선 이름의 온갖 발 질환도 발병하지요. 한마디로 신발이 내게 맞지 않으면 발에 골병이 듭니다. 반대로 올바른 신발은 허리 건강에 도움을 주고 전체적으로 체형 교정 효과를 냅니다. 혈액순환을 높여 혈압을 낮추고 피부 개선 효과도 내지요. 발은 인체의 축소판이라 발 건강이 무너지면 전신 건강이 무너집니다. 신발은 자기 몸을 위한 기초 투자입니다."

자각기술 사용법 ③ 알면서도 잊고 사는 사실 일깨우기
—

우리는 늘 고객의 입장에서 자문해봐야 한다.

"왜 바쁜 내가 지금 당신의 이야기를 듣고 있어야 해?"

이 질문의 답을 명확히 알아야 고객에게 경청하고자 하는 내적 동기와 의지가 생기도록 만들 수 있다. 그러자면 그들의 문제를 깊이 살피고 밖으로 끄집어내 보여줌으로써 그들이 문제를 돌아보게 해야 한다. 평소 그들의 삶에 아무 문제가 없으면 그들이 굳이 우리의 이야기에 귀를 기울일 이유는 없다. 그런 의미에서 자각기술은 대안과 해답보다 고객이 삶의 문제를 깨닫게 하는 데 초점을 맞춰야 한다.

자각기술은 한의원에서 몸에 침을 놓아 증상을 치료하는 것과 유사하다. 침을 놓으면 따끔하지만 그 과정을 거쳐야 혈이 풀린다. 마찬가지로 고객에게는 끊임없이 '삶의 문제'라는 침을 놔야 한다. 따끔한 침이 몸의 혈을 풀어주듯 문제를 찌르면 '내 상품이 대안'이라는 세일즈의 경락혈이 풀린다.

언젠가 안마의자 판매사원들을 위한 세일즈 매뉴얼을 만들 때, 나는 고객의 문제 자각에 초점을 두고 안마의자와 전혀 상관없는 치마 얘기를 오프닝으로 꺼내도록 조언했다.

"치마가 자꾸 돌아가면 흔히 살이 빠졌나 보다 하고 생각합니다. 물론 살이 빠지는 건 기분 좋은 일이지요. 그런데 치마가 같은 방향으로만 돌아가면 얘기는 달라집니다. 척추가 한쪽으로 틀어져서 그런 것일 수 있기 때문입니다. 그럴 때는 얼른 척추를 바로잡아야 합니다. 척추가 뒤틀리면 나중에 얼굴 골격까지 틀어져 얼굴이 비대칭이 됩니다. 이 안마의자가 그걸 바로잡아주지요."

내가 자각기술을 쓰도록 코칭하면 교육생들은 자꾸만 무언가 거창한 것을 찾아내려 애쓴다. 그러나 새롭고 시선을 확 끄는 무언가를 찾노라면 스크립트를 만드는 것조차 어려워진다. 모르던 것을 깨우쳐주는 것도 하나의 방법이지만 그것이 어렵다면 기존에 알고 있는 보편적 사실을 다시 들춰내는 것도 괜찮다. 알고 있는 것과 상기하는 것은 분명 다르다. 알고는 있어도 잊고 사는 사실을 일깨워주면 누구나 새삼스럽게 마련이다.

가령 당신이 안경점 판매원이라면 이렇게 짚어주는 것도 좋다.

"눈은 우리 몸의 장기 중 유일하게 밖으로 노출된 장기입니다. 그래서 손으로 살짝 만지기만 해도 소스라치게 아픈 거지요. 당연히 자외선에 아주 취약합니다. 만약 위나 심장이 몸 밖으로 나와 있다면 우리가 얼마나 감싸고 보호하겠습니까? 자외선을 차단하는 선글라스는 선택이 아니라 필수입니다."

다른 신체 부위에 비유하는 것도 괜찮은 방법이다.

"축구선수는 신체 부위 중 어디가 가장 중요할까요? 대개는 다리라고 생각하지요. 그렇지 않습니다. 바로 눈이지요. 팔을 다치고 다리에서 피가 나도 혹은 머리가 깨져도 투혼을 발휘해 경기를 합니다. 하지만 눈에는 작은 티끌 하나만 들어가도 경기를 못합니다. 몸에서 제일 중요한 것은 눈이지요. 그래서 눈의 보호막인 선글라스 착용은 평소 습관처럼 이뤄져야 합니다."

다음의 광고 카피도 알고 있는 것을 떠올리게 하는 자각기술을 사용한 것이다.

"난방비를 줄이려고 얼마나 노력합니까? 난방은 대부분 유리창을 통해 빠져나간다는 사실을 알고 있나요? ○○사의 슈퍼로이는 에너지 소비효율 1등급이라 열을 꽉 잡아줍니다."

자각기술 사용법④ 죄책감 들게 하기

죄책감을 찌르는 것은 늘 커다란 효과를 낸다. 가령 부모는 자녀에게, 자녀는 부모에게 못해준 아쉬움이 있다. 이러한 아쉬움의 산물은 죄책감으로 남게 마련인데 이걸 팍 찌르면 이야기가 잘 먹힌다. 죄책감 앞에서는 지갑을 열 때의 부담감도 줄어든다.

나는 매달 웅진씽크빅 직원들을 대상으로 세일즈 코칭을 하는데, 그들은 특히 아버지들이 이런 이유로 순증(업계 용어로 학부모가 교재과목 수를 늘리는 것)을 망설인다고 했다.

"교사가 일주일에 한 번 방문해 15분 동안 가르치는 건 너무 짧지 않아? 일주일에 15분을 배워서 뭐가 달라지겠어."

방문교사들은 여기에 어떻게 응대해야 할지 몰라 고민했고, 나는 적절한 시점에 죄책감을 일깨워주는 방식을 조언했다.

"얼마 전 미국의 시사잡지 《타임》이 앞으로 가장 흥할 직업과 쇠망할 직업을 열 개씩 발표했습니다. 흥미롭게도 앞으로 쇠퇴할 직업 1위와 2위에 나란히 아버지와 어머니가 올랐지요. 한 조사에 따르면 한국의 아버지들이 자녀와 눈을 마주치고 대화하는 시간은 하루에 고작 8분에 불과합니다! 어머니 역시 아이와 대화하는 시간보다 밖에 나가서 수다 떠는 시간이 더 많지요. 현대인은 인생의 많은 것을 남에게 맡깁니다. 가령 결혼은 웨딩플래너에게, 장례는 상조전문가에게 맡기지요. 그건 교육도 마찬가지입니다. 그렇지만 본래 교육은 부모의 책임이자 몫이자 소임이므로 그것을 대신해주는 것을 가벼이 보면 안 됩니다. 물리적으로 15분을 별것 아니라고 생각할지도 모르지만, 바나나가 15분씩 햇빛을 받고 자라면 상품성 있는 델몬트가 되지만 그냥 그늘 속에 있으면 동물 사료밖에 안 됩니다. 아이에게 햇빛 같은 지식 에너지를 잠깐이라도 꾸준히 주면 틀림없이 지성의 열매를 맺을 겁니다. 또 부모가 아이와 교감하며 우리 교재로 함께 공부하고 주기적으로 학습 상태를 점검해 방향을 잡아주는 것은 바람직한 일입니다."

부모가 정작 본인은 아이에게 쥐꼬리만큼만 시간을 내주면서 남에게는 많은 것을 바라는 것 자체가 어불성설이다. 이것을 일깨우는 한편 상대의 기분이 상하지 않게 부모로서의 죄책감을 찌르면 효과적이다. 한국의 부모들은 자녀와 많은 시간을 함께 보내지 못해 죄책감을 느끼고 있다.

"한국의 초·중·고생은 총 650만 명입니다. 놀랍게도 이 중 100만 명이 우울증 징후 관심군㈜이고 그중 20만 명은 곧바로 의사를 만나야 하는 주의군입니다(교육과학기술부 자료 인용). 그 가장 큰 이유는 부모와 자녀의 유대감 단절입니다. 보통은 일이 바빠 함께하지 못한다고 말하지요. 그런데 시간이 흐르면 내 인생을 되돌리고 싶은 것 이상으로 아이의 인생을 되돌리고 싶어 합니다. 어릴 때 책을 좀 많이 읽어줄걸, 더 많이 놀아줄걸, 더 함께해줄걸 하면서 말이지요. 아이들이 얼마나 빨리 크는지 깨닫고 나면 뒤늦게 죄책감만 남습니다. 지금 자녀와 함께 놀이공부를 하십시오."

후회라는 감정을 건드려라

세상에 후회 없이 사는 사람은 매우 드물다. 선택하지 않아서 혹은 놓쳐서 후회스러운 일을 건드려 지나간 일에 다시 한 번 집착하게 함으로써 후회의 늪에서 허우적거리게 만드는 방법도 자각기술이다.

문정아중국어 홈페이지에 들어가면 장문정의 직접판매영상(출연자가 미니홈쇼핑 형식으로 등장해 제품을 판매하는 세일즈 영상을 스마트폰이나 태블릿PC에 담아 영업인이 직접 고객에게 보여주는 영상)을 몇 편 볼 수 있다.

그 내용은 '중국어를 공부하세요'가 아니라 자각기술을 활용해 그동안 중국어를 배우지 않은 것이 얼마나 후회스러운 일인가를 일깨우는 멘트다.

"하루를 초로 환산하면 8만 6,400초입니다. 시간은 공평합니다. 아기라고 시간이 덜 주어지는 것이 아니고 대통령이라고 더 주어지는 것도 아닙니다. 백수, 수험생, 직장인 등 누구에게나 오늘 하루 8만 6,400초가 주어집니다. 단, 그 시간을 어떻게 쓰느냐에 따라 각자의 미래는 달라집니다. 오늘 하루를 어떻게 보냈습니까? 지하철을 타면 사람들은 하나같이 스마트폰을 들여다봅니다. 대개는 웹툰, 게임, 방송 다시보기에 빠져 있죠. 생산적인 것은 거의 하지 않습니다. 대부분 지나고 나서 후회할 만한 일을 하며 시간을 보냅니다. 똑같은 시간에 고객님은 이제라도 이 중국어 탭을 활용하십시오."

특히 교육상품을 판매할 때 나중에 느낄 후회를 건드리면 자각기술 효과가 커진다.

"누구에게나 한 번쯤은 되돌리고 싶은 과거가 있지요. 뒤늦게 잘못을 깨달으면 되돌리고 싶은 마음이 간절해집니다. 가령 성장, 공부, 사람과의 사귐에는 다 때가 있습니다. 그러나 흘러간 강물을 돌이킬 수 없듯 흘러간 시간도 돌이킬 수 없지요. 후회를 남기지 마십시오."

또 다른 멘트도 가능하다.

"한국청소년정책연구원에 따르면 공부를 못해서 차별받은 적이 있느냐는 질문에 초등생 13%, 중학생 30%, 고등학생 43%가 그렇다고 답했습니다. 학년이 올라갈수록 차별받는 일이 더 늘어나는 것입니다. 차별은 내면의 생각과 감정에 자리 잡는 것이라 처벌할 수도, 규제할 수도, 간섭할 수도 없기에 사춘기 아이들에게 그저 말 못할 가슴의 상처로만 남습니다. 마음의 상처뿐 아니라 내 아이의 자존감을 높여주기 위해서라도 공부를 잘하도록 지원해주어야 합니다. 혹시 지금 '내 아이만큼은 나처럼 살게 하고 싶지 않아'라는 생각을 하지 않나요? 나중에 아이가 이 학벌사회에서 밀려나 고달프게 살아갈 때 '내가 너를 좀 더 지원해줬더라면' 하고 후회하지 않도록 지금 마음껏 지원해줍시다."

Key Point
—

마케팅에 대조 효과Contrast Effect라는 것이 있는데 이것은 고객 앞에 격차가 큰 두 가지 상황, 사물, 사건을 차례로 제시해 고객이 그 차이를 크게 인식하도록 만드는 것이다. 가령 소개팅을 할 때 1차 미팅에서 못생긴 사람을 만나면 2차 미팅에 평범한 사람이 나와도 이전과의 격차 때문에 보통 이상으로 인식한다.

마찬가지로 내 상품을 제시하기 전에 그것을 쓰지 않았을 때의 불편한 상황을 크게 강조한 뒤 내 상품을 제시하면 그 편리함, 이득, 가치가 더 크게 느껴진다. 자각기술의 밑바탕에는 이러한 대조 효과가 깔려 있다. 고객을 인위적으로 설득하려 하지 말고 고객이 내 상품을 사용하기 전과 후의 차이를 크게 느끼도록 함으로써 스스로 수긍하게 해야 한다. 다시 말해 고객의 자발적 구매의지에 불을 붙여야 한다. 자각기술은 불편함과 문제를 자각하게 해 고객이 스스로 움직이도록 유도한다.

02

연상

고객 스스로
답을 내리게 하라

고객이 물건을 구매할 때 '이거 괜찮아요?', '이거 좋아요?', '이거 맛있어요?' 같은 빤한 질문을 하는 이유는 무엇일까? 한국외식산업연구원이 요식업주들을 대상으로 다양한 설문조사를 벌였는데, 그들이 가장 듣기 싫어하는 질문 1위와 가장 많이 듣는 질문 1위가 동일했다.

"이거 맛있어요?"

그야말로 의미도 없고 식상하기까지 한 질문이 아닌가. 장사를 접을 작정이 아니라면 맛이 없다고 할 리 만무한데도 고객은 굳세게 이 질문을 던진다. 그 이유를 알려면 내면의 심리를 살펴볼 필요가 있다.

인간은 돈을 지불하는 대가로 그 돈에 상응하는 값어치 이상을 얻고자 한다. 돈이 내 주머니에서 빠져나가는 것은 누구에게도 달가운 일이 아니다. 돈을 지불하는 그 찜찜한 기분은 무언가를 획득하는 기쁨으로 상쇄해야 하는데, 그 상행위 함수는 아주 단순하다.

(물건을 얻어 기분 좋음) − (돈 써서 기분 나쁨) = 기분 좋음

결국 소비자 입장에서는 자신이 잃는 돈값 이상으로 무언가가 자기에게 남아야 한다. 그러다 보니 혹시 돈을 쓰고도 얻는 게 없으면 어쩌나 하는 불안감이 엄습한다. 구입한 식품이 생각보다 맛이 없고 기대하며 산 생활용품이 생각보다 별로라면? 돈을 쓰고 나서 기분 좋음보다 기분 나쁨이 앞설 경우, 고객은 자신의 바보 같은 선택에 화를 내는 한편 그 사실을 인정하고 싶어 하지 않는다.

이때 소비자의 내면에서는 인지심리학Cognitive Psychology 측면에서 하나의 심리기제가 작용한다. 이는 돈을 쓰기에 앞서 그 대상을 믿고 싶어 하는 현상이다. 즉, 소비자는 현실보다 믿음을 좇는다.

'당연히 맛있을 거야. 분명 좋을 거야. 반드시 좋아야 해. 그렇지 않으면 내가 나 자신에게 굉장히 실망할 테니까.'

이처럼 눈은 현실을 보면서 머리로는 믿음을 좇는다. 중요한 것은 이것이 물건 값을 지불하기 전에 나타나는 사전심리라는 점이다. 사놓고 후회할지언정 돈을 쓰기 직전까지 현실과 믿음 중 믿음을 택하는 이 소비자 심리를 이용해 고객을 공략하면 성공 확률이

높다. 이것을 이용한 것이 연상Association기술이다.

고객이 원하는 건 현실이 아니라 믿음이다

—

우리 주위에서 약만큼 신뢰도가 높은 아이템도 드물다. 그런데 저명한 과학저널 《네이처》가 2015년 4월 약의 실제 효능을 공개한 결과를 보면 약간 배신감을 느낄 법도 하다. 미국에서 가장 많이 팔리는 10대 약품 중 1위가 조현병 치료제 '아빌리파이Abilify'인데 미국 내에서 2016년 한 해에만 7조 원 이상 팔려 나갔다. 흥미롭게도 《네이처》는 이 약이 5명 중 1명에게만 효과가 있고 나머지 네 명에게는 효과가 없었다고 밝혔다. 두 번째로 많이 팔리는 역류성식도염 치료제 '넥시움Nexium'의 효능은 더 놀랍다. 25명이 먹었을 때 1명에게만 효과가 있고 24명에게는 효과가 없었다. 10위 내의 다른 약물들도 효능이 비슷했다.

그렇다면 이들 약물은 임상실험을 거치지 않은 것일까? 여기서 핵심은 임상실험이란 그 효능을 따지는 실험이 아니라 부작용이 있는가 없는가를 확인하는 실험이라는 사실이다. 한데 소비자에게 임상실험을 마쳤다고 말하면 소비자는 냉큼 '그 약을 먹으면 효과가 있겠구나'라고 생각한다.

또 다른 통찰 중 하나는 많이 팔린다고 효과가 있는 게 아니라는 점이다. 미국에서 가장 많이 팔리는 10대 약물 모두 임상실험에서 적게는 네 명 중 한 명, 많게는 스물다섯 명 중 한 명에게만 효과가 있었다.[10] 그런데 이 약을 사먹는 사람들은 많이 팔리니 먹으면 효과가 있을 거라고 믿는다. 참으로 기막힌 현실이 아닌가.

소비자는 자신이 보고 싶은 것만 보고 또 자신이 듣고 싶은 말만 건진다. 마찬가지로 상품을 대할 때도 지극히 인지적 편향성을 보인다. 소비자가 지갑을 열기 전에 현실을 따른다면 성형외과는 모두 문을 닫아야 하고 로또 판매점은 망해야 맞다. 혹시 미백화장품의 미백 효과를 아직도 믿는가? 정말 효과가 있다면 그 화장품을 매일 바르는 당신의 얼굴은 백지처럼 하얘져야 맞지만 실제로는 점점 시커메진다. 주름개선화장품을 계속 바르면 눈주름, 팔자주름이 쭉쭉 펴져야 하나 현실적으로 주름은 짙어만 간다. 이는 현실을 제쳐놓고 판매자의 말을 그대로 믿고 싶어 하는 소비자 심리를 반영한다.

똑같은 장미 한 송이를 건네도 "오다가 꺾었어. 화단에 많더라" 하기보다 "네덜란드의 귀한 품종인데 당신을 위해 준비했어" 하면 바라보는 시각이 완전히 달라진다.

현실보다 믿음을 따르는 현상은 3가지로 나눠 살펴볼 필요가 있다. 첫째, 시기적으로 불경기, 위기, 불확실성 시대일 때 더 강해지는 경향이 있다. 가령 호황기에는 아이 학습지에 들어가는 5만 원을 대수롭지 않게 여기지만, 불경기에는 똑같은 5만 원을 써도 당장 아이의 성적에 효과가 나타나야 한다는 믿음이 강해진다.

둘째, 상품별로 저관여 상품보다 고관여 상품군에서 더 많이 나타난다. 예를 들어 고등어를 반찬으로 살 때는 '이걸 먹으면 건강해질 거야' 하며 고르지 않지만, 같은 생선에서 뽑아낸 오메가-3 함유 건강식품을 살 때는 건강 개선을 기대하며 고른다.

셋째, 당장의 니즈보다 미래의 효과를 기대하는 상품에서 더 많이 발생한다. 이를테면 당장 배가 고파 밥을 한 끼 사먹었다고 건강이 달라질 것으로 여기지는 않는다. 그보다는 연금, 보험, 주식처럼 장기상품에 투자하면서 그것이 자신을 부자로 만들어줄 것이라고 기대한다.

나는 오래전부터 다수의 증권사 애널리스트와 PB에게 PT코칭을 해왔는데 주식시장이 꺾이면 전화가 빗발친단다. 그들에 따르면 고객의 질문은 한결같다.

"내 돈 안전해요?"

이 말에 담긴 뜻은 '지금의 상황을 솔직히 밝혀라'보다 '내게는 안정이 필요해. 빨리 나를 안심시켜줘' 하는 심리가 더 크다. 집을 팔려고 하는 사람은 내년에 집값이 내릴 것이란 믿음이 크고, 집을 사려고 하는 사람은 내년에 집값이 오를 것이란 믿음이 크다. 그러니 그들이 원하는 말, 듣고 싶어 하는 말만 해주면 게임 끝이다.

기대가치는 크지만 당장 필요성은 덜 느끼는 고관여 상품군을 어필할 때 연상기술만큼 좋은 설득기술도 없다. 연상기술은 우리가 목표로 하는 결론을 고객이 머릿속으로 계속 연상하게 한 뒤, 그 결론을 고객 스스로 내리게 만드는 언어포장기술이다. 즉, 연상기술은 먼 미래에 필요한 일이 마치 지금 필요한 일인 듯 설득하는 기술이다.

내 결론과 고객의 결론이 일치하도록 유도하라

—

세일즈맨의 흔한 오류 중 하나가 "사야 합니다"라고 자신이 서술형으로 결론을 짓는 자세다. 상대를 내 의도대로 설득하지 못한 상태에서 나 혼자 결론을 내리는 것은 혼자 마음속으로 춤추고 노래 부르는 격이다. 상대는 별다른 감흥이 없는데 나 혼자 신이 난 거다. 구매 욕구는 고객 스스로 내적동기를 심어야 발동하므로 비록 내 결론이지만 고객이 스스로 내리게 해야 한다. 이를 위해서는 다음의 2단계를 밟아야 한다.

> 1단계 : 목표로 하는 결론을 정하고 거기에 이르기까지 고객이 머릿속으로 꾸준히 연상하게 한다.
>
> 2단계 : 목표점에 도달하면 세일즈맨이 결론을 내리는 것이 아니라 동의를 구해 고객 스스로 결론을 답하게 한다.

내 주장의 결론을 관철시키자면 과정이 필요한데 그것이 바로 연상 과정이다. 내가 목표로 하는 결론까지 계속 연상을 이어가야 한다. 한 계단씩 올라 목표까지 상대의 머릿속을 서서히 점령한 다음, 상대에게 질문을 던져 스스로 결론을 답하게 해야 한다. 모든 것을 끝까지 다 설명하려 하지 마라. 최소한 결론만큼은 고객 스스로 내리게 해야 한다.

내가 홈쇼핑 방송 일을 시작한 초기, 회사는 다양한 성우들을 섭외해 우리에게 교육기회를 제공했다. 그때 인상적이었던 말은 성우에게는 더빙할 때 모든 공력을 쏟는 게 아니라 '지갑의 마지막 한 푼은 남겨두어야 한다'는 규칙이 있다는 것이었다. 이쪽에서 모든 걸 보여주면 상대는 아쉬움이 없고 덩달아 미련마저 사라지기 때문이란다. 아쉬움은 씨앗과 같아서 저절로 자라 꽃을 피우는데 그걸 잘라버리면 안 된다.

인간에게는 자유 의지free will가 있고 선택 여부는 전적으로 상대의 몫이다. 세일즈맨이 선택을 유도하는 대신 자기주장만 펴면 고객과 동등하게 마주보는 대결 구조를 낳는데 이는 끝없는 평행선으로 이어진다. 내 결론과 고객 결론의 합치를 이끌어내 고객과 만나는 소실점에 이르려면 고객이 한 땀 한 땀 연상하면서 내 결론쪽으로 오도록 해야 한다. 그리고 마지막에 고객이 대신 내 결론을 내리도록 유도한다.

이를테면 "부동산이 오를까요? 주식이 오를까요?"라고 묻는 고객에게 "부동산이 오릅니다!" 하고 곧장 내 결론을 전달하면 연상기술을 내팽개치는 것이나 다름없다.

"IMF가 터진 이듬해인 1998년 초 압구정동 현대아파트 48평형이 2억이었습니다. 삼성전자 주가는 3만 원대였죠. 그때도 모두가 고객님처럼 생각했습니다. 지금 현대아파트 48평의 시세가 26억입니다. 삼성전자 주가는 200만 원을 넘어섰습니다(2017년 4월 기준). 압구정 현대아파트는 1977년 분양할 때 분양가가 평당 55만 원이었습니다. 지금 평당 6,000만 원이 넘습니다. 40년 만에 110배 오른 겁니다. 삼성전자는 1975년 6월 11일 상장했는데 당시 한 주에 1,131원이었습니다. 당시 짜장면이 300원이었습니다. 현재 삼성전자 한 주는 200만 원입니다 1763배 올랐습니다."

이처럼 내가 원하는 결론을 연상하게 하면서 결론은 고객의 몫으로 넘겨야 한다. 단지 우리는 고객의 머릿속에 내가 원하는 결론을 만들어주기만 하면 그만이다.

"고객님, 앞으로 나라경제가 좋아질까요? 나빠질까요? 그 답은 통계수치가 말해줍니다. 민주화선언 이후 노태우 시대의 경제성장률은 8.7%였습니다. 나라 전체가 초호황이었죠. 그다음 김영삼 시대에 7.4%로 내려앉더니 김대중 시대에는 6.0%로 꺾였고, 노무현 시대에는 4.3%로 주저앉았습니다. 경제대통령이라고 뽑아놓은 이명박 시대는 3.0%로 곤두박질쳤고 박근혜 시대에는 아예 바닥을 쳤습니다. 앞으로 경제가 좋아질까요? 나빠질까요?"

이것이 결론을 고객의 몫으로 돌리는 연상기술이다. 내가 만들어놓은 소실점을 고객이 덥석 물게 만들면 성공이다. 보험사 FC들과 역할극RP을 해보면 그들은 보통 100세 시대를 외치며 과감히 주장한다.

"지금은 100세 시대가 아닙니까? 긴 노후를 위해 더 많은 은퇴자금이 필요합니다!"

이처럼 서술형으로 자신이 결론을 내리면 상대의 논리에 오히려 당할 수 있다.

"아니, 내가 거북이나 소나무도 아니고 100세까지 어찌 삽니까?

내 주변에서 100세까지 사는 사람을 본 적도 없어요!"

상대의 반론을 잠재우고 반감을 줄이면서 내 주장을 은근슬쩍 관철하려면 연상 과정이 필요하다.

"고객님은 몇 세까지 살 것 같나요? 1942년만 해도 한국인이 평균 40대에 죽었다는 놀라운 사실을 알고 있습니까?(1942년 기대수명은 남자 42.8세, 여자 47.1세) 1970년 남자는 60 가까이까지 살았고 여자는 60년 넘게 살았습니다(남자 58.6세, 여자 65.5세). 그런데 2015년 현재 한국인의 평균수명은 남자도 80세를 향하고 있고 여자는 85세를 훌쩍 넘었습니다(남자 78.5세, 여자 85.1세). 통계청에 따르면 수명은 10년마다 약 5세씩 늘고 있습니다(1970~2010년까지 10년마다 여자 4.6세 증가, 남자 4.65세 증가). 독일의 생리학자 루넨벨트는 2050년을 전후해 전 세계인의 평균수명이 100세로 늘어날 것이라고 말했습니다. 한데 평균수명을 계산할 때는 한국인의 사망원인 4위인 자살자와 6위인 교통사고 사망자도 포함합니다. 이처럼 제 수명대로 살지 못한 사람을 빼고 순수 자연사만 따지면 평균수명은 더 올라갑니다.

미국 텍사스 대학교 노화연구재단의 스티븐 오스태드 교수는 2150년이 되면 인간의 최대 수명이 150세에 도달할 것이라 했습니다. 《타임》도 2015년에 태어난 아기들은 142세까지 살 수 있다고 발표했습니다. 정말 오래 사는 시대입니다. 쥐는 평균 2년 사는데 이제는 과학자들이 6년을 살게 만들어놨죠. 하찮은 미물도 이렇게 수명을 늘릴 수 있는데 우리는 오죽하겠습니까? 핵심은 무조건 오래 사는 평균수명이 아니라 건강수명, 소득수명, 경제수명, 활동수명, 관계수명, 행복수명이 길어야 한다는 것입니다. 평균수명은 지금도 85세지만 건강수명은 66세에 끝납니다.[11] 그때부터 거의 20년을 고장 난 몸으로 골골대며 병원비만 날리다가 생을 마감합니다. 정년은 60세지만 직장에서 내 모습은 바람 앞의 촛불입니다. 서울대 노년은퇴설계지원센터 자료에 따르면 경제수명은 74.8세로 8.3년 일찍 끝나고 활동수명은 73.2세로 9.9년 일찍 끝나며 관계수명은 75.7세로 7.4년 일찍 끝납니다.[12] 이것을 늘리려면 의학적 혜택을 충분히 누려야 하지 않을까요? 이를 위해 종합보험이 필요한 것 아닙니까?"

고객 스스로 답을 내리게 한다

연상기술에서는 늘 내가 결론을 정해놓고 달리지만 그 결론은 언제나 고객 몫임을 기억해야 한다.

"우리 몸의 중심은 어디일까요? 심장? 뇌? 아니지요. 바로 아픈 곳이 중심입니다. 가령 두통이 있으면 머리가 몸의 중심이고 치통이 있으면 치아가 몸의 중심입니다. 그것 말고는 아무것도 생각하지 못하니까요. 내 몸이 아픈 것은 누구도 대신 해줄 수 없고 증상을 이해받기도 어렵습니다. 우리 몸은 평생 아픈 곳을 중심으로 삶을 영위합니다. 그 중심에 보험이라는 보호막을 씌워야 합니다. 오래 살면 오래 아프고 오랫동안 돈이 들어갑니다. 종합보험의 힘을 믿으십시오. 늘어나는 평균수명에 맞게 제때 치료를 받아 활력 있는 건강수명을 늘려야 합니다. 그래서 하나의 보험이 아니라 종합보험이 필요한 것 아니겠습니까?"

연금상품을 중심으로 동부생명의 직접판매 영상을 제작할 때, 나는 고민 끝에 연금과 나이 개념을 대칭적으로 비교하는 연상기술을 활용했다.

"우리가 자주 사용하는 입바른 말 중에 '아유, 젊어졌네요' 하는 100% 거짓말이 있지요. 사실 그런 사람은 없습니다. 우리는 시간이 갈수록 늙고 병들고 기력은 떨어지고 몸은 아프고 노동 능력은 상실되고 관절은 겉돌고 혈관은 좁아져가고 간은 딱딱해지고 눈은 침침해지고 남은 돈은 바닥나고 벗들은 떨어져나가고 외롭고 자신감은 떨어집니다만, 반대로 이 연금은 시간이 갈수록 점점 강해지고 튼튼해지고 의지가 되고 경제적 기둥이 되고 하고 싶은 거 하게 하고 가고 싶은 데 가게 해주고 어디서나 당당하게 만들고 신나고 즐겁고 유쾌하게 만들어줍니다. 남들은 한 해 한 해 갈수록 지갑이 쪼그라들지만 고객님은 오히려 통장에 돈이 쌓여 경제적으로 탄탄해집니다. 지금 사인하면 노후의 축복과 희망이라는 가치를 당장 실현할 수 있습니다. 신용카드 사인은 갈수록 당신을 경제적으로 피폐하게 만들지만 연금청약 사인은 당신을 경제적으로 풍요롭게 만들어줍니다. 노동의 대가로 월급을 받는 것이 아니라 지금 투자한 대가로 일하지 않고 받는 평생월급통장이 생기는 셈입니다. 지금은 노동으로 돈을 벌지만 미래에는 연금복리라는 돈이 일하게 하는 거지요. 그 연금복리는 고객님이 쉬거나 가족과 놀 때 심지어 잠잘 때도 쉬지 않고 일해서 돈을 불립니다. 어떻습니까? 지금 사인하는 게 낫지 않을까요?"

내 결론이 고객의 결론과 합치하도록 유도해가는 연상기술은 고수들이 쓰는 고차원적 설득 비책이다.

목표를 향해 차근차근 연상하게 하라
—

젊은이에게 30년 뒤의 자기 모습을 그려보라고 하면 잘 떠올리지 못한다. 그래서 미래에 효과가 나타나는 고관여 상품은 젊은이에게 특히 판매하기가 어렵다. 잘 그려지지 않으니 말이다. 이때 필요한 것이 계단을 밟고 올라가듯 한 단계씩 미래를 그려주는 일이다. 당장 효과가 나타나지 않는 상품 중 으뜸은 교육상품인데 이는 먼 미래에 결과가 나오는 터라 선택이 느리고 더디다.

알고 있을지도 모르지만 요즘 유아교재는 감탄이 절로 나올 정도로 질이 우수하다. 그러나 자녀를 둔 부모들은 그 좋은 교재를 앞에 두고 굉장히 망설인다. 왜 그럴까? 우리는 그 저변 심리를 하나씩 꺼내봐야 한다. 조사 결과 한국의 부모들은 돈 때문이 아니라 '좋은 교재를 사준다고 우리 애가 달라질까' 하는 의구심이 더 컸다. 그 밑바탕에는 부모가 공부를 못했거나 해봤는데 성적이 오르지 않았거나 배움이 짧았던 경험이 깔려 있다. 그 점을 간파한 나는 영상 멘트를 이렇게 정리했다.

"자녀의 키는 유전적 영향이 클까요, 후천적 영향이 클까요? 통계에 따르면 북한의 중학교 2학년생과 남한의 초등학교 4학년생의 키가 똑같습니다. 쌍둥이가 한 명은 해외에 입양되고 한 명은 국내에서 자랐는데, 나중에 보니 국내에서 자란 아이의 키가 입양된 아이의 어깨 정도에 오는 일도 있었지요. 이는 후천적 영향이 크다는 것을 단적으로 보여줍니다. 그럼 공부는 어떨까요? 공부도 유전된다고 생각합니까? 부모가 과거에 공부를 못했다고 아이도 그럴 거라고 생각하면 큰 오산입니다. 집에서 늘 보는 부모는 아이가 똑같은 것 같지만, 어쩌다 만나는 친척들은 그동안 훌쩍 컸다며 깜짝 놀랍니다. 아이의 몸속에서는 매일 놀라운 성장의 변화가 일어납니다. 그건 머릿속도 마찬가지지요. 물리적 키가 자라듯 생각의 키도 자라는데 거기에 어떤 지적 영양을 공급하겠습니까? 화초도 물만 주는 것보다 영양제라도 하나 꽂아주면 더 파릇파릇하고 싱싱하게 자랍니다. 한낱 풀포기도 그런데 자녀는 오죽하겠습니까? 아이의 머릿속을 양질의 지식이 들어찬 보물창고로 만들어야 하지 않겠습니까?"

이처럼 연상하게 하면서 동의를 구하는 식으로 고객에게 결론을 넘기는 것이 연상기술이다. "지금 여유가 없어요"라는 말은 세일즈맨이 숨 쉬는 것만큼이나 많이 듣는 거절이다. 지금 돈이 없다, 지금 돈을 쓰고 싶지 않다는 거절을 물리칠 결론은 '지금 여유가 있다'와 '지금 돈을 써야 한다'이므로 그 목표를 향해 연상 과정을 밟아야 한다.

"교육에 투자할 수 있는 기간은 생각보다 짧습니다. 집중적으로 투자해야 할 시기에 자녀교육에 투자할 여유가 없다면, 미래에 아이의 행복에는 여유가 있을지 의문입니다. 비행기는 이륙할 때 전체 연료의 30%를 쓴다고 합니다. 가령 서울에서 뉴욕까지 가는 비행기도 이륙하는 몇 분 만에 30%의 연료를 써야 그 힘으로 14시간을 날아갈 수 있는 겁니다. 아이의 평생 항해도 지금 부모님이 지원하는 연료가 좌우하는 것 아닐까요? 동의하시죠?"

같은 논리로 이렇게 풀어 나갈 수도 있다.

"작은 원을 그려놓고 이 안에서만 맘껏 놀라고 할 부모 없습니다. 넓은 운동장에 데려가서 맘껏 뛰놀라고 해야 합니다. 체육시간에 뜀틀 할 때 도움닫기라는 게 있었죠. 큰 도움닫기일수록 높이 도약할 수 있습니다. 큰 비행기일수록 긴 활주로가 필요합니다. 우리 아이도 높이 뛰고 크게 날갯짓하는 인물로 성장하려면 교육 환경을 넓게 만들어줘야 하지 않을까요?

시골에서 우물물 길어 먹고 살았었는데요. 우물 펌프질을 아무리 해도 물이 안 나옵니다. 맨 처음 마중물이라고 하는 한바가지를 퍼 넣고 길어야 물을 얻습니다. 먼저 물을 써야 더 큰 물을 얻습니다. 시골에서 닭 키웠는데요. 닭도 밑알을 넣어둬야 윗알을 얻습니다. 물을 써야 물을 얻고 알을 써야 알을 얻습니다. 우리 아이에게 있어서 마중물과 밑알 같은 것은 부모의 경제적 지원 아니겠어요? 부모가 욕심내는 것만큼 아이의 시야는 넓어지고 경쟁력은 강해집니다. 교육의 힘은 미래의 힘입니다. 동의하시죠?"

학습지를 추가적으로 권유할 때는 당연히 학년별 수준보다 높은 것을 권한다. 그러면 간혹 어떤 부모는 "아직은 아이에게 버거워요. 아이가 소화할 수준이 아니에요"라고 말한다. 이럴 때는 "아이의 옷이나 신발을 살 때 딱 맞는 걸 사나요? 아마 한 치수 큰 것을 살 겁니다. 학습도 자기 수준보다 조금 앞서 나가는 게 답이 아닐까요?"라고 먼 미래의 일을 연상하게 한다. 특히 아버지들은 '1등을 못해도 좋으니 건강하게만 자라다오' 하는 식으로 응대하는데 이역시 먼 미래를 연상하게 하면 얘기가 달라진다.

"이렇게 비유해서 죄송하지만 소나 돼지는 평생 무얼 먹고 얼마나 운동을 했느냐에 따라 등급을 매깁니다. 한우 1등급과 3등급은 가치에 큰 차이가 있지요. 아이들에게도 나중에 등급이 생깁니다. 성적 등급이 수능 등급으로 이어지고 이는 나중에 사회계급 등급이 됩니다. 한국인만큼 등급을 좋아하는 민족도 드물 겁니다. 일례로 국보1호, 보물1호는 관리를 위해 부여한 번호일 뿐인데 중요도 서열과 순위로 여깁니다. 유네스코 세계유산에는 등급번호도 관리번호도 없습니다. 우리 사회가 사물에 매긴 번호까지 서열로 생각한다면 아이들의 내신등급은 얼마나 더 서열로 인식하겠습니까?"

역시 마지막에는 상대에게 결론을 돌리는 방식으로 연상기술을 사용했다. 부동산 컨설팅 회사의 토지매매 카운슬러들을 위해 세일즈 매뉴얼을 만들어줬다. 소위 땅 사라고 영업하는 분들이다. 하지만 땅은 정말 성격 급한 사람 숨넘어갈 것처럼 천천히 오른다. 오르기만 하면 다행이나 수십 년간 그대로거나 묶여서 잘 팔리지도 않는다. 나도 해보니 땅 장사는 결코 쉽지 않다. 이런 고관여 상품도 연상기술이 딱이다.

"한국은 인구가 5000만으로 세계 200여 개국 중 28위지만 국토는 109위로 협소한 나라입니다. 더구나 국토의 70%가 산이라 토지가 절대적으로 부족하고 복지정책으로 공원, 녹지화, 공공시설이 계속 들어서고 있어서 개인이 소유한 지가(토지가격)가 꾸준히 상승하고 있습니다. 차는 오늘 사서 내일 팔아도 중고가로 내놓아야 합니다. 모든 물건은 사놓으면 가치가 떨어집니다. 하지만 땅은 사놓으면 거의 언제나 가치가 오르지요. 지금 이 땅은 한 평에 50만 원이지만 3년 뒤면 이 가격으로 못 삽니다. 그렇죠? 사봐야 장롱 안에서 낡아버릴 50만 원짜리 가방 하나 포기하고 대신 이 땅을 사면 자손 대대로 누구도 침범하지 못하는 내 영토가 생깁니다. 내 땅에 아무렇게나 주차한다고 뭐라고 할 사람도 없고 내 땅에서 뭐를 하든 간섭할 사람도 없습니다. 영원한 내 땅에 남보다 먼저 깃발을 꽂으세요. 어떤가요?"

신도시 타운하우스 분양을 하는데 분양관에 홍보영상을 제작해줬다. 한 채가 3층으로 되어 있고 테라스와 개인 정원이 있는 멋진 곳인데 가격이 만만치 않아 기업 임원이나 대표를 상대로 1대1 분양을 한다. 이런 고객은 투자 목적보다 실소유 목적이 많기에 안락한 미래의 삶을 연상시켜줘야겠다고 판단했다. 그래서 이렇게 시작했다.

"잠시 떠올려보십시오. 봄에는 산에 꽃이 만발하고, 여름에는 모시적삼 바람에 수박을 먹으며 시원한 산바람을 느끼고, 가을에는 창밖에 오색찬란한 단풍이 펼쳐지고, 겨울에는 새하얀 설원을 보며 따끈한 대추차를 마시는 4계절의 풍광이 온통 고객님의 것입니다. 봄부터 가을까지는 3층 테라스에서 온 계절을 즐기며 독서를 하고, 겨울에는 2층 테라스에 작은 욕조를 놓고 영구조망권 아래 노천온천을 즐겨도 좋습니다. 1층 앞마당에서는 자녀와 손자들이 해맑게 뛰어노느라 웃음소리가 끊이지 않습니다. 이 집은 자연을 향유하고 심신을 치유하며 여가를 즐기는 가족·친척·친구의 사교의 중심이 됩니다. 소음, 공해, 스트레스를 내뿜는 세상에서 벗어나 자연 속에서 건강한 삶을 영위하십시오. 상상만 해도 온몸의 긴장이 풀리는 것 같지 않나요?"

Key Point

—

우리는 어학강좌에 등록하기 전까지만 해도 등록만 하면 원어민처럼 할 수 있다는 부푼 꿈을 꾸지만 막상 등록하면 변화가 없는 자신을 질타한다. 헬스장에 등록할 때는 몸짱을 상상하고 등록한 후에는 변함없는 뱃살을 재확인한다. 홈쇼핑 패션모델을 보면 그들에게 자신을 대입해 늘씬한 모습을 상상하지만 막상 사 입고 나면 꿈에서 깨어난다. 잊지 마시라. 소비자는 물건을 사기 전까지는 믿음을 바라보고 물건을 사고 나서야 현실을 바라본다. 그러니 그들이 원하는 믿음을 좇게 해야 한다.

1960년대 영화 〈돼지꿈〉에서 영화배우 허장강은 "마담, 홍콩에서 배만 들어오면 다이아반지가 문제가 아니야"라고 떠벌렸다. 그러나 50년이 지나도 배는 들어오지 않았다. 그건 기대감을 던져주어 미래의 모습을 그리게 한 연상기술 멘트였다.

고객은 구매와 관련해 먼 미래를 생각하지 못하는 경향이 있다. 우리는 연상 작용으로 그들의 머릿속에 미래에 벌어질 그림을 체계적으로 그려줘야 한다. 이때 내가 결론을 내리는 것이 아니라 상대가 내리게 해야 한다. 충분히 연상하게 한 뒤 동의를 구하면 간단하다. 상대가 "그럴 수도 있겠네"라고 하거나 적당히 고개만 끄덕여도 8부 능선은 오른 셈이다.

03
눙치기
에둘러쳐서 불만을
무장해제시켜라

'눙친다'는 풀어서 누그러뜨린다 혹은 에둘러친다는 뜻이다. 비즈니스 대화에서 상대, 즉 고객이 늘 우리에게 좋은 말만 던지는 것은 아니다. 더러는 이런저런 불만도 표출하고 날카롭게 지적하기도 한다. 그럴 때는 즉시 에둘러치고 풀어서 누그러뜨려야 한다. 좀 더 순화해 편안함을 주는 말로 날카로운 상대의 말을 희석하고 딱딱해진 분위기를 무장해제하는 기술이 바로 눙치기기술이다.

  말이 넘나드는 길은 직선이 아니라 곡선이고 때론 굴절이 심하다. 다시 말해 말은 왜곡과 변형에 취약하다. 예를 들어 "예쁘네"라는 칭찬도 상대가 어떻게 받아들이느냐에 따라 성적 조롱으로 간주될 수 있다. 결국 관계의 소통에서 중요한 쪽은 말하는 이가 아니라 듣는 이다. 화자의 본래 뜻이 어찌되었든 청자가 그렇게 들었으면 그게 옳은 거다.

가령 장사를 업으로 하는 사람들 앞에서 삼가야 하는 표현 중 하나가 "망했다"는 말이다. 하루는 40년 넘게 가게를 운영해온 이모와 함께 차를 타고 가다가 간판이 바뀐 집을 보며 무심코 "전에 있던 빵집이 망했나?"라고 했다가 이모에게 혼쭐이 났다. 그제야 나는 외식산업연구원에서 CEO들과 처음 마케팅 사례를 공유하며 내가 '이래서 망했다, 저래서 망했다' 할 때 그들이 불편해했던 이유를 깨달았다. 상인들 앞에서 "망했다"가 아니라 "문을 닫았다", "철수했다"라고 에둘러 표현하는 것이 눙치기다.

눙치기기술을 사용하려면 우리가 흔히 하는 언어 실수를 하나하나 골라내야 한다. 자신이 매일 쏟아내는 말을 점검해볼 필요가 있는 것이다.

어이없는 언어자폭 실수들
—

눙치기기술에서 가장 먼저 걸어내야 하는 것이 언어자폭이다. 언어자폭이란 자신의 결점, 약점, 치부를 스스로 알아서 드러내는 자살골 같은 자폭성 멘트를 말한다. 운동경기에서 자살골을 넣는 경우는 드물지만 언어적으로 자살골을 날리는 경우는 아주 많다.

우선 식당에서 흔히 볼 수 있는 언어자폭을 생각해보자. 무한리필 식당에 가면 보통 '음식을 남기면 벌금 2,000원'이라는 팻말이 붙어 있는데, 이보다는 '환경부담금 2,000원'이 더 능친 표현이다. 실은 이 표현 자체도 언어자폭이다. 그 말을 써놓는다고 고객이 덜 먹고 덜 남기는 것도 아닌데 괜히 식사 분위기만 경직시키니 말이다. 그런 문구 하나로 평생의 식습관이 바뀌는 것은 아니므로 차라리 '푸짐하게 마음껏 드세요'로 손님을 얻는 게 낫다.

그래도 굳이 잔소리를 하고 싶다면 능치는 문구를 선택하는 것이 좋다. 어느 식당은 '음식을 남기면 벌금'이 아니라 '음식을 남기면 한 시간 설거지'라고 써 붙여 웃음을 자아냈다. 어떤 빌딩은 '흡연금지'가 아닌 '99세 이하 빌딩 내 흡연금지'라고 써놓아 부드럽게 능쳤다.

'신발분실 시 책임지지 않음'도 식당의 대표적인 언어자폭이다. 신발을 벗고 들어갈 때부터 식당에서 무책임하게 나 몰라라 하겠다고 미리 선언하는 셈이 아닌가. 법적 논리로 따져도 이는 합법적이지 않은 문구다. 광주의 한 유명식당은 입구에 '신발분실 시 우리가 100% 책임집니다. 고객님 신발은 CCTV가 잘 지키고 있습니다. 맛있게만 드십시오'라고 능치기 문구를 붙여놓았다. 가령 식당 앞에 '3~5시까지 쉬는 시간'이라고 붙여놓기보다 '3~5시까지는 오늘 저녁을 위해 싱싱한 재료를 사러 나갔다 올게요. 대신 저녁에 더 맛나게 만들어드릴게요'라고 하는 것이 능치기기술이다.

특히 내가 꼭 짚어보고 싶은 표현은 '비록 ~지만'이라는 어투다. 상담, 협상, 비즈니스 대화에서 이 말은 머릿속에서 영영 지워버리고 지구가 멸망하는 순간까지 쓰지 마시라. '비록 제가 잘 모르지만', '비록 제가 많이 부족하지만', '비록 제가 아는 건 별로 없지만', '비록 제가 이 업을 시작한 지 얼마 되지 않아 배우는 입장이지만' 하는 말투는 하나같이 아웃이다. 이건 겸손이 아니라 상대에게 불안감만 안겨주는 미련한 짓이다. 예를 들어 은행원이 "비록 제가 업무를 맡은 지 얼마 되지 않아 잘 모르지만……" 혹은 보험설계사가 "비록 제가 신입이라 잘 모르지만……" 하는데 자산을 맡기고 싶어 하는 사람은 없다. 이것은 시작부터 코를 빠뜨리는 얘기다.

쌍용자동차 영업사원들 대상으로 세일즈 코칭을 가게 되어서 주력 차종 티볼리를 조사하는데 광고를 보니 '저렴하지만 안정성 최고'라고 써놨다. 여기에도 "비록 ~하지만"이 들어간다. 하나는 안 좋고 하나만 좋다는 식이다. '저렴한 데다 안정성까지 최고'로 바꾸면 가격도 성능도 둘 다 좋다는 의미로 당장 바뀐다. "제가 아직 어려서…"로 시작하면 바로 어리다고 얕보는 수가 있다. 시작부터 코 빠뜨리는 얘기다. 노르웨이산 고등어를 설명할 때, "비록 수입산이지만 그래도 맛은 괜찮아요"라고 하면 전형적인 언어자폭이다. 굳이 하지 않아도 될 말을 해서 손해 볼 필요가 어디 있는가.

"물고기들에게는 사람처럼 국경의 경계가 없습니다. 국내산 고등어도 사실은 서해든 중국 바다든 마음대로 왔다 갔다 하지요. 그러니 원산지는 의미가 없죠."

굳이 노르웨이산을 강조하고 싶다면 다르게 눙치는 것도 가능하다. "탁한 서해와 오염된 중국 바다를 본 적 있죠? 청정 북극지역에 가까운 노르웨이 바다는 투명해서 바닥이 보입니다. 노르웨이산이니 깨끗한 환경에서 자유롭게 뛰놀던 더 건강한 생선을 먹는 셈이지요."

넥센타이어의 한 임원은 한 일간지와의 인터뷰에서 말했다.[13]

"넥센이 프로야구팀뿐 아니라 좋은 타이어 브랜드로도 기억되길 바랍니다(프로야구만큼이나 타이어도 잘 만든다는 걸 기억해줬으면 한다)."

그야말로 언어로 자살골을 넣어버린 게 아닌가. 주객전도가 일어나 넥센타이어 브랜드가 그 회사의 야구단만큼도 인지도가 없음을 만천하에 공개했으니 말이다. 이렇게 눙쳤으면 얼마나 좋을까.

"타이어의 소임은 계속해서 앞으로 나아가는 데 있습니다. 평생 멈추지 않고 구르는 넥센타이어만큼 우리 야구단도 멈추지 않고 앞을 향해 질주하겠습니다."

KB금융지주가 LIG손해보험을 인수하면서 KB손해보험으로 바뀌었을 때 기자가 이렇게 기사를 썼다. "비록 사명은 네 번이나 바뀌었지만 안정적 성장을 유지하고 있다."

그저 얼마나 기업이 부실하면 계속 여기저기에 먹히면서 간판이 바뀔까 하는 생각만 들 뿐이다. 그보다는 다음과 같이 눙치는 것이 낫다.

"사명이 네 번이나 바뀌면서 조직은 더 유연해지고 상황 대처 능력은 강해졌다."

마트를 지나가다 간혹 이런 전단문구를 봤을지도 모른다.

'알고 있나요? 오늘만 반값 할인. 내일부터 정상가. 믿어지나요?'

그러게, 믿어지지가 않네. 세상에 손해 보는 장사는 없으니 이

상품이 오늘만 반값이라면 그동안 최소 두 배나 이익을 남겨 먹었다는 얘기잖아. 내일부터 다시 마진을 두 배로 챙기겠네. 다신 이 상품을 사지 말아야지.

이처럼 언어자폭은 생각지 못한 곳에서 드러난다는 사실에 주의해야 한다. 다년간 보험설계사의 세일즈를 코칭해온 나는 그들에게서 자주 볼 수 있는 언어자폭 사례를 찾아냈다. 그들은 고객을 처음 만나는 순간부터 언어자폭을 한다.

보험설계사들의 언어자폭 사례	
"물론 기존 보험이 많이 있으시겠지만"	"아유, 없어요. 빨리 가입하고 싶어요"라고 말하는 고객이 있던가? 그런 고객은 역선택(Adverse Selection: 건강이 나쁘거나 위험한 직업군에 있는 사람이 보험금을 탈 목적으로 고의로 상품에 가입하는 것) 고객뿐이다.
"보험에 가입할 여유가 없겠지만"	금전적 여유가 있는 고객이 있던가? '돈이 없다'는 거절할 구실을 만들어주고 있다.
"저 같은 설계사를 많이 만나봤겠지만"	내가 특별하다는 느낌을 지우고 스스로 자신을 수많은 설계사 중 하나로 만들어 기존 설계사처럼 쉽게 거절해도 된다는 인상을 준다.
"물론 이런 중요한 상품은 집에 돌아가 충분히 상의해보고 응답하는 게 맞지만"	자료를 주면 집에 가서 배우자와 상의한 뒤 연락하겠다는 말을 아직도 순진하게 믿고 있는가? 당신과 헤어지면 그 자료는 쓰레기통에 들어간다. 당신도 그랬듯.
"많이 바쁘시죠?"	"바쁘지 않으니 우리 대화합시다"라는 고객은 백수거나 외로워서 미칠 지경인 사람뿐이다.
"혹시 시간 되세요?"	"시간이 많아요"라고 대답하는 고객을 단 한 번이라도 만나봤나?
"보험설계사가 찾아뵙겠다고 하니 부담스러웠죠? 처음엔 다들 부담스러워 해요."	이 말 자체가 정말 부담스럽다.

언어자폭이 치명적인 이유는 말 한마디 실수로 명성과 지위와 돈을 한꺼번에 잃을 수 있기 때문이다. 1991년 4월 23일, 영국의 고급보석 브랜드 래트너스Ratners의 CEO 제럴드 래트너Gerald Ratner가 5,000여 명의 청중 앞에서 말했다.

"우리는 음료를 나를 때 쓰는 은도금 쟁반과 여섯 개의 잔 그리고 포도주를 담는 유리병을 합쳐 4.95파운드(약 7,000원)에 파는데 소비자들은 어찌 그리 싸게 파는지 궁금해 합니다. 그 이유는 우리 제품이 완전 쓰레기total crap라서 그렇습니다."

단순히 분위기를 풀어보려 던진 농담인데 청중은 오너가 자기 제품을 쓰레기로 폄하하자 등을 돌렸고, 매출이 고꾸라지면서 1년 만에 기업가치가 5억 파운드 넘게(8,000억 이상) 날아갔다. 말 한마디로 수천억을 날려버린 셈이다. 이후 '래트너처럼 하기Doing a Ratner'라는 말이 생겨나 비즈니스계에서 어이없는 언어자폭의 의미로 쓰였다. 자기 제품의 결점이나 단점을 스스로 공개하는 바보가 되지 마라. 말 폭탄을 던지지 마라.

손해 볼 게 뻔한 긁어 부스럼 멘트

언젠가 내가 한국금융연수원에서 우리은행 직원들을 대상으로 코칭을 할 때, 한번은 어느 학생의 PT 장면을 보여주었다. 영상은 두 가지였고 말하는 내용은 동일했다. 다만 A영상에서는 학생에게 "제가 오늘 깜박하고 허리띠를 매지 않았네요"라고 말한 뒤 PT를 진행하게 했다. B영상에서는 허리띠를 매지 않았다는 말을 하지 않고 그냥 진행했다.

두 가지 영상을 두 그룹에게 보여준 뒤 나는 영상 속의 학생이 허리띠를 맸는지 매지 않았는지 물었다. A영상을 본 그룹은 100% 매지 않았다는 것을 인지했고 그중 63%는 허리띠가 없는 것이 눈에 거슬렸다고 답했다. 반면 B영상을 본 그룹은 13%만 허리띠를 매지 않았다는 사실을 알아차렸고 그중 3%만 눈에 거슬렸다고 답했다. 바로 이런 것을 '긁어 부스럼'이라고 한다.

이는 마치 복어집에서 입구에 '한 해에 스무 명씩 즉사시키는 맹독성 복어 독을 20년 요리경력 주방장이 잘 제거합니다'라고 써놓는 것이나 마찬가지다. 당연히 손님이 돌아서지 않겠는가. 삼계탕집에서 '조류인플루엔자는 닭을 70도 이상 익히면 안전합니다'라고 걸어놓는 것은 어떨까? 아마 먹는 내내 닭 속까지 제대로 익혔을까 하며 의심할 것이다.

어느 날 한 포럼에 참석했는데 내 차례 앞에서 강연한 한 교수가 이렇게 말했다.

"제가 오늘 깜박하고 넥타이를 챙기지 못했습니다. 급하게 사려고 했는데 옷가게가 보이지 않아서……. 어쩔 수 없이 그냥 나왔습니다. 너그럽게 봐주십시오."

그걸 보며 나는 긁어 부스럼을 만드는구나 싶었다. 그 말을 하지 않았으면 그냥 캐주얼하게 노타이 패션인가 보다 했을 텐데 말이다. 그 말을 듣고 나서 그의 강의내용은 귀에 들어오지 않았고 나는 저 양반의 셔츠에는 어떤 넥타이가 어울릴까 하며 머릿속으로 코디를 하고 있었다.

면접을 볼 때 흔히 "제가 지금 많이 긴장해서" 혹은 "떨려서" 같은 헛소리를 한다. 나는 부족해요, 경험이 없어요, 아마추어예요 등은 언어자폭이다. 여성이 "제가 오늘 메이크업이 이상하게 되었어요. 죄송합니다. 그래도 예쁘게 봐주세요"라고 말하면 이후로 그녀의 말은 들리지 않고 이상한 화장만 눈에 들어온다. 혹시 대한피부과의사회의 홍보 내용을 본 적 있는가.

"피부과 약이 독하다는 것은 그릇된 편견입니다."

그야말로 언어자폭이다. 한 번도 그런 생각을 하지 않았는데 이걸 보니 피부과 약이 독해 보이기 시작했다. 가급적 먹지 않아야겠다는 생각까지 들었다.

하루는 한 창업설명회에 참석했는데 강사가 창업 희망자들을 모아놓고 시작부터 언어자폭을 했다.

"창업은 어렵다 못해 성공하기가 동아줄이 바늘구멍을 통과하는 것과 같습니다. 그러나……."

이런저런 좋은 말을 많이 한 것 같은데 사실 아무 말도 들리지 않았다. 이미 결론이 났는데 뭘.

상대를 처음 만났을 때 하는 말실수 중 하나가 '누구를 닮았다'는 것이다. 누구를 닮았다는 말을 듣고 기분 좋은 경우는 없으므로 이말은 꺼내봐야 100% 손해를 보는 언어자폭이다. 실제로 미래에셋생명 직원 300명에게 누구를 닮았다는 말을 들었을 때 기분이 어땠느냐고 묻자 대부분 "전혀 동의할 수 없었다", "황당했다", "기분이 나빴다"라고 응답했다. 가족 구성원과 닮았다는 말을 들어도 90%가 별로 기분이 좋지 않다고 답했다. 상대보다 멋진 사람이든 아니든 그 누구와 닮았다는 말은 던져봐야 어차피 손해다. 한마디로 긁어 부스럼 멘트다.

다음의 일상 대화를 칭찬이라 생각하는지, 아니면 욕이라 생각하는지 답해보라.

집들이에 온 내 친구가	"어머, 집이 좁아서 청소하기에는 좋겠다."
내 외모나 얼굴을 본 후	"너, 피부 하나는 끝내준다. 역시 하늘은 공평해."
회사에서 자주 입는 내 옷을 쳐다보며	"그 스타일 되게 좋아하나봐."
밥을 사주자 후배 직원들이	"장 소장님은 진짜 돈 안 쓰시는 편인데 오늘 밥 사주셔서 정말 고맙습니다."
밥을 먹는 나를 보며	"김 대리, 다른 건 몰라도 밥 하나는 정말 잘 먹어."
내 사진을 보며	"우와, 사진 예쁘게 나왔다. 너 같지 않아."
내 옷을 보며	"넌 55사이즈를 입을 수 있어서 좋겠다. 난 너무 헐렁해서 맵시가 나지 않아." 또는 "넌 44사이즈를 입을 수 있어서 좋겠다. 난 가슴 때문에 못 입거든."

다 욕이다.

이런 말은 하지 않은 것만 못한 언어자폭이다. 난 이런 말을 안 한 것만 못하다는 뜻에서 갓 뿌린 격한 향수 냄새에 비교한다. 좋자고 한 말인데 결과는 안 하느니만 못한 말들이 언어자폭이다. 내가 했던 언어자폭도 있다.

생방송을 하면서 나는 늘 다른 공중파 채널을 실시간으로 보면서 멘트를 했다. 주말 저녁에 "지금 다른 데서 무한도전 하는데 그거 봐서 뭐합니까?"라고 했더니 채널 다 돌아갔다. 블랙박스 방송을 하는데 이 블랙박스가 국방부에 납품이 되는 기종이라 국방부 헬기에도 장착이 된다. "나라에서 선택하는 국방부 납품 제품입니다." 여기까지는 좋았는데 "저는 헬기에는 뭐 특별한 거라도 달리는 줄 알았는데 별거 아니군요."라고 언어자폭을 했다.

조건달기는 무조건 금지!
—

사족과 조건달기도 언어자폭이다.

예를 들어 "기분 나쁘게 들릴지도 모르지만" 하면서 말을 꺼내면 이미 듣기도 전에 기분이 나빠진다. 또한 "잔소리라 생각하지 말고 들어"라고 하면 그 뒤에 이어지는 말은 무조건 잔소리로 들린다.

사람들은 가끔 "어려운 부탁 하나만 해도 될까요?"라고 말하는데, 이런 말은 듣는 순간부터 부담스럽다. 어차피 부탁할 거라면 굳이 그 부탁이 어렵게 보이도록 만들 필요가 무엇이 있는가. 그보다는 차라리 "쉬운 부탁 하나만 해도 괜찮죠?"가 낫다. 물론 이 말에도 여전히 언어자폭이 들어 있다. '부탁'이라는 말 자체에서 우리는 이미 부담감을 느낀다. 그냥 그 말을 빼고 핵심만 말하는 것이 가장 좋다.

간혹 우리 회사와 컨설팅 수임료나 기업 강의 강사료를 협상하면서 이렇게 말하는 회사가 있다.

"이번만 싸게 해주세요. 앞으로 많이 의뢰할게요."

이번에 하는 것을 보고 잘하면 또 일을 주겠다는 식의 기약 없는 약속을 담보로 일 잘하라는 암묵적 압박을 가하는 셈이다. 이런 회사치고 정말로 다시 의뢰를 해오는 일은 없었다.

조사 하나로 천당과 지옥을 오간다
—

더러는 조사를 중요치 않은 것으로 여기는 사람도 있다. 물론 문장의 간결성을 위해 조사를 빼는 것도 한 방법이지만 눙치기기술에서 조사는 아주 중요하다. 조사 하나로 의미가 완전히 달라지기도 한다. 예를 들어 "박 대리는 생활의 지혜'를' 많이 알아"와 "박 대리는 생활의 지혜'는' 많이 알아"는 의미가 정반대다. 전자는 칭찬이지만 후자는 그것 외에 나머지는 다 부족하고 못났다는 말이다. "버거'나' 먹자"와 "버거'를' 먹자"도 느낌이 완전히 다르다. 전자의 버거는 몹쓸 음식이지만 대안이 없으니 그거라도 먹자는 뜻이다.

한국을 소개하는 프로그램에서는 흔히 한국을 '작지만 강한 나라'로 내건다. 조사 하나로 자기비하 표현으로 전락하는 셈이다. '작으면서도 강한 나라' 혹은 '작고도 강한 나라'로 바꿔야 눙치다.

가령 햄 제품이 겉포장에 'MSG 무첨가'라고 하지 않고 다음과 같이 하면 세 가지 문구 모두 다른 의미로 받아들여진다.

여행사에 전화를 걸어 "부모님과 함께 중국 장가계에 가려고 하

우리 것도 무첨가	우리 것도, 다른 것도 모두 무첨가라는 느낌이다. 남들이 먼저 무첨가였고 우리는 뒤늦게 무첨가가 되었다는 의미.
우리 것은 무첨가	우리만 무첨가일 수도 있고, 남의 것도 무첨가인데 우리 것은 좀 더 무첨가이거나 같은 무첨가여도 우리 것이 더 좋고 남의 것은 나쁘다는 의미. 상대를 겨냥한 비방.
우리 것만 무첨가	온 우주에서 우리 것만 좋고 나머지는 다 쓰레기 (가장 강한 느낌).

는데 비행기로 얼마나 걸려요?"라고 물었다고 해보자. 이때 "네 시간 거리입니다"와 "네 시간밖에 걸리지 않습니다"라는 말은 느낌이 아주 다르다. 이어 이렇게 눙치면 완벽해진다.

"네 시간밖에 걸리지 않습니다. 도심에서도 막히면 그 정도 시간이 걸릴 수 있잖아요. 전에 인천에서 집이 있는 잠실까지 오는 데 네 시간이나 걸리더라고요. 그 시간 동안 장가계행 비행기에 몸을 실으면 〈아바타〉의 촬영지인 끝내주는 별천지가 펼쳐집니다. 아마 눈 깜박할 사이에 갈 겁니다."

할리우드 영화 〈닌자터틀: 어둠의 히어로〉는 1편이 망한 뒤에 나온 후속작으로 국내 버스광고 등 옥외 노출광고 문구가 이랬다.

'생각보다는 재미있습니다.'

이 말의 저변에는 1편이 재미없어서 망했는데 이번에도 재미없을 수 있으니 큰 기대는 하지 말고 보라는 의미가 깔려 있다. 알아서 저자세를 취한 것이다. 조사에서 실수하지 말자.

허둥지둥 행동자폭

언어자폭 못지않게 스스로를 깎아내리는 행동자폭도 있다. 미팅 시간에 꼭 늦는 사람이 있는데 대개는 첫마디가 "아이고, 늦어서 죄송합니다"다. 이건 못난 습관이다. 조금 일찍 오면 그만인데 왜 그런 말로 시작부터 한 수를 접고 들어가는가? 미안한 입장에서 회의를 진행하면 자기주장을 내세우기가 어렵고, 설령 내 목소리를 내도 "늦게 온 주제에 큰 소리는……" 하면서 무시당할 확률이 높다.

허둥대며 갈피를 잡지 못하는 것도 행동자폭이다. 예를 들면 홈쇼핑 시연 장면에서 간혹 쇼호스트가 서툴게 행동하다가 스스로 당황하는 경우가 있다. 나도 쇼호스트였기에 자신 있게 말하는데 집에서 충분히 연습하면 뭐든 능숙하게 해낼 수 있다. 쇼호스트가 보여주는 시연 장면은 제한적이고 매우 짧으며 이미 주변에서 모두 세팅해준 것을 시늉만 하면 그만이기 때문이다. 그마저도 아마추어처럼 행동한다면 자신의 연습 부족을 탓해야 한다.

어느 결혼식장에 갔는데 이미 한물간 가수가 다음 일정이 바쁘다며 노래를 대충 부르더니 끝나자마자 짐을 챙겨 모든 하객이 지켜보는 가운데 우당탕탕 뛰쳐나갔다. 아무리 다음 일정에 쫓기더라도 결혼식에서 그처럼 성의 없는 모습을 보이는 것은 행동자폭이다. 나는 미팅과 미팅 사이에 충분한 시간 간격을 두지만, 혹여 다음 일정에 늦더라도 현재의 미팅에 집중하고 최선을 다하려 노력한다.

맞으면 '맞다', 아니면 '아니다'

—

한번은 독일인 친구가 우리 집에서 숙박을 했는데 그가 내게 물었다.

"MJ, 혹시 손톱깎이 '같은' 것 있어요?"

나는 곧바로 응수했다.

"손톱깎이 '같은' 것은 없고 손톱깎이는 있어."

내가 병적으로 싫어하는 말들이 있는데 '~같은 것'도 그중 하나다. 무언가 불확실하고 불안정해 보이기 때문이다. 그보다는 대상을 뚜렷이 지목해서 말하는 습관을 들여야 한다. '~같은 것'은 없다(There's no such thing as~). 이것, 저것, 바로 그것이 맞다.

미심쩍거나 미적지근한 표현, 일명 니마또내마또 아닌 표현은 아웃이다. "이것 됩니까?"라고 물었을 때 '되긴 되죠', '가능하긴 하죠' 식의 미심쩍은 표현으로 응답하는 것도 언어자폭이다. 이런 말은 정확히 들으면 된다는 것인데 언뜻 된다는 말인지 안 된다는 말인지, 되긴 되는데 뭔가 안 되는 것이 섞여 있다는 것인지 모호하다. 이왕이면 "확실히 됩니다"라고 응답하는 게 좋다.

'~인 것 같다', '~라는 것 같다', '~였던 것 같다', '~라고 알려져 있다' 같은 불안한 표현도 빼라. TV의 맛집 프로그램을 보면 고객이 인터뷰를 하는데 그냥 좋다고 하면 그만인 것을 하나같이 "좋은 것 같아요" 혹은 "맛있는 것 같아요"라며 자기감정조차 제대로 표현하지 못한다.

불안정 멘트를 날리고 싶지는 않지만 기억이 불확실하다면 이런 눙치기 단서를 쓰는 방법도 있다. 가령 청문회에서 과거의 일을 추궁당할 때처럼 모르쇠보다 나은 방법으로 "제 기억이 맞는다면……"이라는 단서를 달고 시작하는 것이 있다.

"제 기억이 맞다면 1997년 10월입니다. 그때 IMF가 터졌지요."

이러면 설사 그 날짜가 틀려도 빠져나갈 구멍이 있다. 내가 원하는 방향으로 실컷 얘기하고 나중에 틀렸다는 것이 밝혀지면 내 기억이 틀렸나 보네 하면 그만이니 말이다.

한번은 전국 어린이집과 유치원을 상대로 하는 교육기업을 컨설팅한 적이 있다. 그런데 한 유치원에서 선생님이 키 작은 아이를 가리키며 "애는 잘 먹긴 하는데……"라며 말끝을 흐린 사례가 있었다. 더 들어보지 않아도 그 부모의 심정이 어땠을지 알 만했다. 순간 실수했다는 생각이 들면 곧바로 이어서 눙쳐야 한다.

"애는 잘 먹는데도 이렇게 날씬해요. 크면 미스코리아가 되겠어요. 저는 조금만 먹어도 돼지가 되는데, 정말 부러워요."

"애가 산만해서……"라고 한 사례도 있었는데 커다란 실수다. 그보다는 이렇게 눙치는 것이 좋다.

"애가 호기심이 정말 많아요. 새로운 것을 배우는 걸 참 좋아해요."

뒤늦게라도 분명하게 눙쳐주는 것이 흐지부지하는 것보다 훨씬 낫다.

부드럽고 능청스럽게 한마디 보태라

　평소에 편안한 언어로 순화하고 민망한 표현은 우회해서 표현하는 훈련을 하면 호랑이 같은 고객도 달래서 마음을 누그러뜨릴 수 있다. 인터넷 방송에서 콘돔을 홍보하는 생방송이 나온 적이 있는데 하필이면 미혼인 어린 VJ가 진행했다. 다행히 게스트로 나온 콘돔회사 사장이 어찌나 진행을 잘하는지 감탄이 절로 나왔다. 그때 비아그라가 등장하자 VJ가 "이건 뭐할 때 먹는 거예요?"(내숭이 아니라 당시에는 비아그라가 출시된 지 얼마 되지 않아 생소했다)라며 순진한 얼굴로 물었다. 순간 카메라감독, PD, MD 모두가 숨을 죽였지만 콘돔회사 사장은 빙글빙글 웃으며 아무렇지 않게 "행복해지고 싶을 때 먹는 거예요"라고 능쳤다.

　한 공무원시험 강사가 수업 중이었다. 당장 내일모레가 시험이라 수험생들은 혹시나 시험에 떨어질까 다들 극도로 예민한 상태다. 한참 열강을 하다가 분필을 바닥에 떨어뜨렸는데 "어이쿠. 지금 이것은 분필이 바닥에 떨어진 것이 아니라 분필이 바닥에 붙은 겁니다."라고 능쳤다.

　폐경은 완경完經이라 부르는 것이 낫고 징병검사보다는 병역판정검사가 더 부드럽다. '신문 보세요'보다는 '세상의 모든 정보를 얻어가세요'가 유연하다.

　내 연구소에서 몇몇 요식업 브랜드의 업장을 방문한 고객들 대상으로 "식당에서 어떤 말을 들었을 때 가장 기분이 나쁩니까?"라는 조사를 했다. 4위가 앉자마자 메뉴판을 볼 새도 없이 무얼 먹을 거냐고 몰아붙이는 말이었고, 5위 답변은 식당에 들어서자마자 "여기 앉아라, 저기 앉아라" 지시하는 것이었다. 한 소비자는 "내가 내 돈을 내고 먹으면서 마치 가축처럼 우리 안에 들어가 사료를 받는 기분"이었다고 말했다. 역설적이게도 순위에 오르지는 않았지만 "아무 데나 앉으세요"라는 말도 기분 나쁜 말이라고 했다. 대우받지 못한다는 느낌이 들기 때문이란다.

자리를 지정해줘도 뭐라고 하고, 지정해주지 않아도 뭐라고 하니 어느 장단에 맞춰야 할지 판단이 안 섰다. 어쨌든 나는 이 설문 조사를 바탕으로 요식업 종업원의 응대 매뉴얼을 만들어야 했다. 우리 회사는 자리를 지정해주는 쪽으로 결정하고 멘트를 만들었는데, 각 자리에 테마나 의미를 담아 한마디를 덧붙이기로 했다. 다시 말해 "여기 앉으세요"라고 한 뒤 이 자리가 따뜻해요, 이 자리가 시원해요, 이 자리가 아늑해요, 이 자리가 조용해요, 이 자리가 쾌적해요, 이 자리가 아기랑 앉기에 좋아요, 여기가 제일 좋은 자리예요, 제가 제일 좋아하는 자리라 추천해요 등의 눙치기를 하는 것이다. 눙치기는 별것 아니다. 그저 몇 초를 투자해 한마디 더하는 것으로 족하다.

홈쇼핑에서 간장게장을 방송하면 살아 있는 것으로 만들었는지, 아니면 죽은 것으로 만들었는지 질문이 올라온다. 물론 게장은 냉동 게로 만든다.

"간장게장은 살아 있는 신선한 것으로 만드는 게 좋다고 생각하세요? 아닙니다. 게는 성격이 까칠한 갑각류라 물 밖으로 나오자마자 스트레스로 제 살을 파먹기 시작합니다. 결국 물 밖으로 나온 뒤 시간이 지날수록 선도는 떨어지고 속살은 허당이 되어갑니다. 차라리 나오자마자 급속냉동하면 바다 속에 있을 때와 똑같이 속이 꽉 차 있죠. 사실 간장게장은 냉동을 쓰는 게 가장 통통하고 선도도 좋습니다."

가령 여성용 명품 백을 판매하는 패션 매장에 연인 손님이 들어왔다고 해보자. 그때 여자가 마음에 드는 백 하나를 집어 들더니 "자기야, 이거 정말 예쁘다"라고 말한다. 남자는 즉각 "가죽가방 있잖아"라고 받아친다. '이미 있잖아'는 사주기 싫을 때 가장 많이 하는 멘트 1위다. 어떻게 눙쳐야 할까?

"가죽가방의 수명 연장 비결은 여러 개를 번갈아가며 사용하는 것입니다. 가죽은 매일 사용하면 빨리 닳지요. 매주 스타일을 바꾸면 가죽의 생명도 길어지고 고객님의 세련미도 높일 수 있지요."

같은 크기의 TV를 말솜씨로 더 커 보이게 만드는 방법도 있다. 당신이 가전매장 50인치 TV 앞에 서 있고 판매원이 당신에게 TV를 소개한다고 해보자. 이때 당신은 TV가 약간 작다고 생각한다.

"고객님의 집이 50평이어도 거실 실평수는 15평 이하일 겁니다. 여기 매장은 1,000평입니다. 운동장 같은 곳에 TV가 덩그렇게 놓여 있으니 상대적으로 작아 보이죠. 고객님 집의 15평 거실에 갖다놓으면 이 TV의 크기는 상대적으로 정말 커 보일 겁니다. 우리가 고객님 집으로 TV를 설치하러 가면 모두들 깜짝 놀라며 '이렇게 컸어?'라고 말합니다."

미 항공우주국 나사NASA는 100년 전에 생겼다(1915년 3월 3일). 출발 무렵에는 우주로 향해 나아가자는 거창한 꿈에 부풀었지만 시간이 갈수록 돈 먹는 애물단지라는 말이 쏟아져 나왔다. 한 해에 나사에 쏟아 붓는 돈이 22조 원이었으니 우주 밖으로 나갈 일도 없는 지구인이 우주에 쏟는 돈을 줄이자는, 즉 나사의 예산을 삭감하자는 목소리가 나오는 건 당연했다. 다급해진 나사는 이런 문구로 눙쳤다.

'당신이 생각하는 것보다 더 많은 우주가 당신의 삶 속에 있습니다. There's more space in your life than you think.'

지구에 사는 우리의 일상에 생각보다 많은 나사의 기술력이 들어 있다는 의미다. 베고 자는 메모리폼, 적외선 귀 체온계, 무선청소기, 냉동건조식품은 모두 나사의 발명품이다. 우주인을 위해 개발했으나 인간의 삶을 이롭고 편리하게 해주는 상품이 계속 나오고 있으니 나사의 존재는 여전히 요긴하다는 눙치기다.

"하도 예뻐서 딸인 줄 알았어요"
—

가장 좋은 싸움은 말로 상대를 무장해제하는 것이다. 예를 들어 키높이 구두를 찾는 키 작은 손님이 예쁜 아이템을 발견했는데 안타깝게도 키높이 구두가 아니라서 망설인다면? 이때 신발가게 점원이 "키높이 깔창 하나 까세요"라고 말하면 그 손님이 얼마나 민망하겠는가? '키' 콤플렉스를 다른 이슈, 이를테면 건강으로 돌려 판매하는 것도 한 방법이다.

"요즘에는 키가 큰 사람도 푹신한 고무패드 하나쯤은 받쳐서 신습니다. 온몸의 체중을 받아내는 충격은 발로 오는데 쿠션받침은 충격 분산 효과가 있어서 건강에도 좋아요."

주말을 맞아 모처럼 가족과 외식을 나왔더니 식당 문에 떡허니 '주일은 쉽니다'라는 문구가 붙어 있다면? 가뜩이나 헛걸음한 것도 신경질이 나는데 무교거나 타종교인이거나 그 종교를 싫어하는 사람이 보면 기분이 어떻겠는가? 세일즈에서 꼭 제외해야 할 두 가지 소재가 종교와 정치 얘기다. 가게 문에 종교 성향을 드러내며 '나, 절에 다녀요' 혹은 '나, 교회에 다녀요'라고 광고해봐야 좋을 게 없다. 그보다는 우회적인 표현으로 쉬는 날임을 알려주는 것이 더 낫다.

'일요일은 더 신선한 음식을 만들고자 전국 지역특산물을 사러 직접 내려가는 날입니다.'

초면에 "결혼했어요?" 하고 묻는 것은 실례다. 상대가 과거에 결혼했다가 이혼한 상태일 수도 있는데 '결혼했어요?'라는 말은 상대의 과거를 묻는 질문이다. "지금 기혼이세요?"는 어떨까? 이보다는 "미혼이세요?"라고 묻는 것이 훨씬 더 좋다. 만약 "기혼이세요?"라고 물었는데 미혼이면 상대는 내가 늙어 보이나 싶어 대개는 기분 나빠 한다. 충분히 결혼했을 만한 연배로 보여 "기혼이세요?"라고 물었는데 의외로 미혼이라는 대답이 돌아왔다면 그 위기를 어떻게 극복해야 할까? 그럴 때는 "여자들에게 인기가 많아서 벌써 결혼했을 거라고 생각했죠" 혹은 "아니, 이렇게 미모가 뛰어난데 아직도? 남자들이 보는 눈이 없거나 님의 눈이 너무 높은 것 아닌가요?"라고 눙치고 넘어간다.

여자애인데 남자애냐고 물으면 애기 엄마 기분 나쁘다. 신생아가 아들인지 딸인지 구분이 가지 않을 때는 어떻게 물어봐야 할까? "아들인가요?" 또는 "남자아이예요? 아님 여자아이예요?"는 어떨까? 둘 다 틀렸다. "여자아이죠?"가 정답이다. 설령 아들일지라도 "하도 예뻐서 딸인 줄 알았어요"라며 넘기면 된다.

한번은 내가 람보르기니 영업사원에게 괜히 트집을 잡았다.

"슈퍼카는 제로백이 3초고, 시속 300km를 내지만 그렇게 달릴 곳이 있나요? 그렇게 밟아봐야 벌금만 물지. 한국에선 이런 성능을 써먹을 데가 없지요."

영업사원은 그대로 받아서 눙쳤다.

"하지만 제한속도 100km 구간에서 3초 만에 시속 100km까지 나오게 밟는 건 불법이 아니죠. 과속이 아닌 가속은 어디서나 얼마든지 즐길 수 있죠."

이제는 상업적 목적의 메일이나 카톡으로 광고를 보낼 때 첫 문장, 첫 줄에 '(광고)'라는 표시를 해야 한다. 그런데 버거킹은 카톡 소식 메시지를 보낼 때 (광고) 표시에 이어 곧바로 '(광고) 아닌 부드~러운 소식. 부드러운 머쉬룸 스테이크버거 신제품 출시'라는 식으로 눙친다. 화장품 상자를 열면 뚜껑에 으레 '개봉 후 환불되지 않음'이라는 정 떨어지는 문구가 붙어 있다. 그보다는 '뜯으면 완전히 고객님 것'이라고 눙치면 얼마나 좋은가.

홈쇼핑에 전화했을 때 상담원이 대기 중이면 짜증이 밀려온다. 이때 자동주문전화를 이용하라고 말하는 쇼호스트는 불이 난 집에 기름을 붓는 격이다. 물어볼 게 있어서 전화한 거지 자동주문전화 거는 걸 몰라서 그러는 줄 알아!! 정말로 고객은 걸만 하니까 거는 거다. 나는 홈쇼핑 방송 중에 상담원 대기가 걸리면 이렇게 눙쳤다.

"상담원에게 전화해봐야 신상품을 써본 사람이 아니고 주문을 받는 사람이라 고객님처럼 잘 모릅니다. 그들도 지금 고객님이 보는 인터넷몰의 상품설명을 보면서 대답하는 거예요. 이렇게 해보죠. 지금부터 상품설명 얘기는 접고 가장 많이 올라온 고객 질문 순으로 제가 응답하겠습니다. 저는 상품을 써본 사람이라 상담원보다 더 궁금증을 잘 해소해줄 수 있습니다."

그러자 신기하리만치 상담원 대기가 즉각 사라졌다. 이는 시청자들이 수화기를 내려놓고 다시 지켜보고 있다는 증거였다.

한번은 추천인 자격으로 제자 한 명을 잘 아는 담배회사 임원에게 보내 개별면접을 받게 했다. 첫 질문은 역시나 "흡연을 어떻게 생각하세요?"였단다. 자, 당신이라면 "담배가 좋다고 생각하세요? 아님 나쁘다고 생각하세요?"라는 담배회사 임원의 질문에 어떻게 대답할 것인가?

솔직하게 담배가 나쁘다고 대답하면 근무부적격자로 찍힐 것이 빤하고, 담배가 좋다고 대답하면 정직하지 않거나 사회적으로 도덕성에 문제가 있는 사람으로 비춰질 테니 어떻게 대답해도 곤란

한 질문이다. 이럴 때는 질문자의 입장을 고려해 통찰력을 발휘해야 한다. 당신은 담배회사에 들어가려는 것이고 면접관은 적어도 수십 년간 담배회사에 청춘을 바쳐온 사람이다. 그가 도덕적으로 괴로워하는 사람을 뽑고 싶을까? 분명 지원동기가 약하거나 입사 후 담배에 회의감을 보일 사람을 뽑고 싶지는 않을 것이다. 그러니 첫마디는 이렇게 시작해야 한다.

"담배를 몹시 사랑하는 사람으로서 제 소견을 말씀드리자면"

첫마디가 이러면 면접관은 일단 안심한다. 이어 담배에 대한 개인적 애정을 담아 눙치면 게임 끝이다.

> • '흰색이 좋으세요? 빨간색이 좋으세요?'라는 질문의 답은 지극히 개인적인 문제라 정답이 없듯, 담배도 흡연구역만 잘 지킨다면 어디까지나 개인의 기호 문제라고 생각합니다.
>
> • 영국에 사는 메이시 할머니는 75년 동안 매일 담배를 한 갑씩 피웠고 현재 102세인데 정정합니다. 그분은 흡연과 건강은 아무 상관이 없다고 반박하죠.

비유를 떠나 요점은 늘 상대의 입장에서 생각해보는 습관을 들이고 그것을 풀어 누그러뜨릴 자세를 갖춰야 한다는 것이다. 가령 개를 싫어하는 사람도 상대가 개를 좋아하면 그의 편에 서보는 연습을 해야 한다. 애완견을 안고 있는 사람에게 역지사지를 발휘하면 상대는 감사함을 느낀다.

"애완동물을 키우는 사람들은 대개 마음이 따뜻해요. 무언가를 받으려고 사랑을 주는 게 아니죠. 동물에게 돈을 달라거나 방청소를 요구하는 것은 아니니까요. 헌신적으로 사랑을 주는 좋은 분이 많더군요."

지하철에서 어느 할머니가 빨간 대야에 도라지를 쌓아놓고 까고 있자 지나가던 아주머니가 묻는다.

"이거 국산이에요?"

"그랴."

할머니의 시큰둥한 대답에 아주머니는 머뭇거리다 돌아섰다. 아무래도 반신반의하는 듯했다. 할머니가 뭐라고 했으면 아주머니가 두말없이 도라지를 샀을까? '국산은 이렇고 수입산은 저렇고' 하는 말은 빵점이다. 할머니에게는 대형마트처럼 원산지 표기의무도 없고 식품 전문가로 보이지도 않는다. 그러나 이렇게 말하면 아마 대야는 금세 비어버릴 것이다.

"난 중국말도 모르고 이런 걸 어디서 어떻게 수입하는지도 몰라. 그냥 뒷밭에다 내가 기른 거야."

효과 만점 백신을 놓아라
—

아무리 눙치려고 해도 답이 없는 경우가 있다. 대표적으로 브랜드와 기업이 언론의 철퇴를 맞을 때가 그런 경우다. 가짜 건강식품, 중금속이 든 마스크팩, 원산지를 허위 표기한 수산물, 오리털 함량을 속인 패딩 그리고 건강 이상을 유발한 식품 등 치명적인 상황에 놓이면 앞이 깜깜해진다. 이 위기에 어떻게 대처해야 할까?

갓 태어난 아기가 의사에게 받는 첫 선물은 날카로운 주삿바늘이다. 12살 때까지 많게는 13개의 백신을 35차례나 접종해야 한다. 이처럼 아이가 성장 과정에서 백신을 맞듯 상품에도 백신을 놓아 면역력을 키울 수 있다. 상품에서의 백신 기법은 대단한 게 아니라 시간과 사과가 답이다.

오염된 물이 시간이 지나면서 저절로 깨끗해지는 것을 자정작용이라고 하는데, 이 작용이 자연계에만 존재하는 것은 아니다. 마케팅 시장에서도 시간이 약이다. 실제로 홈쇼핑이나 마트에서 판매하는 상품에 문제가 있다고 언론이 보도해도 시간이 지나면 언제 그랬는가 싶게 아무렇지도 않다.

문제가 드러났을 때 변명하는 것은 치명적이다. 최선책은 머리가 땅속으로 들어갈 정도로 깊이 고개 숙여 사죄하는 것이다. 그래야 그나마 빨리 잊힌다. 고객의 기억은 신기하리만치 짧고 시간은 스스로 자정작용을 한다. 특히 시간이 가면서 언론 피로도가 쌓이면 소비자는 그만큼 무뎌지고 언제 열을 냈느냐는 듯 다시 본래의 습관대로 돌아간다.

예를 들어 화장실에서 사용하는 손 건조기에 세균이 어마어마하게 많다는 기사가 연일 신문을 도배했지만, 사람들은 여전히 화장실에서 손을 씻은 뒤 건조기에 손을 말린다. 식당에서 반찬을 재사용한다는 기사는 또 얼마나 많이 났는가? 그래도 우리는 오늘도 맛있게 밥을 사먹지 않았는가. 홈쇼핑 보험은 엉터리라고 대대적으로 공중파 뉴스에 나온 적도 있다. 그것이 며칠 동안 뉴스에 밤낮 없이 등장하면서 내 얼굴까지 자료화면으로 그대로 공개되었다(지금은 얼굴을 가려주지만 수십 년 전에는 여과 없이 내보냈다). 하지만 열을 내는 건 그때뿐이고 보험상품은 잘만 팔려 나갔다.

에펠탑 효과(Eiffel Tower Effect : 처음에는 비호감이거나 무관심했지만 자꾸 접하면서 호감도가 높아지는 현상을 일컫는 심리학 용어)와 망각이라는 선물을 이용하는 백신 기법도 눙치기다.

Key Point
—

눙치기는 아부와는 다르다. 아부만 날리면 돈을 버는 데 급급해 무슨 말이든 하는 장사꾼에 불과하다. 한데 요즘의 똑똑한 고객은 영혼 없는 아부와 진심 어린 칭찬쯤은 단박에 구별한다. 눙치기에도 논리가 앞서야 상대의 기분을 합리적으로 풀어낼 수 있다. 먼저 스스로 단점을 공개하는 언어자폭은 불에 기름을 붓는 격이니 언어의 자살골을 걷어내야 한다. 그리고 고객의 날카로운 반응에 부드러운 응대, 온화한 말투, 풀어서 누그러뜨리는 어휘로 상대를 무장해제해야 한다. 도로가 막히면 우회도로를 이용하듯 언어에서도 때론 에둘러치는 기술이 필요하다. 언어를 유연하게 사용하되 여기에 눙치는 솜씨를 담아보라.

관점전환

비틀어 보면 '그놈'도
'그분'이 된다

퀴즈 하나. 당신이 정글을 헤쳐 가다가 원주민 어른과 아이를 만난
다. 당신이 어른에게 묻는다.

"댁의 아들이슈?"

"그렇다오."

다시 아이에게 묻는다.

"아빠니?"

"아닌데요."

어찌된 일일까? 아주 간단하다. 관점을 전환하면 답은 금세 원주
민 어른이 엄마라는 것을 알아챌 수 있다. 관점을 바꿀 경우 똑같
은 사물과 상황도 다르게 보인다. 한번은 에몬스가구 직원 50명에

게 한 장의 저녁풍경 사진을 보여주며 어떤 느낌이 드는지 모두 적어보라고 했다. 나중에 보니 쓸쓸함, 외로움, 후회, 을씨년스러움 같은 부정적 언어를 적은 이들도 있었지만 정반대로 따뜻함·설렘·편안함·포근함 등의 긍정적 언어를 적은 이들도 있었다. 관점의 차이는 매우 다양하게 나타난다. 똑같은 장소에서 밤하늘의 보름달을 바라봐도 어떤 이는 동전만 하다고 말하고 또 어떤 이는 쟁반만 하다고 말한다.

이처럼 고객의 시각을 내가 주장하는 시각으로 전환하는 것이 관점전환 Shifting Standpoint 기술이다. 이 관점전환기술을 잘 쓰려면 행동경제학에서 말하는 준거점 의존성 Reference Dependency 을 잘 잡아내야 한다. 준거점이란 어떤 판단의 근거인 사고의 출발점을 말하며 이는 개인의 과거 경험이나 지식을 기반으로 생긴다. 소비자는 의사결정을 할 때 합리적으로 판단하는 것이 아니라 마음속 판단 기준, 즉 주관적 준거점에 따른다. 관점전환기술을 사용하면 그 준거점이 오류임을 일깨워주거나 그것을 기반으로 다른 상황과 반대급부를 그려줄 수 있다.

1970년대에 서수남과 하청일이 한창 듀엣으로 활동하던 시절, TV로 보면 서수남은 굉장히 키가 크고 하청일은 아주 작은 것으로 보였다. 사실은 서수남이 190cm에 조금 못 미치고 하청일은 그보다 12cm 작은 것이라, 서수남이 큰 것일 뿐 하청일이 작은 것은 아니었다. 둘이 지방공연을 갔을 때였다. TV에 나오는 연예인을 처음 본 어느 할아버지가 다가오더니 하청일이 작은 게 아니라 서수남 때문에 작아 보였다는 것을 깨닫고 손가락으로 둘을 번갈아 가리키며 말하더란다.

"이기(하청일) 빙신인 줄 알았더니 이기(서수남) 빙신이었네."

이는 그동안 서수남의 키가 의사결정의 준거점이 되었다는 의미다. 소비경제학 측면에서 인간은 객관적인 판단보다 편향적인 자신의 틀로 세상을 바라보는 프레임 효과Frame Effect를 보인다. 여기서 프레임이란 고객의 관점 혹은 생각의 틀을 말하는데, 그것을 바꾸거나 뒤집으면 세상이 다르게 보인다. 프랑스의 소설가 베르나르 베르베르가 쓴 《상상력 사전》에는 이런 말이 나온다.

"개는 이렇게 생각한다. 인간은 나를 먹여줘. 그러니까 그는 내 신이야. 고양이는 이렇게 생각한다. 인간은 나를 먹여줘. 그러니까 나는 그의 신이야."

준거점을 어디에 두느냐에 따라 시각은 바뀌고 관점을 바꿀 경우 결론도 쉽게 바뀐다.

한국에서 도로공사를 하면 이런 팻말을 내건다.

'통행에 불편을 드려 죄송합니다.'

이탈리아에서는 도로공사를 할 때 다음과 같은 문구를 내건다.

'너희를 위해 일하는 중이다. 그러니 인내하라.'

관점전환기술을 사용하려면 먼저 고객의 말을 잘 들어야 한다. 그 말에서 무언가 반발심이 느껴진다면 준거점을 정해 재빨리 관점을 바꾸는 것이 좋다. 설령 뜻하지 않은 상황에 놓일지라도 우리는 관점전환의 변곡점에 즉각 올라서는 기민함을 발휘해야 한다.

관점전환기술 사용법 ① 보이지 않는 이면 찾기

관점전환기술을 익히려면 보이지 않는 이면의 상황을 찾아내려 노력해야 한다. 우리 회사에 홍보를 의뢰하는 상품이 늘 착하고 예쁘기만 한 것은 아니다. 사회적 인식이 부정적이거나 염려스런 속설이 난무하는 상품도 많다. 이럴 때 우리는 나쁜 인식을 상쇄해줄 논문, 학술지, 기사 자료를 찾아내고 소비자가 알아채지 못한 이면까지 살펴보며 해답을 찾는다.

초콜릿은 치아를 썩게 하니 나쁘다고? 천만에! 카카오는 자연에서 얻은 천연 약으로 몸에 이롭다는 연구조사를 내세운다. 인공감미료는 모두 나쁘다고? 천만에! 대한당뇨병학회는 기사에서 인공감미료는 단맛을 내면서 혈당과 체중에 주는 영향이 적어 당뇨환자에게 설탕 대용품으로 아주 좋다고 말한다. 사카린은 몸에 나쁘다고? 사카린은 무열량 감미료에다 혈당지수가 제로라 오히려 안전하며, 심지어 암세포 증식 억제 효과까지 있다는 고려대학원 생명융합과학과 연구팀의 논문 자료도 있다.

"미국의 인구는 기껏해야 세계 인구의 4%에 불과하다"라고 말하면 적어 보이지만, "미국의 인구수는 중국, 인도 다음으로 세계 3위다"라고 하면 굉장히 많게 느껴진다. 이것이 관점전환의 힘이다. 예를 들어 당신이 로또 판매점 주인이라고 가정해보자. 손님이 말한다.

"로또에 당첨될 확률(800만분의 1)은 벼락에 맞을 확률(100만분의 1)의 여덟 배에 해당한다고 합니다. 그럼 로또에 당첨되는 건 번개를 여덟 번 맞는 것이나 마찬가지라는 얘긴데 그게 걸리겠어요?"

이 관점을 어떻게 바꿔주겠는가? 로또 판매점 주인의 입장에서 옹호해보라.

"뉴욕 엠파이어스테이트 빌딩은 매년 수십만 명이 찾는 명물이지요. 그런데 그 빌딩은 1년에 100번 정도 번개를 맞습니다. 1년 동안 매일 그 빌딩에 오르면 번개에 100번 맞는 셈이니 로또에 열두 번은 당첨되겠네요. 오늘 한 번 사면 당첨되지 않을지 모르지만 1년만 적은 액수로 꾸준히 사보세요. 되고도 남죠."

홈쇼핑 방송을 보면 가끔 쇼호스트가 자랑스러운 표정으로 "물량 확보가 어려워 정말 어렵게 준비했습니다"라며 지금도 수량이 부족하니 수량 선점부터 하라는 국적 불명의 말을 외친다. 곰곰 생각해보면 이 말은 미련한 얘기다. 공산품에 식물이나 소처럼 키울 시간이 필요한 것도 아니고 공장에서 붕어빵을 찍듯 생산하는데 물량 확보가 어렵다면 그만큼 제품 생산력이 딸린다는 말이 아닌가. 그런 제품은 앞으로 신제품을 생산할 여력도 부족할 테고 AS나 부품 수급마저 의심스러워 보인다. 이처럼 이면의 상황을 들춰보는 훈련을 해보라.

과일을 사러 가면 "깎아주세요"보다 "깎아달라는 말은 하지 않을 테니 덤으로 더 주세요"가 훨씬 더 잘 먹힌다. 장사꾼은 받는 돈에는 악착같지만 더 주는 것은 어차피 원가로 주는 거라 상대적으로 너그럽다. 관점만 바꿔도 협상에서 성공할 확률이 높아진다.

어느 날 차를 수리하러 카센터에 들렀다가 주인과 잠시 얘기를 나누었다. 내가 고객에게 가장 많이 받는 질문이 무엇이냐고 묻자 그는 "정품 맞아요?"라고 했다. 부품을 교체하기 전에 묻고 교체하고 나서 또 묻는단다. 그럼 순정품이 아닐 때는 어떻게 대응하느냐고 묻자 딱히 방법이 없다고 해서 멘트를 하나 제시했다.

"사실 순정품은 없습니다. 어차피 부품은 하청업체들이 만든 것을 납품받아 만드는 것이잖아요. 지금 유리를 교체했는데 대기업에서 유리를 만듭니까? 하청업체의 부품들을 모아 대기업 공장에서 완성차를 조립하는 것이지요."

한번은 아모레퍼시픽에 세일즈 코칭을 갔는데 그때 한 마케터가 내게 물었다.

"요즘엔 소비자가 워낙 똑똑해서 클렌징을 시연할 때 거품이 풍부하다고 말하면 오히려 '그건 그만큼 계면활성제가 많이 들어갔다는 얘기가 아니냐? 얼굴에 바르는 제품에 화학물질이 많이 들어간 것은 별로다'라고 합니다. 이럴 때는 어떻게 응대해야 할까요?"

관점을 바꾸면 응대는 간단해진다.

"모든 제품에는 본연의 목적이 있고, 클렌징의 목적은 세정력에 있습니다. 클렌징은 마스크팩처럼 오랜 시간 쓰는 것도 아니고 기초화장품도 아니므로 클렌징 효과에 초점을 두어야 합니다. 클렌징의 기본은 세정이지요. 요즘에는 미세먼지가 심각한데 그것은 모공의 10분의 1 크기로 피부 사이사이에 박힙니다. 당연히 풍부한 거품으로 빼줘야 하지요. 계면활성제가 아예 없는 클렌징을 상상해보십시오. 무엇 하러 클렌징을 하겠습니까? 화장품회사가 계면활성제를 넣지 않은 클렌징을 못 만들겠습니까, 아니면 안 만들겠습니까?"

언젠가 한 아웃도어 브랜드가 매장 창업에 관심이 있는 예비창업자들을 대상으로 사업설명회를 진행하면서 내게 PT 대행을 의뢰했다. 내가 질문 기회를 주자 사람들은 예상대로 요즘 아웃도어 시장이 죽었다, 꺾였다, 끝물이다, 막차 타는 것 아니냐 등 성장의 한계를 지목하며 매장 개설의 위험성을 우려했다.

"그렇지 않습니다. 아웃도어 시장은 지난 5년간 너무 빨리 성장한 탓에 요즘 성장세가 상대적으로 저조한 것뿐입니다. 아웃도어 시장이 해마다 20%씩 성장하면서 연간 1조씩 늘어나 7조 원에 이르렀으니 그간 묻지마식 초호황을 누린 셈이죠. 지금까지 양적으로 지나치게 팽창했기에 현재 불안정한 시기를 보내는 중이고, 앞으로 꾸준히 안정적인 성장이 이어질 겁니다."

보험설계사가 흔히 하는 말 중에 "고객을 보호하고 씌워주는 우산 같은 존재가 되겠다"는 멘트가 있다. 그럼 그 관점을 바꿔보자.

"저는 우산이 되고 싶지 않습니다. 우산은 비가 올 때만 사용하고 평소에는 우산장 깊숙이 팽개쳐져 기억조차 하지 않는 존재로 남아 있지요. 그처럼 필요할 때만 찾는 존재가 아니라 늘 마음으로 떠올리는 인간적인 인연으로 남고 싶습니다."

관점전환기술 사용법 ② 상반되는 입장에서 설득하기

—

나는 심한 길치라 잘 갔던 길도 오는 길을 몰라 헤매기도 한다. 가는 길과 오는 길의 풍경이 전혀 다르기 때문이다. 같은 맥락에서 관점전환기술을 익힐 경우 각 사물과 대상, 상황이 주는 반대쪽 입장에 서보는 훈련을 하는 것이 좋다. 그러면 각각의 상황에서 양쪽의 입장에 서보자.

하나투어 대리점주들에게 세일즈 코칭을 하면서 고객과 상담하는 RP(역할극)를 했다.

여행사에 문의하는 고객이 혼자서 여행을 간다고 한다면?

"혼자 여행을 떠나니 제대로 보고 오겠네요. 음식 메뉴와 관광지를 선택할 때마다 다른 사람의 눈치를 볼 것도 없고 숙소에서도 내 맘대로 할 수 있죠. 진정 자유로운 영혼이라 좋겠어요."

반대로 가족과 함께 간다고 한다면?

"가족과 함께 여행을 다녀오면 결속력이 장난 아니게 단단해집니다. 혼자 여행을 가면 함께 오지 못한 가족의 얼굴이 떠올라 마음이 아프지 않던가요? 여행은 함께 나눌 때 제일 행복하지요. 돌아와서 이런저런 추억도 나눌 수 있고요. 수학여행도 가지 않은 아이만 나중에 대화에 끼지 못해 왕따가 되잖아요."

여행사에 제일 많이 하는 질문 하나는 "거기 날씨 어때요?"다. 그곳의 날씨가 미치도록 덥다면?

"지금 가야 여름을 제대로 만끽할 수 있어요. 거기는 여름에 가야 재밌지요. 옷차림도 간편해서 활동하기 편하고 가방 부피도 줄어들고요."

만약 그곳 날씨가 미치도록 춥다면?

"지금 가야 겨울을 제대로 보고 오지요. 거기는 겨울에 가야 제맛이에요. 겨울이 제일 아름다운 곳이지요."

가방을 사러 온 고객에게 가죽가방을 권한다면?

"인조피혁은 금방 상하고 파손 우려가 많아 AS를 받는 가방은 하나같이 인조피혁이에요. 가방은 집에 모셔두는 서가 장식용이 아니잖아요. 들고 다니면 여기저기 긁히고 부딪히게 마련인데 튼튼한 재질을 생각한다면 가죽을 쓰는 게 낫죠."

반대로 인조피혁가방을 권한다면?

"가죽은 무거워요. 잠깐만 든다면 몰라도 계속 들어야 한다면 시간이 갈수록 무게감이 더해지면서 피로감도 올라가죠. 그러다 보면 몸이 상할 수 있어요. 요즘의 인조피혁은 가죽 이상으로 좋지요."

휴대전화를 판매할 때 싼 것을 권해야 한다면?

"폰은 비싼 것을 실 필요가 없어요. 비싼 폰은 쓰지 않는 기능이 많아 오히려 어지럽죠. 뷔페식당에 가도 우리가 다 먹고 오는 것이 아니듯 어차피 쓰지도 않을 기능인데 비싼 돈을 주고 살 필요가 있나요? 비싼 폰을 쓰면 인터넷 속도가 더 빨라집니까? 똑같죠. 비싼 폰을 쓰면 앱이 더 많아집니까? 똑같죠. 그럼 폰이 고장 나서 바꾸나요? 보통은 싫증나서 바꾸지요. 한국인은 평균 1년 8개월마다 스마트폰을 교체합니다. 사고 나면 더 멋진 폰이 나오니까요. 저렴한 폰이면 계절에 맞는 신상 옷을 사듯 부담 없이 바꿀 수 있죠. 게다가 휴대폰을 분실하는 일도 많죠. 작년 한 해 휴대폰 분실 건수가 대구시 인구와 맞먹는 250만 건이나 됩니다. 비싼 폰 사서 잃어버리면 얼마나 아깝습니까? 더구나 온가족이 함께 쓰는 가전도 아니고 혼자 쓰는 소모품인데 굳이 좋은 것을 살 이유가 있을까요?"

반대로 비싼 폰을 권해야 한다면?

"어쩌다 쓰는 물건이면 싼 것을 써도 괜찮습니다. 하지만 스마트폰은 내 분신이나 다름없죠. 휴대전화 알람을 끄면서 하루를 시작하고 잠들 때 마지막까지 손에 쥐고 있는 것도 스마트폰입니다. 하루 중 가장 많이 쳐다보고 가장 많이 만지는 내 분신이죠. 그러니 가장 좋은 걸로 써야 합니다. 하루에 몇 번밖에 타지 않는 승강기 문이 닫히기를 기다리는 3초도 답답해하는데 하루 종일 쓰는 스마트폰이 저가폰이라 느려터지면 견딜 수 있겠어요? 하루에 몇 번 쳐다보지 않는 내 집 창문도 흐릿하면 답답한데 하루 종일 들여다보는 내 폰이 저가라서 흐릿하면 견디겠어요? 스트레스 누적은 돈으로 환산되지 않습니다. 속 시원하게 빠르고 화질이 쨍하게 좋은 고급폰을 쓰세요."

물 시장은 정수기 시장과 생수 시장 두 개의 시장으로 나뉜다. 정수기의 입장에 서 본다면? "돈을 주고 사먹는 생수의 품질이 수준 미달이라거나 수돗물보다 못하다는 뉴스를 보면 배신감이 이루 말할 수 없죠. 또 페트병을 세척할 때 쓰는 약품에 잠재적 발암물질이 있다는 뉴스가 나오면 경악스럽습니다. 생수병 자체에서 나오는 화학물질도 걱정입니다. 생수의 유통기한은 6개월인데 유통 과정을 보면 여름철 고온의 컨테이너 안에서 장시간 보관하거나 강한 햇빛 아래 몇 달씩 방치하곤 합니다. 이 경우 페트병에서 유해화학물이 나와 물과 섞이죠. 그래서 안전한 정수기 물을 마시라는 겁니다.

인체의 70%가 물로 구성된 우리는 물을 자주 마셔야 합니다. 아이들은 성인보다 더 자주 마셔야 하지요. 그런데 아이들이 실제로 필요한 만큼 물을 충분히 음용하지 못한다고 합니다. 냉장고 안의 생수를 꺼내 먹기가 불편해서 그렇죠. 물은 습관입니다. 언제든 쉽게 물을 마시도록 아이의 눈높이에 맞게 정수기를 설치해주세요. 건강한 습관이 생길 겁니다. 물을 자주 마시면 피부도 좋아집니다. 촉촉한 피부에 도움을 준다는 그 어떤 비싼 수분크림보다 직접 물 한 잔을 마시는 게 더 낫습니다."

그와 반대로 생수 쪽 입장이라면?

"저는 한강을 바라볼 때마다 아무리 제대로 걸러낼지라도 저 물은 도저히 마시지 못하겠다는 생각을 합니다. 정수 과정을 거치긴 해도 어쨌든 수많은 배설물과 생활폐수가 흘러들어간 물이 아닙니까? 물론 수돗물은 안전하다고 하지만 건물 내 낡은 수도관에서 나오는 중금속과 물탱크의 녹 찌꺼기 문제는 늘 걱정이죠. 끓인다고 중금속이 증발되는 것은 아니잖아요. 그 녹물에 중금속, 납, 수은이 들어 있을지도 모르는데 결코 내 아이에게 먹이고 싶지 않아요. 아무리 정수를 잘한다고 해도 미덥지 않습니다. 여기에다 수돗물에는 소독물질인 염소가 들어 있는데 그 물을 걸러서 마시다니 찜찜합니다. 설령 정수가 잘될지라도 문제는 남습니다. 정수가 잘되면 좋은 미네랄까지 걸러낼 테니 증류수를 마시는 것과 뭐가 다르겠습니까? 불순물을 거른 물보다는 자연 상태의 건강한 생수를 마시는 게 낫습니다. 정수한 물을 마시겠습니까? 순수한 물을 마시겠습니까?"

옛 기억을 더듬어 유명했던 일화를 하나 소개하고자 한다. 어느해 여름, 홈쇼핑 쇼호스트로 일하던 나는 한화콘도 방송을 진행하고 있었다. 때마침 다른 홈쇼핑에서 텐트를 방송한다는 정보가 들어왔다. 나는 곧바로 콘도의 입장에서 텐트를 공격했다.

"혹시 길바닥에서 잠을 자본 경험이 있습니까? 여름이라도 입이 돌아갑니다. 텐트에서 땅의 찬 기운을 그대로 받으며 자고 나면 다음 날 그야말로 온몸이 뻐근하지요. 또 화장실에 가는 것도, 씻는 것도 굉장히 불편합니다. 사방이 노출된 노천에서 자려니 소음이란 소음은 다 들려오고요. 더구나 텐트 안에서는 제대로 일어서기도 어렵고 팔 한 번 맘껏 휘두르기도 힘듭니다. 그뿐 아니라 요즘

세상에 치안이 얼마나 걱정스럽습니까? 여행지에서 하루가 멀다 하고 끔찍한 범죄가 벌어지는데 가족을 보호하기 위해 문을 잠글 수도 없어요. 그냥 콘도에서 편히 주무세요. 밤새 전기료 걱정 없이 에어컨을 빵빵하게 틀고 편하게 보내세요."

  그날 텐트를 방송한 홈쇼핑 매출은 박살났고 반사적으로 내 매출은 두 배 더 뛰었다. 그로부터 3주 뒤 방송편성표를 받은 나는 박장대소를 터트렸다. 내게 텐트 방송 캐스팅이 들어온 것이다. 흥미롭게도 막상 방송에 들어가니 더 재미난 일이 벌어졌다. 3주 전에 내게 당한 홈쇼핑에서 콘도를 방송했던 것이다. 더구나 그곳 쇼호스트들은 독을 품었는지 3주 전의 내 멘트를 그대로 따라 하며 열변을 토했다.

  이번에 나는 텐트의 입장에서 콘도를 공격했다.

  "여러분, 여름휴가의 의미가 어디에 있습니까? 늘 똑같은 내 집을 떠나는 것 아닌가요? 그렇게 집을 떠나 모처럼 도착한 휴가지의 콘도에 들어가면 제일 먼저 에어컨과 TV를 켭니다. 집에서 하던 짓과 똑같지요. 그리고 몇 시간 전까지 남이 덮던 이불을 덮고 남이 베던 베개를 벱니다. 층간소음 때문에 아이들에게 스트레스를 주던 잔소리를 거기까지 가서도 똑같이 합니다. 텐트에서는 어떤가요? 아이들이 밤새 뛰어서 땅속 두더지가 놀라 뛰쳐나와도 뭐라고 할 사람이 아무도 없습니다. 또 우리는 여름휴가를 떠날 때 숙박예약부터 알아봅니다. 그것이 어려우면 여행지 자체를 바꾸지요. 텐트를 이용하면 그럴 필요가 없습니다. 차 트렁크에 넣고 발길 닿는 곳, 길 닿는 곳이면 어디서든 펼치세요. 하늘을 지붕 삼아, 땅을 앞마당 삼아 아이들과 함께 평생 잊지 못할 추억을 쌓을 수 있습니다."

그날 콘도를 방송한 홈쇼핑 경쟁사는 또 매출이 망가지고 말았다.

말은 코에 걸면 코걸이, 귀에 걸면 귀걸이가 된다. 그러므로 늘 반대 상황을 떠올리는 연습을 해야 한다. 관점전환에 익숙해지면 내게 불리한 상황도 순식간에 뒤집을 수 있다. 사물이든 상황이든 어떤 시각으로 바라보느냐에 따라 장점이 단점으로, 단점이 장점으로 뒤바뀌고 심지어 생각지도 못한 영역으로 시야가 넓어지기도 한다.

한여름에 내복을 팔 수 있을까?

신한금융그룹은 광고에서 소쿠리의 잘 익은 빨간 사과 밖에 덜 익은 사과를 놓고 '남들은 덜 익었다고 하지만 신한은 더 익을 거라 합니다'라는 문구로 소비자의 눈길을 끌었다. 여기에는 이런 부연 설명이 달려 있다.

'남들은 알아보지 못했던 기술의 미래가능성, 신한은행의 기술금융은 기업의 진정한 가치를 알아봅니다.'

이는 아직 덜 익은 사과처럼 발전가능성이 농후한 숨은 기업가치를 기술금융으로 찾아내겠다는 말이다. 한마디로 관점이 다른 관점전환기술인 셈이다.

캐주얼 의류업체 유니클로는 '더울수록 한 겹 더'를 외치며 여름에 내복을 판다. 그것은 여름내의 '에어리즘'으로 이것을 일상복 안에 입으면 땀을 흡수하고 몸의 온도를 내려준다. 이는 관점전환으로 발명한 옷이다.

라식수술을 하면 보통 안경을 벗는데 평생 안경을 써온 사람의 안경을 벗은 얼굴은 좀 이상하다. 그래서 '강남밝은세상안과'는 알이 없는 안경을 쓰면 눈이 더 크고 또렷해 보이고 안경빨이 멋지다며 오히려 수술 후에도 안경을 쓰라고 관점을 전환하는 광고를 한다.

루이비통은 가방으로 유명하지만 실은 90여 년 전부터 향수를 만들어온 기업이기도 하다. 명품의 조건은 오랜 역사인데 가방은 초기 제품이 남아 있어 기업의 계보와 정통성을 잇기가 용이하지만, 향수는 1927년에 만든 향수병은 있어도 향수 액은 사라져 그 본래의 향을 알 길이 없다. 그럼 루이비통의 향수는 뿌리가 사라졌으니 명맥이 끊겼다고 봐야 하지 않을까? 이를 고려한 루이비통은 생각지도 못한 이면의 관점을 어필했다.

'과거의 향에 얽매일 필요가 없으니 루이비통 향의 상상력에는 한계가 없습니다.'

Key Point
—

세상에 밑지는 장사는 없다. 뭐라고 말하든 남는 게 있으니 파는 것이다. 우리가 간혹 보는 '90% 세일'이란 말에는 그동안 그 상품의 마진이 최소 90% 이상이었다는, 즉 무시무시한 거품이 있었다는 의미가 담겨 있다. 90%나 폭리를 취한 옷이니 그 브랜드의 옷은 두 번 다시 사면 안 된다.

엄청난 세일을 강조할 때는 지독히 팔리지 않거나 곧 단종될 제품이거나 앞으로도 계속 그 정도 세일을 반복할 상품이기 십상이다. 세상은 관점에 따라 달라진다. 비록 세상은 하나지만 관점은 무수히 많이 존재한다. 평소에 관점전환 연습을 많이 하라.

서강대학교 학생 50명에게 산소(O_2)와 이산화탄소(CO_2) 하면 떠오르는 단어를 적으라고 하자 다음의 말이 많이 나왔다.

산소 : 신선함, 깨끗함, 활력, 생명, 생기
이산화탄소 : 오염, 부정, 답답함, 종말, 죽음

그럼 이산화탄소의 관점을 바꿔보자.

'식물에게 CO_2는 산소이자 밥이다. CO_2는 모든 식물의 원동력이며 에너지 공급원이다.'

예쁜 화초도 누군가의 눈에는 잡초로 보일 수 있다. 똑같은 밥을 보면서도 남자들은 '집밥'이라 하고 여자들은 '그놈의 밥'이라고 한다. 미국인은 자신들을 탐험가라 부르지만 인디언은 약탈자라 부른다. 의뢰인이 해결사라 부르는 사람을 채무자는 범죄자라 부른다. 똑같은 책도 누군가는 라면 받침으로 쓰지만 누군가는 삶의 바이블로 삼는다.

05
변칙

고수는
역으로 친다

무술을 책으로 배운 사람은 실전에 나갔을 때 신나게 두들겨 맞는다. 강의실 안에서 배운 것을 현장에서는 도통 써먹을 수 없는 상태를 아카데미즘이라고 한다. 그런데 서점의 경영서적 코너에 가보면 흥미롭게도 말도 안 되는 제목이 널려 있다. 예를 들면 '절대 망하지 않는 마케팅 법칙', '100％ 성공하는 세일즈 기술' 등이 있다. 절대, 반드시, 100％ 성공하는 법칙이나 노하우로 시작하는 책은 말 그대로 절대·반드시·100％ 사기다.

축구를 입으로 하는 사람치고 실전에서 잘 뛰는 사람은 없다. 세상에 마케팅의 정석이 어디 있고 또 법칙과 원리원칙이 어디 있겠는가? 말의 논리에서 절대, 반드시, 100％ 지지 않는 공자가 사람들에게 해를 끼치는 산적을 찾아가 말로 담판을 지으려 한 적이 있다. 공자의 말이 끝나기가 무섭게 산적이 외쳤다.

"몽둥이 어디다 뒀어? 저게 맞아 죽으려고 환장을 했나. 어디서 주둥이를 놀려!"

깜짝 놀란 공자는 혼비백산해서 도망쳐 나왔다.

현실은 대부분 법대로, 논리대로 돌아가지 않는다. 세상에 100% 먹히는 세일즈 방법이 어디 있겠는가? 재밌는 사실은 모든 경기에 규칙과 변칙이 있다는 사실이다. 권투에는 '벨트 아래below the belt' 규칙이 있어서 허리 아래를 때리면 무조건 반칙이다. 그러나 변칙은 반칙이 아니다. 가령 권투선수가 경기 중 서로 끌어안을 때 일부러 까슬까슬한 턱수염을 상대의 뺨에 비비면 상대는 고통스러워하지만 이건 반칙이 아니다. 실실 웃거나 약을 올려 상대가 이성적으로 판단하지 못하게 만드는 것도 변칙이지 반칙은 아니다.

이소룡 주연의 영화 〈정무문〉을 보면 이소룡과 적이 일대일 대결을 벌이는 장면에서 적의 암바에 걸린 이소룡의 팔이 꺾여 부러질 듯 위급한 순간이 온다. 이때 이소룡은 어떻게 위기에서 탈출했을까? 급할 땐 무술인의 자존심이고 뭐고 없다. 모양새는 나오지 않지만 이소룡은 적을 마구 깨물어 승리했다.

순수한 아마추어 정신만으로는 상대를 이길 수 없다. 때로는 변칙을 써야 하는 순간도 있다. 프로는 정공법에만 머물지 않고 변칙을 구사할 줄 안다. 올림픽 정신은 아마추어를 위한 것이지만 현실적으로는 돈이 오가는 프로들이 뛰는 스포츠 세상이다. 변칙이란 반칙과 달리 '합법적인 원칙의 테두리 안에서 구사하는 적절한 우회의 수'를 말한다.

변칙은 타협과도 다르다. 마케팅에서 타협은 지양해야 할 표현이다. 예를 들면 명품 브랜드가 매출에 급급해 온라인 판매까지 시작하면 오프라인 매장의 고객을 잃는 현상이 벌어진다. 변칙은 여전히 목표 지향적이며 가는 길만 달리할 뿐이다.

인간과 컴퓨터가 머리싸움을 하면 이제 컴퓨터가 이긴다. 1997년 체스 챔피언이 컴퓨터에 패했고 2015년 바둑 챔피언이 알파고에 패했다. 블러핑 같은 심리 기술이 사용되는 포커는 어떨까? 2017년에는 프로 포커 선수 4명이 미국 카네기멜론대학 연구팀이 만든 리브라투스Libratus라는 AI에게 패배했다. 이처럼 하루가 다르게 컴퓨터의 지능은 높아지고 있다. 하지만 인간은 기계와 달리 얼마든지 규칙을 깰 수 있기에 알파고도 언제든 이길 수 있다. 일부러 실수를 하든 떼를 쓰든 별짓을 다하면 된다. 로봇공학자 한스 모라벡Hans Moravec은 세계 체스 챔피언을 이기는 슈퍼컴퓨터는 쉽게 만들어도 변수가 많은 한 살짜리 아기만 한 지능의 컴퓨터를 만드는 건 불가능하다고 말했다. 이는 그만큼 변칙을 넘어서기가 어렵다는 말이다. 그러니 당신은 알파고랑 바둑을 둬도 이길 수 있다. "몇 수만 먼저 깔고 시작합시다"라거나 "한 수만 물립시다"라며 변수를 계속 던지면 된다. 이처럼 변칙기술은 변수로 가득 찬 영업 현장에서 빛을 발할 것이다.

변칙기술 사용법

—

① 매복된 메시지 쓰기

간혹 노골적으로 접근해 대놓고 판매하다가 반감을 사는 사람도 있다. 물건을 사러 갔다가 오로지 파는 것에만 온 정신이 팔려 있는 사람을 만나면 퍽이나 못나 보인다. 무언가를 팔려고 하는 엉큼한 속내가 빤히 보일 경우 괜히 상품까지 정이 떨어지게 마련이다. 그래서 필요한 것이 '매복된 메시지'다.

우리는 말 자체보다 말의 의도에 집중한다. 회의가 길어져 점심 시간이 다가오면 누군가가 "배고프다"라고 말하는데, 그 의도는 내 뱃속 상태를 알아달라는 것이 아니라 회의를 그만 끝내자는 것이다. 이처럼 의도가 숨어 있는 메시지를 매복된 메시지라고 하며 이 것은 한마디로 '아닌 듯 그런 것'을 말한다. 교묘하고 은밀하게 접근하는 매복된 메시지는 엉큼한 메시지다.

나는 오랫동안 건강식품 오메가 - 3를 방송했는데 제일 강한 멘트는 이것이다.

"사람의 몸에서 가장 중요한 곳 두 군데는 뇌와 심장입니다. 이 곳의 혈관이 막히면 둘 중 하나의 증상이 나타나지요. 죽거나 식물 인간이 됩니다. 이런 일은 서서히 일어나는 것이 아니라 어느 날 갑자기 당합니다. 오메가 - 3는 혈관을 막히게 하는 혈관 속 기름때를 깨끗이 녹여버립니다."

이 멘트가 나가면 고객은 그냥 주문한다. 하지만 통신판매방송

법상 오메가-3를 팔면서 혈관이 막히면 위험하다거나 혈관질환에 따른 병명을 언급하는 것은 금지사항이다. 잔꾀를 부린 나는 부조정실 음악감독에게 방송 중 혼성그룹 '거북이'의 노래를 계속 틀어달라고 요청했다. 거북이의 메인 보컬이 심근경색으로 사망했기 때문이다. 〈빙고〉, 〈비행기〉 등의 노래가 계속 흘러나올 때, 나는 넌지시 "이 노래를 들으니 춤추고 노래하고 건강해 보이던 사람도 한순간 훅 갈 수 있다는 생각이 드네요"라고 말했다. 매출은 그야말로 실시간으로 급상승했다.

마트에 가면 '고객님의 안전사고 예방을 위하여 CCTV를 설치하였습니다'라고 써놨지만, 그 진짜 의도는 '물건을 훔쳐갈까 봐 감시하고 있으니 꿈도 꾸지 마라'다.

오늘날 대부분의 콘텐츠는 광고를 담고 있다. 심지어 뉴스기사조차 기사인지 광고인지 한참을 읽어 내려간 뒤에야 '기승전광고'란 걸 알아차릴 수 있다. 기사 형식을 띤 광고를 애드버토리얼advertorial이라고 하는데 이것은 언론사가 돈을 받고 기사처럼 써주는 광고를 말한다. 요즘 관심을 받는 네이티브 광고Native AD는 기사나 드라마 등에 광고를 섞은 것으로 광고인 듯 광고가 아닌 잡종이다. 한마디로 광고와 기사가 혼연일체가 된 것이라 보고 나면 뒷맛이 쓰다. TV나 영화에서는 흔히 간접광고PPL를 많이 쓰지만 시청자 다섯 명 중 네 명은 간접광고에 무관심하다.[14] 그러니 매복된 메시지는 잘 써야 한다.

1990년대 후반까지만 해도 소주의 도수는 25도가 공식처럼 쓰였으나 2000년에 20도가 무너지더니 지금은 14도까지 내려갔다. 물론 술을 판매하는 기업들은 순한 소주로 속을 보호하고 숙취를 줄이기 위해 그러는 거라고 말한다. 웃긴다. 언제부터 술장사가 술꾼 속 걱정해줬다고. 진짜 속내는 알코올을 덜 넣고 그만큼 맹물을 타서 원가를 절감하기 위해서다. 실제로 도수를 1도 내리면 한 병당 6원 정도 원가를 절감할 수 있다.

안마의자 매장에서는 보통 직원이 곁에서 이런저런 설명을 하지 않는다. 그저 '무료체험'이라는 문구를 써놓고 빈 안마의지와 설명서만 붙여놓을 뿐이다. 이것은 물건을 대놓고 팔지 않는 전략이다. 옆에 판매직원이 있으면 신발을 벗고 내 것인 양 그 의자에 편히 몸을 맡기지 못한다. 그래서 일부러 직원을 배치하지 않고 휴식과 경험이 그 역할을 대신하게 한다. 이런 제품의 경우 옆에서 구구절절 설명하는 것보다 체험의 힘이 100배는 강하다.

② 소비자 착각 이용하기

소비자 착각을 이용하는 것도 일종의 변칙이다. 이를테면 맥주한 병을 낱개로 2500원에 살 수 있는데 굳이 네 병을 묶어놓고 만원에 팔면 왠지 싸 보인다. 마트에서 주스를 파는 판매원이 이렇게 말한다고 해보자.

"물 한 방울 넣지 않고 생과일을 그대로 착즙해 과일을 직접 갈아 마시는 듯 풍부한 식감을 느낄 수 있는 제품이에요."

아주 좋아 보이지 않는가? 그런데 가만 보면 물 한 방울 넣지 않았다. 생과일이다. 착즙했다. 직접 갈아 마신다는 것은 모두 거짓일 수 있다. 마지막에 그런 것과 같은 식감을 느낄 수 있다고 했으니 말이다. 식감을 느낄 수 있다고 했지 실제로 그렇다고 말한 건 아니다.

마찬가지로 홈쇼핑 쇼호스트들도 음파칫솔을 소개하면서 스케일링을 받은 효과라고 하면 심의에 걸리니까 스케일링을 받은 느낌이라고 표현해서 방송심의를 피해간다. '마치 ~한 듯한 느낌'이라는 표현은 방송심의를 피해가려는 꼼수 멘트다.

예를 들어 유럽의 몇 개국 여행상품을 소개하면서 "마치 유럽 전역을 돌고 온 느낌이에요. 볼 건 다 본 것 같은 느낌이죠"라고 말하면 실제로 유럽을 다 돌고 온 것은 아니지만 무언가 풍성한 여행을 할 것만 같은 느낌이 든다. "마치 피부가 2단계 밝아진 느낌이에요"라는 말은 실제로 피부가 2단계 밝아졌다는 얘기가 아니다. 단지 그런 느낌이라고 했을 뿐이니 방송심의는 피해가지만 소비자들은 실제 피부가 2단계 밝아지는 것으로 착각한다.

상표명에 떡하니 '100%'라고 써놓는 소비자 착각 이용하기도 난무한다. 홍삼액 포장에 '홍삼과 귀한 한약재 10가지를 옛 전통방식으로 달였습니다'라고 적혀 있으면, 제일 비싼 홍삼은 조금 넣고 다른 부재료로 양을 늘려 가격을 낮춘 변칙이다. 그러니 홍삼액을 구입할 때는 '홍삼 100%'를 표기한 제품이 가장 알찬 선택이다.

가령 건강식품 스피루리나를 먹기 위해 비슷비슷해 보이는 제품 중 싼 것을 집어 들면 스피루리나 원말에 결정셀룰로오스와 스테

아르산을 섞어놓은 것이다. 100% 스피루리나는 좀 더 비싸다. 그럼 '100% 스피루리나 원료 from 하와이'라고 써놓은 걸 골랐다면? 역시 속은 것이다. 이는 원료가 100% 들었다는 말이 아니라 하와이산이 100% 들었다는 뜻이다. 이러한 제품에는 부원료가 많이 들어 있다. 이제는 오렌지 100% 음료가 과즙만 짜서 넣은 게 아니라는 걸 죄다 알지만, 대한민국 국민은 오랫동안 모르고 마셨다. 첨가물이라고 해봐야 물과 설탕이 대부분이라는 것을 말이다.

홈쇼핑에서는 속옷 방송을 할 때 수량을 사전에 미리 조절한다. 한국 여성의 브라사이즈는 80A, 75A 순으로 가장 많다. 그래서 홈쇼핑은 D컵과 C컵처럼 주문이 적은 상품은 30장 정도만 입고해 방송을 시작하자마자 바로 매진되도록 만든다. 그런 꼼수를 부리고는 화면 아래에 '벌써 D컵, C컵 매진 속출! 빠르게 수량 선점하세요'라는 자막을 내보내는 한편 쇼호스트가 "벌써 사이즈가 매진되고 있습니다. 서두르세요"라고 독촉한다. 소비자는 지금 불티나게 팔리는 줄 알고 구매를 서두른다.

경기도 구리나 남양주에서 분양하는 아파트들은 전단지에 롯데타워를 그려 넣고 창문을 열면 보인다며 '잠실생활권'이라고 광고한다. 하지만 롯데타워는 수원에서도 보인다. 그럼 수원도 잠실생활권인가? 한마디로 이것은 소비자 착각 이용하기다.

우리는 가끔 'OO상품 가격인상 확정'이란 문구를 접한다. 물건 값은 출시 이후 시간이 갈수록 내려가는 것이 상식인데 어떻게 상품가격이 오른다고 대놓고 홍보하는 걸까? 이런 경우는 대개 어차피 단종될 상품을 떨이로 정리하는 것이다. 얼마 지나지 않아 새 상품이 나오지만 소비자들은 정말로 가격이 오르는 줄 알고 사지 않아도 될 것을 더 구입한다.

한때 묻지도 따지지도 않고 가입이 가능하다는 보험이 인기를 끌었다. 기존 병력이 있어서 보험가입을 거절당한 사람들에게는 정말 희소식이었지만, 그것은 내가 죽어야 나오는 것이지 살아 있을 때 건강을 보장해주는 보험이 아니었다.

과자봉투 뒷면에 적힌 '1회 제공 칼로리'라는 말은 그 과자 한 봉 전체의 칼로리가 아니므로 주의해야 한다. '매장 계약기간 종료! 마지막 날! 매장 내 전 상품 마지막 처분!' 혹은 '점포정리 대방출. 90% 떨이' 같은 문구는 가짜일 가능성이 크다. 특히 깔세 매장이 이런 문구를 많이 내세우는데 이들은 보증금 없이 두세 달치 임대료를 비싸게 미리 내고 B급 상품을 가져다 처음부터 떨이로 판매한다. 초기자본금은 별로 없고 현금은 빨리 쥐고 싶은 사람들이 전국을 돌며 깔세 매장을 선택하는데, 소비자들은 정말로 점포정리인 줄 착각한다.

③ 단서 달기

한국말은 끝까지 들어봐야 한다는 말이 나온 이유는 잘나가다가 뒤에 단서를 다는 경우가 있기 때문이다. 이를테면 "미안해, 사과할게"와 "미안해, 사과는 하는데……"는 완전히 다르다. 단서달기의 달인들은 보험업계 종사자다. 가령 '질병'이 아니라 '중대한 질병'이라고 써놓으면 다른 말이 되어버린다. 뇌졸중이 몸이 일부 불편한 정도라면 중대한 뇌졸중은 최소한 온몸이 마비되고 말도 하지 못하는 최악의 수준이라야 보험금을 준다는 말이다.

보험은 구미가 당기는 높은 보험금에 혹하지 말고 맨 뒤에 '단'으로 시작하는 후렴구를 잘 봐야 한다. 예를 들어 '1억 보장! 단, 가입 후 2년 이상. 신체 손실 95% 이상일 때만 보장'이라면 보장받기가 매우 어렵다. '1억을 줍니다. 단, 상해1급 기준'은 어떤 의미일까? 상해1급이면 다쳐서 거의 식물인간 수준이어야 1억을 준다는 말이다. 나머지는 상해 급수에 따라 차등지급하는데 상해5급이 겨우 10만 원을 받는다. 상해5급이면 어느 정도 다쳤다는 걸까? 그건 소중한 치아 하나가 부러지는 수준이 아니라 윗니가 몽땅 사라져야 하는 수준이다.

'1억 보장. 단, 선택 특약에 한함'이라는 보험은 그 보장이 주계약이 아니라 특약이므로 보험료를 더 내라는 말이다. 치매보험은 대부분 '단, 중증치매에 한함'이라는 단서를 달고 있다. 경증치매를 보장해주는 건 겨우 다섯 개뿐이다.[15] 그런데 안타깝게도 한국인 치매환자의 80%가 경증치매다.

옷가게 진열장에 '최대 50% 할인'이라는 말이 붙어 있으면 혹해서 들어가는가? 분명 최대라고 했고 최소는 얼마인지 모른다. 더구나 할인 문구 옆에 '일부 품목에 한함'이라는 말까지 있다면? 사실 그런 품목은 그냥 줘도 입을까 말까 한 몇 벌뿐이다. 50% 할인 매장에 들어가 50%를 할인해주는 물건을 사본 적도 없으면서 여전히 사람들은 혹한다.

음식점에서 가게 밖에 멋지게 만들어놓은 밀랍음식 조형물을 보면 밑에 조그맣게 '실제 음식과 차이가 있을 수 있습니다'라는 말이 적혀 있다. 그런 단서를 달아놓으면 고객이 식당에 들어가 희한한 맛을 경험해도 음식점 측에서는 할 말이 있다. 패밀리레스토랑 TGI프라이데이는 이벤트로 디저트 공짜 제공을 내세웠으나, 그 밑에 아주 작은 글씨로 '추가 식사 주문 시 사용 가능'이라고 적어놓았다. 더 주문해서 먹어야 준다는 단서다.

아파트 분양 전단지를 보면 늘 끝내주는 주변 풍경, 끝내주는 조경, 끝내주는 인테리어를 자랑하는 아파트 이미지가 나온다. 마음껏 궁전 같은 그림을 그려놓고는 밑에 아주 작은 글씨로 '이미지와 실제는 다를 수 있습니다'라는 단서를 넣는다. 이 한 문장으로 가볍게 법망을 빠져나가는 것이다. 실제로 경남 창원시 메트로시티의 데시앙 아파트는 분양 홍보책자에 단지 내 연못이 있었다. 여기에 혹한 계약자들이 분양 프리미엄 2,000만 원을 추가로 냈지만 실제로 연못은 없었다. 당연히 입주자들은 소송했고 대법원까지 간 끝에 결국 건설사가 이겼다. 그들이 홍보책자에 작은 단서를 하나 집어넣었기 때문이다.

동화면세점은 국내 최대 규모 시내 면세점이라고 홍보한다. 언뜻 국내 최대 면세점으로 읽히지만 그들은 단지 국내 최대 규모 시내 면세점이라고 했을 뿐이다. '시내'라는 단서를 넣어 국내 최대라는 착각을 불러일으킨 것이다.

단서 한마디면 세상의 인식을 돌려놓을 수 있다. 특히 초두 효과
(Primacy Effect : 첫인상이나 처음의 정보가 나중에 알게 된 정보보다 더 중요하
게 다뤄지는 효과)에 따라 고객은 앞서 들은 얘기에 집중하고 반응한
다. 이처럼 뒤에 흘러나오는 얘기를 놓치는 심리를 이용하는 단서
달기도 변칙의 한 기술이다.

④ 합법적 사기

'특집'이란 특별한 날에 하는 특별한 이벤트나 사건을 말한다. 이
특집이 한 번이면 합법이지만 계속 특집이면 사기다. 그런데 홈쇼
핑은 1년 내내 특집 방송이다. 1년 내내 주문이 뜨겁다고 하고, 1년
내내 매진임박이라고 외친다. 그렇다고 누군가가 구속되는 일은
없다. 법의 테두리 안에서 쓰는 이런 변칙을 우리의 은어로 '합법적
사기'라고 한다. 백화점과 마트가 1년 내내 할인행사를 하는 것도
마찬가지다. 실제 2016년 한 해 동안 백화점들은 최장 185일을 세
일했다. 이틀에 1번 세일했으니 정상가로 산 사람이 바보다.

가전제품을 구매하는 사람들이 꼭 묻는 질문은 "이건 언제 출시
됐어요?"이다. 그만큼 많은 고객이 최신인가, 구형인가에 민감하
다. 그러다 보니 이러한 심리를 이용해 꼼수를 부리기도 한다. 예
를 들어 갤럭시 S9이 출시되었다고 해보자. 조금 지나면 론칭빨이
떨어지고 구형이 되지만 계속 신모델임을 내세울 방법이 있다. 케
이스 색깔을 주기적으로 바꿔서 출시하면 된다. 가령 첫 론칭 때는
화이트와 블랙 두 종류만 출시하고 몇 개월 있다가 핑크, 또 몇 개

월 있다가 골드를 출시하는 식으로 계속 껍데기 색상만 바꾸면 갤럭시 S10이 나오기 직전까지 끝없이 최신형임을 내세울 수 있다. 컬러가 바뀌면 신모델이랍시고 광고를 계속할 수 있고 그러면 금세 잊히는 가전 시장에서 이슈를 끌고 가기가 용이하다.

시작부터 작정하고 꼼수를 부리는 경우도 있다. 애초에 VOD용으로 저예산 영화를 만들어 겨우 몇 개관에 일주일 정도 개봉한 뒤, VOD용으로 판매하면서 '영화관에서는 볼 수 없던 무삭제본 15분 추가'라고 하면 훨씬 잘 팔린다.

⑤ 슬며시 묻어가기

브랜드가 아직 생소하거나 약할 경우 꼼수를 부려 묻어가기 전략을 쓸 수 있다. 한국에서 아직 인지도가 약한 이탈리아의 침구 프레떼는 '교황이 덮고 자는 침구류의 페라리'라며 교황의 명성과 페라리의 희소성을 업고 간다. 교황이 느끼는 섬유 감촉이 나랑 무슨 상관이 있고 비싼 자동차와 침구가 무슨 관련이 있느냐고 따져보기 전에 언뜻 최고급 느낌이 든다.

파이퍼 하이직Piper-Heidsieck 샴페인은 메릴린 먼로가 사랑한 샴페인이라 홍보한다. 아니, 그 여자 입맛이 지극히 개인적인 내 기호랑 무슨 상관이 있는가? 그저 유명인에게 묻어가기를 하는 것뿐이다.

월드컵이나 올림픽이 열리면 그 시즌에는 관련 상품이 특수를 누린다. 하지만 공식 후원사가 아니면 절대 월드컵이니 올림픽이니 하는 단어조차 사용할 수 없다. 올림픽은 스포츠 정신의 산실이 아니라 엄연히 후원하는 기업이 돈을 내고 장사하는 상술의 한마당이기 때문이다. 그렇다고 여기에 교묘한 전술이 끼어들 틈이 없는 것은 아니다.

월드컵이 한창이던 2006 독일 월드컵 때 나는 홈쇼핑에서 TV를 팔았다. 온 국민의 관심이 월드컵에 가 있으니 그 얘기를 하고 싶어 입이 근질거렸다.

"지금 한창 지구촌 축구 축제가 열리고 있죠? 전 세계 팬들이 멀리서 비행기삯을 지불하고 날아와 비싼 입장료를 내고 관중석에 앉아 있는 이유가 뭡니까? 더 가까이에서 생동감을 느끼는 데 아낌없이 투자하는 것이죠. 이 TV라면 독일까지 가지 않아도 안방에서 생생하게 스포츠를 즐길 수 있습니다. 이번의 축구 한마당을 기념해 특별행사를 하고 있습니다."

이런 식으로 나는 월드컵을 우회해 마치 그 제품도 행사와 관련이 있는 것처럼 꾸미는 판촉 전략을 펼쳤다. 그러자 그때부터 너도 나도 지구촌 스포츠 경기, 지구촌 축구 대결 등 비슷하게 우회하는 단어로 월드컵과 올림픽 특수에 묻어가는 전략을 썼다.

⑥ 갑질 고객 을로 만들기

한번은 코오롱인더스트리의 계열사 매니저들에게 '갑을 바꾸기 기술'을 가르친 적이 있는데 이것도 일종의 변칙기술이다. 80년대 식당에서 심심찮게 볼 수 있던 '고객은 왕이다'라는 말을 지금의 의미로 해석하면 고객은 갑이고 판매자는 을이라는 뜻이다. 이런 의식 때문에 하대하거나 무시하며 갑질하는 일이 생기는 것이다.

이걸 단박에 바꿀 수는 없을까? 갑을 바꾸기 기술은 고객을 즉각 을로 만들어버리는 좋은 변칙기술이다. 이를 위해서는 먼저 당신을 포함해 당신이 운영하는 매장의 모든 직원에게 '권한이 부여되어 있음empowerment'을 고객에게 어필해야 한다. 사장이라서 혹은 사장이 아니더라도 직원이 재량껏 결정할 수 있음을 고객에게 과시하라는 얘기다.

백화점에 찾아온 고객이 "이거 세일가로 살 수 있어요?"라고 물었을 때, 직원이 갑자기 을에서 갑으로 변하는 방법은 간단하다.

"세일기간은 끝났지만 제가 특별히 해드릴게요. 직원가 구매로 처리하는 방법이 있어요. 거기다가 행사 때만 드리는 사은품도 남은 게 있는데 제 권한으로(또는 재량으로) 특별히 챙겨 드릴게요."

그 순간 갑이던 고객은 아주 공손하게 을의 자세를 보인다. "세일기간 중에는 포인트를 적립할 수 없는데 제가 몰래 해드릴게요", "이건 사은품을 주는 행사상품이 아닌데 특별히 제가 양말이라도 하나 더 챙겨 드릴게요" 하면 고객은 착한 모습으로 변해 뭐라도 더 받아 가고자 고분고분해진다. 그저 직원이 고맙기 그지없으니 말이다.

주유소에서 주유할 때도 자신의 재량권을 뽐내라. 직원 재량으로 포인트도 두 배 적립해주고 생수나 티슈를 하나라도 더 줄 수 있음을 떠벌려라. 위급할 때 빠져나가는 '제가 직원이라……', '제가 아르바이트생이라……' 같은 못난 변명은 그만두고 재량권을 발휘하라. 그러면 고객은 즉시 얌전해진다.

⑦ 베끼기

따라 하기me too 제품도 변칙이다. 예를 들어 한때 없어서 팔지 못했다고 소문난 허니버터칩 이후 스낵 시장에 짝퉁이 판을 치고 있다. 꼬깔콘 허니버터맛, 수미칩 허니머스타드 등 끝이 없다. 2013년 1월 경남 창원에서 '풀잎채'라는 한식 뷔페가 대박나자 신세계푸드의 올반, 이랜드파크의 자연별곡, CJ푸드빌의 계절밥상 같은 유사 브랜드가 쏟아져 나왔다. 또한 스몰비어 '봉구비어'가 뜨자 봉쥬비어, 땡구비어, 상구비어, 용구비어 등 유사한 가게가 계속 등장하고 있다.

홈쇼핑에서도 누군가가 쓸 만한 멘트를 하나 날리면 다음 날 다른 홈쇼핑 쇼호스트들이 토씨 하나 틀리지 않고 따라 한다. 언젠가 나는 오메가 - 3를 방송하기 위해 통계청의 통계지표를 몇 시간이나 계산한 끝에 '65세 이상 여성 사망원인 1위는 암이 아니라 혈관질환'이라는 것을 처음 밝혀냈다. 그걸 오늘 방송자막에 넣었더니 그다음 날부터 전 홈쇼핑이 그 자료를 갖다 썼다. 그로부터 10여 년이 지난 지금까지도 홈쇼핑 방송은 그 자막을 쓰고 있고, 쇼호스트들은 "여러분, 여자들은 나이가 들면 암이 아니라 혈관질환으로 죽는대요"라고 여전히 외치고 있다.

어느 날 한 패션 액세서리업체 대표를 만났는데 그는 워낙 최고급 원단으로 제품을 만들다 보니 원가 자체가 비싸서 판매가도 높고 납품단가를 맞추기가 매우 어렵다고 털어놓았다. 아니, 꼭 최고 제품만 만들어야 하나? 그럭저럭 적당한 제품Good Enough을 만들어

싸게 많이 파는 것도 일종의 변칙이다. 유행 따라 눈치껏 품질과 타협한 그는 매출이 두 배 이상 껑충 뛰었다고 했다.

⑧ '또라이짓'

또라이짓도 하나의 변칙이다. 국제정치 이론 중에 미치광이 이론Madman Theory이 있는데 이것은 또라이짓을 해서 상대에게 공포심을 유발하고 상대의 정신세계를 무기력하게 만드는 방법을 말한다.

예전에 홈쇼핑 회사에서 면접을 하던 중에 한 남자 지원자가 잊지 못할 사건을 저지른 적이 있다. 면접시험을 보던 그는 느닷없이 외쳤다.

"CJ는 제 가슴속에 있습니다."

그러더니 갑자기 허리띠를 풀고 바지 지퍼를 내렸다. 순간 면접관들은 웅성거리며 무언가 일이 잘못 돌아가고 있음을 깨달았다. 아나나 다를까 그가 바지를 내리고 뒤돌아서서 엉덩이를 드러내자 엉덩이 한쪽에는 C, 다른 쪽에는 J라는 글자가 그려져 있었다. 더구나 그의 멘트가 가관이었다.

"CJ는 여기에도 있지롱."

물론 그는 탈락했지만(생방송 부적격자다) 존재감 하나만큼은 확실하게 각인했다.

CJ오쇼핑에서 UCC콘테스트를 진행한 적이 있다. 1등은 상금이 천만 원이었다. 지원사들은 면접관들의 눈길을 사로잡기 위해 다양한 방식으로 재미난 영상을 만들었고, 번뜩이는 기발함 속에서 유독 한 지원자가 눈길을 끌었다. 키가 190센티미터에 덩치가 우람한 그는 어머니의 빨간 내복만 입고 철가방을 든 채 한겨울 홍대 거리를 미친 듯이 질주하는 영상을 담았다. 면접관들은 모두 머리를 맞대고 혀를 내두르며 지켜보았다.

⑨ 경품행사

많은 사람이 경품행사에 혹하지만 사실 정직한 경품행사는 별로 없다. 내가 아는 한 업체 대표는 자신이 내건 해외여행 경품에 자신의 여자친구가 당첨된 것으로 조작해서 늘 해외여행을 다니고 있다. 그럼 대형마트는 좀 다를까? 2015년 여름 이마트와 롯데마트에서 보험사 경품행사를 진행하면서 상품으로 자동차 스물일곱 대를 내걸었다. 그런데 이들은 수억 원대 경품을 거래업체 대표, 가족, 지인에게 나눠주는 식으로 빼돌렸고 불법으로 수집한 고객 정보 400만 건은 영업에 제대로 써먹었다.[16]

홈쇼핑에서는 가끔 이런 멘트를 날린다.

"가입하지 않아도 됩니다. 상담예약만 남겨도 상담예약을 남긴 전 고객에게 선물을 드립니다."

그들이 언제 선물을 주는지 기다려보라. 절대 오지 않는다. 어지간히 징징거려야 겨우 받을 수 있을까 말까다. 그저 뒤에서 당신의 정보만 사고팔아 오래도록 돌고 돌 뿐이다.

⑩ 떡밥 던지기

서울 북촌의 길모퉁이에 있는 한 테이크아웃 커피숍은 늘 손님들이 바글바글하다. 아주 쫄깃한 츄러스를 단돈 천 원에 팔기 때문이다. 재미있는 사실은 분명 츄러스는 싸지만 나머지 커피와 음료는 오히려 커피전문점 브랜드보다 더 비싸다는 점이다. 그곳에서 내가 꽤 오랜 시간 지켜보니 츄러스를 사는 사람들은 하나같이 으레 음료도 사갔다. 한마디로 츄러스는 떡밥이었다.

보험사의 떡밥은 보장금액이다. 예를 들어 사람들은 5억짜리 보험에 들었다며 좋아한다. 그러나 가입설계서를 보면 주말 대중교통 사고 사망 시 5억이다. 솔직히 말해 이것은 로또보다 100배나 더 경험하기 어려운 일이다. 여기에 더해 꼭 주말에 사망해야 5억이 나온다. 말은 그럴싸하지만 받을 수 없는 돈이라고 보면 맞다. '비행기 사고 사망 시 5억'도 그냥 떡밥이다. 전 세계인을 기준으로 봤을 때 살다가 비행기 타고 가다 죽을 확률은 수천만 분의 1로 확률상 거의 일어나지 않는다. 그런데 사람들은 이런 보험에 들어놓고 5억짜리 보험에 들었다고 생각한다. 사실을 말하자면 그것은 휴지조각에 불과하다.

⑪ 보상판매

가끔 '쓰던 구형 PC를 반납하면 신형 PC로 바꿔드리고 최대 현금 20만 원 보상해드림', '쓰던 TV를 반납하고 50만 원만 추가하면 최신 TV로 바꿔드림' 등 구형 가전제품을 반납하는 조건으로 신형으로 교체해준다는 광고를 본 적 있을 것이다. 이건 중고 값을 쳐주겠다는 얘기인데 어차피 고물이 된 애물단지를 버리려 해도 돈이 드는 판에 새 것으로 바꿔주고 값도 잘 쳐주니 잘됐다 싶어 솔깃해진다. 그러나 결론부터 밝히자면 그건 일종의 사기다.

구형 가전제품을 수거해봐야 제조사의 입장에서는 좋을 게 하나도 없다. 그 구형 가전제품은 그들에게 쓰레기에 불과하다. 믿거나 말거나지만 구형 가전제품이 들어오면 그들은 부숴버린다. 결국 처분하는 돈만 들 뿐이다. 이 책을 읽다 보면 가끔 설마 싶은 부분이 있을 텐데 전부 사실이다. 그건 유통업에 수십 년 동안 몸담아온 내가 이름을 걸고 말하는 진실이다. 정말로 큰 기업이 아니면 수거한 구형 제품은 모두 쓰레기로 버린다. 거기에서 부품을 빼내 수리하고 재활용하자면 인건비가 더 들어간다.

진실은 그들이 받는 액수가 그 제품의 온전한 가격이라는 점이다. 여전히 내 말을 믿지 못하겠다면 이렇게 시험해보라. 보상판매 compensation sale를 하면 업체는 보통 '새 가전제품을 받고 나서 한 달 안에 구형 제품을 반납하면 됩니다'라고 기간을 굉장히 길게 잡는다. 그럼 한 달이 지나도록 구형 제품을 반납하지 않을 경우 그들에게 연락이 오는지 확인해보라. 연락은커녕 아무 일도 없었던 듯 잠잠하리라. 이쪽에서 굳이 전화를 하면 "보내지 않아도 됩니다"라는 놀라운 답변이 돌아온다. 그 말은 구형 쓰레기를 애써 보낼 것 없이 알아서 버리라는 뜻이다.

⑫ 가격에 취소선 넣기

하루는 홈플러스 수산물 코너를 지나가는데 회를 뜨는 총각이 회에 열심히 가격표를 붙이고 있었다. 그러더니 5분도 채 지나지 않아 이번에는 기존가격 위에 할인가격 가격표를 붙여 한눈에 비교가 가능하도록 해놓았다. 아무것도 모르고 그곳을 지나가던 사람들은 세일 중인 줄 알고 장바구니에 부지런히 물건을 집어넣었다.

이런 일은 생각보다 많이 벌어지고 있다. 원래 가격이 1만 원이라면 잠시 동안 2만 원으로 올려 팔았다가 곧바로 절반 세일이라 외치는 업택up tag가격 장난 말이다. 업택가격이란 일명 '밑줄 쫙 가격'으로 불리는데 이는 애초의 정상가격보다 가격을 높여놓은 뒤 빨간색으로 가격에 사선을 그어 할인가격인 듯 보여주는 꼼수를 말한다.

이것은 홈쇼핑에서도 자주 쓰는 가장 강력한 무기다. 1+1 행사, 추가구성, 경품 및 사은품 걸기, 가장 실력 있는 쇼호스트 모시기 등 온갖 프로모션보다 더 강력한 것이 빨간색으로 밑줄을 쫙 그은 가격이다. 한마디로 가장 쎈 한 방이다.

물론 이런 짓은 함부로 할 수 없도록 법으로 규정하고 있다. 홈쇼핑의 경우 상품을 해당가격으로 처음 방송하고 나서 20일 동안 3회 이상 정상가격으로 노출한 제품에 한해 가격할인 혹은 가격인하라고 말할 수 있다. 그러나 변칙은 여전히 존재한다.

예를 들어 10만 원짜리 생활잡화 상품이 있다고 해보자. 그러면 이 상품을 15만 원으로 올려놓고 세 번 방송을 한다. 단, 사람들이 거의 시청하지 않고 방송수수료가 아주 저렴한 새벽 두 시나 아침 여섯 시에 잠깐씩 세 번 방송해서 법적 조건을 갖춘다. 그런 다음 시청률이 가장 높은 홈쇼핑 프라임 타임인 밤 10시에 빨간색 밑줄을 쫙 긋고 외친다.

"드디어 그 유명한 ○○상품이 오늘 처음 가격할인에 들어갑니다."

시청자들은 그것이 정상가인 줄도 모르고 미친 듯이 사들인다. 당하지 마시라.

⑬ 모호하고 낯선 용어로 교란하기

모호하거나 낯선 용어로 현혹하는 기술은 특히 레몬마켓Lemon Market에서 잘 발생한다. 레몬마켓은 판매자와 구매자의 정보 비대칭 때문에 발생하는데, 판매자는 상품 정보가 많지만 구매자는 상대적으로 정보가 부족한 시장을 말한다. 겉보기에 달콤해 보이는 레몬을 실제로 먹어보면 몹시 시큼하고 맛이 없는 것에 비유해 속을 모르고 살 가능성이 큰 시장을 레몬마켓이라 부른다.

중고차 시장이 그 대표적인 예다. 그 시장에서 판매자는 자동차 부품과 속을 잘 알지만 소비자는 잘 알지 못해 속아서 살 가능성이 크다. 나와 아주 가까운 한 지인이 자동차 광택 및 도색 등 자동차 외장 관리점(디테일숍)을 운영한다. 마음이 비단결 같은 그는 고객의 차를 관리해주다 보면 차주도 모르는 사고 흔적, 도장 처리, 저급 부품 등 이루 말할 수 없이 파렴치한 상태를 많이 본다고 말한다. 심지어 그는 공장에서 막 나온 신차도 관리해주는데 한번은 놀라운 경험을 했다고 한다.

"신차가 아니었어요. 내부에 도장 덧칠한 흔적이 보이더군요."

대체 무얼 믿어야 한단 말인가. 인천의 한 중고매매상은 내게 이렇게 털어놓았다.

"중고차 판매는 양심에 걸리는 일이 너무 많아서 그만뒀습니다."

결국 레몬마켓으로 상품을 사러 갈 때는 충분히 알고 가야 한다. 아는 만큼 덜 당하기 때문이다.

어느 날 나는 회를 사러 가락시장에 갔다가 재미난 장면을 목격했다. 한 상인이 눈이 허옇고 살짝 맛이 간 돔 한 마리를 가리키며 가격을 외쳤는데 손님마다 그 가격이 다 달랐다. 내가 물어볼 때는 5만 원이라고 하더니 연세가 지긋한 어르신이 지나가다 묻자 3만 원이라고 했다. 어라, 젊은 여성 두 명이 지나가자 그들에게는 8만 원이라는 게 아닌가. 이놈 선도가 특A급인데 엔피라(광어 지느러미살)를 내고 오로시(회 뜨기)를 해서 어쩌고저쩌고. 낯선 용어를 마구 갖다 붙이니 결국 그 젊은 여성들은 8만 원에 돔을 사갔다. 레몬마켓에서는 사람을 봐가면서 잘 모르겠다 싶은 사람에게 바가지를 씌운다.

꿀을 살 때 보면 '사양벌꿀'이라고 써놓은 것을 볼 수 있다. 사양꿀이란 쉽게 말해 설탕을 먹인 꿀이란 뜻이다. 홈쇼핑에서 일할 때 늘 토종꿀만 팔다가 어느 날 사양꿀을 팔아야 했는데, 나는 "설탕을 먹여 키운 벌이 채집한 꿀을 누가 사겠느냐"며 툴툴거렸다. 그런데 막상 방송에 들어가니 고객들은 그 단어의 의미를 알아채지 못했고 나는 신나게 제품을 팔았다.

　농산물을 살 때 우리는 간혹 'GAP인증' 또는 '우수농산물관리인증'이란 마크를 버젓이 붙여놓은 제품을 본다. 무언지 몰라도 농약을 치지 않았나 보다 하고 무심결에 장바구니에 담지만, 알고 사시라. 이 말은 농약, 제초제, 화학비료를 다 쳤다는 말일 수도 있다.

　1999년 친환경인증제도를 도입한 이후 농산물은 유기농, 무농약, 저농약, GAP로 구분해서 팔게 해놓았다. 이 4단계에서 유기농은 농약, 화학비료, 제초제 세 가지를 하나도 쓰지 않았다는 말이다. 무농약은 농약과 제초제 두 가지를 쓰지 않았다는 의미다. 저농약은 제초제만 쓰지 않았다는 뜻이다. 마지막으로 GAP는 세 가지를 모두 써도 상관없는 경우를 말한다. 물론 GAP인증은 생산부터 판매까지 이력을 추적 및 관리하는 농산물에 부여하는 좋은 시스템이지만 그렇다고 농약을 쓰지 않은 농산물로 생각하면 오산이다.

　TV도 복잡한 전자부품 조합과 어려운 용어로 이루어진 레몬마켓이라 소비자는 잘 알지 못한다. 두부나 우유처럼 자주 사는 상품도 아니고 10년에 한 번 살까 말까 한 고관여 상품이라 소비자는 더더욱 상품 정보에 어둡다. 이 점을 이용해 고객을 마구 후려치는 경우가 많다. 예를 들어 내가 가전제품 판매원이고 당신이 TV를 사러 왔다고 해보자. 판매원인 내가 묻는다.

　"어떤 제품을 찾으세요?"

　당신은 곧장 질문한다.

"어떤 것이 화질이 가장 좋나요?"

이때부터 나는 고객에게 장난을 친다. 만약 내가 "이게 현존하는 최고의 화질이에요"라고 말하면 그 TV는 거의 대부분 함부로 사기 어려운 매우 비싼 TV다. 반면 "이게 현존하는 최고의 해상도예요"라고 말하는 제품은 그리 비싸지 않아 살 만한 TV를 의미한다. 이 비밀을 알고 있는가? '현존하는 최고의 화질'과 '현존하는 최고의 해상도'는 다른 말이다. 해상도는 가로·세로 픽셀수를 의미하지만 화질은 해상도를 포함해 컬러, 색재현율, 명암비, 응답속도 등을 종합적으로 반영한 더 넓은 개념이다.

결국 당신은 최고의 해상도에 속하는 TV를 사놓고 가장 좋은 TV를 싸게 샀다고 착각하며 10년을 쓰면서도 진실을 모른다. 간혹 판매원은 "요즘은 UHD가 대세잖아요. 이 TV는 UHD급이에요"라고 말한다. 당신은 가격이 별로 비싸지 않으니 좋은 걸 싸게 사는 줄 알고 얼른 구매한다. 분명 판매원은 UHD라고 하지 않고 UHD'급'이라고 했는데 이건 UHD가 아니라 그냥 LED다. 한마디로 당신은 속은 거다.

휴대전화를 사면 TV를 덤으로 준다고 현혹하면 많은 사람이 여기에 혹한다. 사실 그것은 TV가 아니라 모니터다. 모니터와 TV는 단어도 다르지만 태생 역시 다르다. TV는 온가족이 둘러앉아 보는 것이지만 모니터는 패널 자체가 달라 시야각이 좁기 때문에 정면에서 조금만 벗어나도 어두워지고 영상 출력에 최적화된 상태도 아니다. 정확히 말하면 TV도 나오는 'TV 겸용 모니터'를 받은 것이다.

그 밖의 변칙 같은 꼼수 기술들

—

세상에는 변칙 같은 꼼수들이 널려 있다. 어느 날 강의차 부산의 동서대학교에 가느라 새벽 첫차를 타러 서울역에 갔는데, 한 남자가 '재능기부, 무료로 가훈을 써드려요'라는 팻말 아래 열심히 가훈을 붓으로 써주고 있었다. 속으로 '정말 좋은 일을 하는군. 나도 하나 써 달래야지'라고 생각하며 줄을 서서 가훈을 한 장 받았다. 그런데 역시나! "이대로 들고 가면 구겨져서 못 쓰게 되니 표구를 하세요"라며 표구값 3만 원을 받는 것이 아닌가. 훈훈한 감사만큼 배신감이 밀려왔다.

정면 돌파를 피하고 측면, 후면을 찌르는 걸 꼼수라고 한다. 업종마다 꼼수가 있는데 관련자들은 그들만의 용어를 쓰며 꼼수를 부린다. 예를 들어 부동산중개업자는 양빵(매수자와 매도자 모두에게 수수료를 받아내는 행위), 뒷방친다(다른 직원이 작업한 매물을 가로채는 행위), 대두리(가령 매도자가 권리금 1억에 내놓았는데 중개사가 매수인에게 1억 5,000을 불러 5,000에 대한 추가 수수료를 받는 행위) 등 일반인은 알지 못하는 용어를 주고받는다.

세상은 교묘하게 고객을 우롱한다. 팩의 크기만 보고 1000㎖인 줄 알고 집어든 우유를 보니 900㎖다. 계란이 가격이 싸기에 사왔더니 알이 작다. 다음엔 사지 말아야지 하지만 브랜드 자체가 없어 업체는 느긋하다.

오레오는 오레오씬즈라는 얇은 과자를 출시하면서 기존 오레오보다 원재료는 덜 넣고 가격은 올렸다. 에이스도 정사각형 모양을 둥글게 깎아 양을 줄인 뒤 다시 출시했다. 덜 먹으라고, 더 날씬해지라고, 먹기 좋으라고 등 이유야 갖다 붙이면 그만이다.

비타민, 오메가 – 3, 클로렐라 같은 건강기능식품도 함량과 순도를 꼭 확인하고 구입해야 한다. 물론 건강기능식품은 심의 기준이 매우 까다롭다. 먼저 식약처의 건강기능식품협회에 사전광고심의를 받아야 한다. 건강기능식품 관련 법규는 건강식품 포장이나 내용에 또는 판매자의 입으로 먹고 나서 좋아진다는 약속, 보증, 보장 같은 확언 단어를 절대 쓸 수 없도록 규정하고 있다. 이런 단어를 함부로 쓰면 구속감이다. 세노비스의 프로바이오틱스는 3주 만먹으면 좋아진다는 약속을 '3주만 먹어보장'이라고 보장한다는 단어를 우회해서 쓰고 있다. 이는 애교스러우면서도 보장(약속)을 연상하게 하는 변칙기술이다.

내가 운영하는 MJ소비자연구소에서는 앰부시 마케팅Ambush Marketing을 많이 하는데, 앰부시란 매복을 뜻하는 말로 이 마케팅은 법적 규제를 합법적으로 피해가면서 진행하는 마케팅을 말한다. 직접판매 영상도 일종의 앰부시 마케팅이다.

가령 당신이 보험상품을 판다면 고객이 녹취하지 않는 한 단둘이 무슨 말인들 못하겠는가? 그렇지만 홈쇼핑이나 인포모셜(유사 홈쇼핑)에서 보험상품을 판매하는 경우에는 얘기가 다르다. 이때는 방송통신위원회의 심의규정을 받고 상품에 따라 생명보험협회와 손해보험협회의 심의도 받으며 홈쇼핑 내부 자체 심의팀과 보험사의 준법감시팀 심의도 받는다. 이처럼 이중, 삼중으로 심의규정을 거쳐야 하기 때문에 조금이라도 자극적이거나 수위가 높은 멘트는 할 수 없다. 홈쇼핑 보험 방송에서 쇼호스트가 앵무새처럼 보장 내용만 열거하는 이유가 여기에 있다.

그러나 쇼호스트 출신인 내가 영상을 제작해 스마트폰과 태블릿으로 보여주는 건 법의 규제를 받지 않는다. 공공의 목적이나 방송법을 적용할 수 없기 때문이다. 이는 내가 셀카 동영상을 찍어 누구에게 보여주든 그것을 법으로 규제할 수 없는 것과 마찬가지다.

예를 들어 당신이 이런 멘트로 동영상을 찍었다고 해보자.

"당신은 현재 암환자입니다. 누구도 예외 없이 우리 몸에는 하루에 수백, 수천 개의 암세포가 생깁니다. 다만 면역세포가 암세포를 잡아먹기에 우리가 건강을 유지하는 것뿐입니다. 그런데 어느 순간을 기점으로 면역력이 떨어져 더 이상 면역세포가 암세포를 잡아먹지 못하면, 그때부터 역으로 암세포가 면역세포를 잡아먹으면서 서서히 암 덩어리가 커져 갑니다. 그 암세포는 당신이 죽는 날까지 성장세를 멈추지 않습니다. 다행히 요즘의 의학기술은 볼펜심만 한 2밀리미터 크기의 암세포도 PET라는 장비로 찾아냅니다. 조기발견, 조기퇴치만이 살 길입니다. 그러니 암보험은 필수입니다."

이런 식으로 위협하며 실제로 몸에서 막 떼어낸 펄떡이는 노란 암 덩어리를 영상으로 10분만 보여주면 당신은 암보험에 가입할 수밖에 없다. 홈쇼핑에서 이 정도로 말할 경우 그 홈쇼핑은 문을 닫아야 하지만 직접판매 영상이라면 문제가 없다. 이런 꼼수로 법망을 피해가는 것이 앰부시 마케팅이다.

건강식품도 '이걸 먹으면 어디에 좋다' 혹은 '어떤 병이 낫는다' 같은 말을 하면 법적인 규제를 받는다. 약이 아닌 이상 효능, 효과를 광고할 수 없는 것이다. 내가 안동참마를 방송할 때 그 효능을 직접 말할 수 없어서 "산에서 나는 뱀장어"라고 외쳤다. 이 정도는 누구나 하는 약한 꼼수다. 직접판매 영상에서는 사람들이 자신의 경험담을 직접 들려주는 영상이나 실험 결과를 보여줄 수 있는데 이를 활용하면 매출은 급상승한다.

2016년부터 내 회사는 이슬람 시장에 진출했다. 전 세계 이슬람 인구는 20억이나 되기에 굉장히 큰 시장인데 그들은 할랄인증이 된 화장품만 바른다. 우리는 한 할랄 화장품 브랜드를 만들었는데 이슬람 바이어들에게 보여줄 직판영상에 한의사 출신인 모 한의대 총장, 교수, 연구진의 추천 인터뷰를 넣었다. 법적으로 의사, 약사는 결코 방송에서 제품 홍보와 효능 얘기를 할 수 없다. 하지만 직판영상은 괜찮다. 대학 교수와 한의사들이 이 화장품을 꾸준히 바르면 좋은 성분들이 당신의 피부를 개선시킨다는 전문인 추천 멘트를 넣은 영상을 중동, 인도네시아 현지 바이어들에게 보내자 효과는 즉시 나타났다. 현재까지도 주문이 몰려들고 있다.

길을 걷다가 1,000원짜리와 5만 원짜리 지폐가 땅에 떨어져 있다면 어느 걸 줍는 것이 답이라고 생각하는가? 둘 다 줍는 게 답이다. 하나만 집어야 한다는 고정관념을 깨야 한다. 이것이 생각과 행동의 차이다. 지금 당신의 생각이 5만 원이라고 답했을지라도 실제로 길에서 이런 상황에 놓이면 5만 원만 줍는 바보는 없다.

'합법적 뇌물'도 꼼수기술이다. 가령 경매물건은 반드시 현장답사를 나가 눈으로 확인해야 실패를 줄이는데, 특히 아파트는 현장 관리소장을 찾아가서 물어보는 것이 답이다. 그런데 그들은 사람이 찾아오는 것을 귀찮아한다. 이때 이것저것 묻기 전에 담배를 한 갑 슬쩍 건네고 물어보면 술술 나오는 경우가 많다. 불법적인 일을 하거나 특혜를 받고자 가치 있는 어떤 것을 주면 뇌물이지만, 합법적인 서비스를 받기 위해 혹은 부당한 대우를 피하기 위해 적절히 선물을 주는 것은 뇌물이 아니다.

텔레마케터는 상담 중에 모든 말을 녹취하기 때문에 자유롭게 말하지 못한다. 함부로 얘기하다가는 완전판매(모든 것을 정석대로 완벽하게 설명해 물건 또는 보험을 구매한 고객에게 전혀 불만이 발생하지 않는 판매)에서 벗어나 나중에 복잡한 보상 문제가 불거질 수 있다. 그래도 가입시키고 싶다면 간단하게 개인 휴대전화로 전화를 걸어 하고 싶은 말을 다 하면 될 것 아닌가.

늘 저자세가 능사는 아니다. 때로는 똥배짱이 먹히기도 한다. 언젠가 내가 한창 방송을 진행하는데 모니터에 상담원 연결이 10분 정도 지연된다는 메시지가 떴다. 그러자 옆의 후배가 기다리게 해서 죄송하다며 마치 대역 죄인처럼 연신 굽실거렸다. 보다 못한 내가 말했다.

"어린이날 에버랜드에 가면 놀이기구 앞에서 한 시간을 기다렸다가 1분간 탑니다. 여름 성수기 주말에 워터파크에 가면 두 시간을 기다렸다가 제트 슬라이드를 20초 동안 타지요. 그만큼 기다릴 만한 가치가 있기에 인내하는 게 아닌가요? 지금 50% 세일인데 10분을 못 기다리겠습니까? 싫으면 채널을 돌려서도 괜찮습니다."

'싫으면 말고' 했더니 채널이 돌아가기는커녕 오히려 사람들이 더 몰려들었다. 자신 있게 밀어붙이면 사람들은 "저 사람이 저렇게 말하는 걸 보니 뭔가가 있긴 있나봐" 하게 마련이다. 쇼호스트를 처음 시작할 때 나는 나 자신과 한 가지 약속을 했다. 기존 쇼호스트들이 입버릇처럼 하는 "상담원 연결이 어렵습니다. 자동주문전화 이용하세요"라는 말을 절대 하지 않겠다고 말이다. 나는 그 식상한 말이 몹시 듣기 싫었다. 아니, 어떻게 허구한 날 상담원 연결이 어려운가. 그러면 상담원을 더 뽑던가.

오히려 나는 이렇게 방송했다.

"상담원은 상담하는 사람이죠. 우리가 물건을 사면서 한마디 물어보지도 못하고 사는 건 말이 안 됩니다. 궁금한 것이 있으면 다 물어보고 사세요. 현재 모니터상에 올라온 상담 가능한 상담원은 250명입니다. 조금 기다리더라도 원 없이 물어보고 사야 나중에 후회하지 않습니다."

이렇게 해도 늘 다른 쇼호스트들보다 매출에서 확연히 앞서갔다.

Key Point

—

계산된 말보다 변칙이 더 잘 먹힐 때가 많다. 세일즈에서 교양을 찾지 마라. 마케팅에는 원래 품위란 없다. 고상하거나 지적이지도 않다. 그저 전쟁을 치르듯 팔아야 살아남을 뿐이다. 덩샤오핑은 공산주의 국가 중국에 시장경제를 도입하면서 "흰 고양이든 검은 고양이든 쥐만 잘 잡으면 된다"라고 말했다. 우리 속담에도 "모로 가도 서울만 가면 된다"라는 말이 있다.

목표에 이르는 길은 여러 갈래이므로 우리는 직진이 어려우면 우회해서 가는 변칙을 구상할 수 있다. 이 변칙기술에서는 판매자의 입장뿐 아니라 세일즈의 꼼수를 파악해 현명하게 소비하는 방법도 다뤘다. 이것이 당신의 변칙을 구상하는 것은 물론 상대의 변칙을 파악하는 데도 도움을 주었으면 한다.

주

1) 〈국내 최대 커피 프랜차이즈 이디야커피 문창기 회장〉 인터뷰 기사, 《한국경제》 2016. 12. 12.

2) "Evanston veteran, 87, recalls time writing propaganda in Korean War", Chicago Tribune 2015. 11. 11.

3) 〈"값싸다고 중국산으로 오해마세요… 다이소 70%가 국산"〉, 《동아일보》 2015. 06. 23.

4) 바스 카스트, 《선택의 조건》, 한국경제신문, 2012.

5) 〈악수 한번이 인생을 바꿔놓을 수도 있는 일… 비즈니스 세계에선 '무엇을 말하는가'보다 '어떻게 말하는가'가 더 중요〉, 《조선일보》 2015. 04. 25.

6) 한국은행 금융결제국 자료, 〈2014년 지급수단 이용행태 조사결과 및 시사점〉, 2015. 01. 26.

7) 〈4분짜리 동영상에 담을 수 없는 설명은 잘못된 것이다〉, 《럭스맨》 2013. 12.

8) 한국소비자원, 〈남성 정장 가격·품질 비교〉, 2016. 06. 13.

9) 〈버려진 아이폰에서 4천만弗 금 건진 애플〉, 《한국경제》 2016. 04. 18.

10) 〈개개인에 맞춘 '1人 임상시험' 시대〉, 《조선일보》 2015. 05. 22. 재인용.

11) 〈한국인 평균수명 82세, 건강수명은 66세… 16년 동안 아프다〉, 《동아일보》 2015. 08. 17.

12) 최현자, 〈은퇴 후 희망을 행복수명에서 찾자〉, 《한국경제》 2016. 10. 28.

13) 〈타이어 디자인 그랜드슬램… 글로벌車 '신발' 되다〉, 《조선일보》 2015. 06. 03.

14) 〈TV 시청자 5명 중 1명꼴로 간접광고에 관심〉, 《연합뉴스》 2015. 04. 20.

15) 한국소비자원, 〈치매보험 중 경증치매 보장 상품은 4.9%에 불과〉, 2016. 08. 03.

16) 〈대형마트 경품 조작해 자동차 27대 빼돌린 일당 기소〉, 《동아일보》 2015. 07. 20.